中研院近代史研究所口述历史系列

海校学生口述历史

访问 张力 吴守成 曾金兰
纪录 张力 曾金兰

九州出版社
JIUZHOUPRESS
全国百佳图书出版单位

图书在版编目（CIP）数据

海校学生口述历史 / 张力，吴守成，曾金兰访问；张力，曾金兰纪录. —北京：九州出版社，2012.10
（中研院近代史研究所口述历史系列）
ISBN 978-7-5108-1326-9

Ⅰ. ①海… Ⅱ. ①张… ②吴… ③曾… Ⅲ. ①海军－军事院校－史料－中国－民国 Ⅳ. ①E296.3

中国版本图书馆CIP数据核字(2012)第254345号

海校学生口述历史

作　　者　张　力　吴守成　曾金兰 访问　张　力　曾金兰 纪录
出版发行　九州出版社
出 版 人　徐尚定
地　　址　北京市西城区阜外大街甲 35 号（100037）
发行电话　(010)68992190/2/3/5/6
网　　址　www.jiuzhoupress.com
电子信箱　jiuzhou@jiuzhoupress.com
印　　刷　三河市东方印刷有限公司
开　　本　680 毫米 ×970 毫米　16 开
印　　张　23.75
字　　数　340 千字
版　　次　2013 年 3 月第 1 版
印　　次　2013 年 3 月第 1 次印刷
书　　号　ISBN 978-7-5108-1326-9
定　　价　58.00 元

出版说明

台湾中研院近代史所，从建所至今，几十年来共采写和出版了二百余种“口述历史”。近代史所的学者制定了严格的口述史操作规范,并进行采访和撰写,使类似史料层面的“回忆录”和“纪实”，上升为可供专业人员研究的“口述历史”。他们的访问对象涉及当代军事、政治、经济、文化等各方面的重要人士，请其自述生平，为现代史研究留下了一系列珍贵的口述记录。

九州出版社“中研院近代史研究所口述历史系列”，是上述二百余种“口述历史”的精选集，也是海峡两岸出版交流中心的重点引进出版项目。本系列以简体字出版，对原书注文体例和文字错误进行了必要的订正。原版本的丛书弁言和前言，介绍了该丛书的缘起、价值和意义等情况，简体版将其主要内容附于书前。

该书访谈对象的某些政治立场、观点和看法，我们并不认同，但为了保留史料，便于参考研究，在编辑过程中，我们对文中对我党我军的诬蔑性语句和称谓进行了中性处理，内容仍保留原貌；个别之处，有所节略；对于文中一九四九年十月一日以后使用的“民国”纪年，改为公元纪年；对于文中一九四九年十月一日以后的台湾当局相关机构、职务等，加以引号。本系列图书供近现代史专业读者参考使用，望读者在阅读时注意辨析书中的一些内容。

九州出版社

2013 年 3 月

弁言

口述历史访问计划，中研院近代史研究所在筹备时期，即由筹备主任（嗣任首任所长）郭廷以拟订进行，其目的在访问当代军事、政治、外交、文教、经济、社会等各方面的重要人物，请其自述生平，为现代史保留忠实而深入的纪录，以备历史学者之研究。自一九五九年十月起迄一九七二年九月止，参加访问工作者先后有沈云龙、王聿均等二十二人，接受访问者七十余人，成稿六十六份，约四百八十万言。

口述历史资料，其重要性不亚于文献档案。民国以还，内乱外患交相迭乘，史料损失，不可胜计。对历史真相的了解，需要参证当事人口述之处甚多，这些笔录，对中国现代史的研究将有莫大的帮助。本所于一九八二年开始征得应访者（或其家属）同意，陆续刊印访问纪录，列为口述历史丛书。一九八四年春在所长吕实强推动下，成立口述历史组，恢复访问工作。

本所访问人员力求应访者尽情畅谈，所成笔录文稿保留口述原意，不予刻意修饰。初稿送应访者校订后视为定稿。惟应访者记忆难免有所疏误，或有涉及价值判断、个人恩怨、政治立场，而纪录或语意不清，印刷或有手民误植，尚祈读者赐函指正。

中研院近代史研究所口述历史组谨识

一九九四年八月

序　言

本辑《海军人物访问纪录》①，并非中研院近代史研究所出版的第一本有关民国海军人物口述历史丛书。早在一九九〇年六月，先有陆宝千先生访问、官曼莉小姐纪录的《郑天杰先生访问纪录》问世；一九九一年六月，我本人所完成的《黎玉玺先生访问纪录》也出版。不久，《刘广凯将军报国忆往》以史料丛刊形式出版。以上三本书，分别呈现了出身马尾、电雷、青岛三个海军学校毕业的军官，在民国海军中的事业发展及所见所闻。

一九九五年十月，我与曾金兰小姐开始进行池孟彬先生的口述访问，此一计划历时两年，终告完成，且于一九九八年四月出版《池孟彬先生访问纪录》。在访问池先生期间，我们深感海军人物的相关回忆著作仍嫌不足，其中尤以黄埔海校毕业者资料最为缺乏，即使在中国大陆，也只有寥寥数篇刊于地方文史资料的文章，且其内容值得商榷之处甚多。承蒙池先生介绍，我们首先访谈黄埔海校毕业的刘定邦先生。再由刘先生热心引介，得以认识更多解甲归田的海军前辈。一九九七年年初，本所口述历史小组通过了我所提出的“海军人访问计划”，在前所长陈三井先生和现任所长吕芳上先生的大力支持下，访问计划进行十分顺利。

访问工作的第一阶段是在台北市进行，除了收录在本书之中的刘定邦、李长浩两位先生的访问纪录之外，尚有若干人士的文稿正在整理之中。其中刘定邦先生在接受过一次访问之后，以我们整理完成的初稿为基础，自行撰成两万余字的回忆录《趣梦》，分送同学好友。我们征得刘先生同意，

① 简体版改名为“海校学生口述历史”。——编者

将《趣梦》一书收录本辑之中，并再行访问两次，稍作补充。

左营是我国主要的海军基地，退休之海军人物仍有不少在当地定居。为了使此一计划涵盖面更广，我们特邀请任教于左营海军军官学校的吴守成教授，加入此一计划。吴教授在该校任教三十余年，热爱海军，熟悉海军掌故与人物，曾发表多篇近代海军史的专著，更于去年编纂出版《海军军官学校校史》两巨册。在吴教授安排之下，曾小姐与我数度南下左营，三人共同进行访问。南下期间，吴教授伉俪悉心照料我们的起居生活，访问工作得以顺利展开。

收录在本辑之中的九位海军人士的口述访问，系以加入海军时间先后为序。最早为民国十九年就读哈尔滨商船学校的李连墀先生；继而为民国二十年考入马尾海校航海班第六期的同班同学林鸿炳先生和何树铎先生；刘定邦先生于二十三年入黄埔海校，二十八年夏毕业分发；李长浩先生二十五年考入黄埔海校，但该校于二十八年停办后，转入中央军校第十六期，此后在陆军和海军陆战队发展；王业钧先生系于三十三年参加知识青年从军，以学兵身份赴美接舰，回国后调升军官，再于三十七年考入海军官校军官队；李恒彰先生为战后新制海军官校于三十五年首次招生所录取，原为三十九年班，却因遭受不白之冤，延至一九五一年毕业；段佑泰并非海校出身，但于三十六年开始在海军官校任教，直到退休；何炳锐先生在三十六年考入海军官校，一九五一年毕业。除以上九人之外，我们原计划访问的曾尚智先生，将其自行撰成的回忆录交给本所审查后，已列入本所史料丛刊出版。

综合九人讲述，其经历从民国初年到“民国”七十年代。若仅就与海军有关事迹观之，包括了不同学校的教育训练、在不同地区和不同对象的作战、赴不同国家的留学经验，以及不同时期的建军努力，有助于我们从各个角度认识民国海军的面貌。而各人海军之外的生涯叙述，亦为民国史的研究，增添了珍贵的史料。

我们进行此项访问，受访者每次精彩的讲述，使得此一计划收获丰硕。此外，我们也得到若干现役和退役海军人士的支持。海军总部方面，总司令伍世文上将和参谋长胡才贵中将，十分肯定我们的计划。海军官校方面，前任校长李芳岑中将、现任校长高扬中将、政战主任王珪少将、一般学科部主任彭台光博士多所鼓励，军史馆何燿光中校馆长、蔡宏俊少校，《海军军官》双月刊执行编辑沈天羽少校，介绍或提供相关参考资料。特别值得一提的是，同样也是接受此一计划访问的海军退役中将徐学海先生，因有“海军史辞典”美誉，成为我们随时请教海军专业知识的对象。对于上述诸人的鼓励和襄助，我们由衷地感激。

口述历史虽然只是纪录受访者的讲述内容，但是若能从档案中寻得相关资料，作一印证，当使访谈内容更为丰富。在进行访问过程中，我们得到“国防部”史政编译局的协助，参考该局所藏海军档案。我们十分感谢前局长傅应川中将、周金欧中校、何淑娴小姐，以及最近自该局退伍后加入本所的巫仁恕博士，不惮其烦为我们调阅档案。

本辑文稿，绝大部分是由曾金兰小姐根据录音所得做一初步整理，赋予标题，并负责将全文输入电脑。由于曾小姐娴熟此项业务，整理之稿不仅得到每位受访者的赞赏，也使后续之补充润饰工作更易进行。定稿后，委请本所口述历史小组沈怀玉小姐安排送审事宜；担负审稿重任的本所同仁陆宝千、陈存恭两位先生，以一向严谨的态度，提出意见，俾向受访者再做求证。出版期间，庞桂芬、李慧玲二位小姐协助各校对一次，公小颖小姐在编辑事务上适时伸予援手，更解决了我们不少的难题。是故本辑访问纪录之顺利出版，实为本所同仁共同努力之成果。

我们本着近史所口述历史工作的一贯做法，试图透过访问所得，为海军史的研究，累积更多的宝贵史料。然而海军历史范围甚广，本辑访问所得，只能呈现一个部分。因此，口述历史的继续进行，以及其他类型史料的同时发掘运用，才能使海军史的研究更上层楼。

张力　谨识

一九九八年八月十四日

中研院近代史研究所

目　录

李连墀先生访问纪录

访问／张　力（中研院近代史研究所副研究员）
　　　吴守成（海军军官学校教授）
　　　曾金兰（台湾成功大学历史研究所博士班研究生，曾任中研院近代史研究所口述历史组约聘助理）

纪录／张　力·曾金兰

时间／一九九七年八月三十日至九月二日

地点／高雄市左营区崇实新村李宅

家世与早年教育

（一）家世背景

我是河北省遵化县人（今改为遵化市），民前一年阴历一月二十日（一九一一年二月十八日）生。遵化位于唐山北边七八十华里，坐公共汽车约一个小时可达。此地相当闭塞，地处燕山山麓，县城距喜峰口只有二十五华里，用我们的土话形容就是"山嘎啦"。清朝时期国家本就落后，我们偏处冀东的小山脚地区，在文化资讯上更是落伍。我生长在这样的农村家庭里，很幸运的是，从祖父开始创业，家道日渐繁兴。

祖父幼时，我们家只有十多亩地，等到我十九岁高中毕业那一年，祖父约五十岁光景，家里已有三百亩地，也就是三顷地了，是村中的第二大户。村中第一大户是王家，他们是村长，家父就是副村长。土地多种高粱、玉米和旱稻。我们称旱稻为“粳子”，必须非常好的地才能种一点收成，所以我们家也有大米吃。家境小康，算是小财主，除了务农外，也晓得要读书了。祖父、伯伯、父亲和叔叔这两代，根本没读过书，只在冬天农闲时，请私塾老师来教教大家能写几个豆腐字就够了。

我们家到我这一代，弟兄就多了起来。父亲有兄弟三人，伯父母没有子嗣，也过世得早。父亲生我们弟兄四个，叔叔那屋也是弟兄四个，一共八个堂兄弟。我小时候村中还没有小学，七岁开始念两年私塾，之后本村与其他两个村子共同成立一所小学，校中只有校长潘继笙先生一名老师。小学设在另一个村子，我上学必须走三华里路，一天往返四次。小学四年级后升高小念两年，完成初级教育。高小念完后，家里认为念了六年已经足够，都不主张再读了，叔叔的长子就因此而不读，但我的想法和他不一样，由于在家里锄地太苦，我实在不大愿意，遂想办法升学。但是中学招生的消息，家里都封锁不让我知道。然而第一次招生名额未满，必须补招生。我得知后，就到邻村找我们初小的校长潘继笙先生，表达我想继续升学，请他到我们家向祖父、叔叔说明。我知道父亲不会表示意见，因为他虽不反对，但也不能鼓励，否则家里面弟兄就不和了。潘校长到我们家说明后，居然就说服了祖父，让我参加考试，结果考上河北省立第五中学，所以我又多读了四年中学。省立五中在遵化县城里，我在十九岁毕业以前，可说是没离开过遵化县的县境。

中学这四年中，我念得很用心，既要成绩好，又要省吃俭用。因为一年学费是九十银元，家中对读一年书要花将近两掌子银元（我们乡下称五十银元为一掌子），总会若有似无地表示一点意见。比如有时祖父和我闲谈，好像并非故意要说的向我表示：“你认为你念书很省啦，但是你一年花九十块大头，也就是咱们家说的两掌子。这两掌子大头，你想想，咱们用两条牲口拉车到集上卖粮食，要拉多少次卖了粮食给你？将近一百块的大头啊！可是这么多车的粮食，是我们家二十多口的人，他们努力给你一个人在花钱哪！”这话祖父不只说过一次，我总是回答：“爷爷，您别再说了，我都了解了。”因为他老跟我说，不是让我难过么？我是要念呢还是不念呢？所以我对祖父讲：“再怎么样，爷爷您得费心让我念完中学。”我们家里不是供不起，而是农村里，都是背背着太阳，面对着黄土，完全凭劳力营生的人。我回到家里一定要做事，不敢说念了中学就要洋学生的派头。我若穿着长袍，家里人就说：“哟，穿着长袍的洋学生来了！”都是看不顺眼的。所以我回到家里，都是脱了袜子，赶紧下地照常跟农人一样操作。

我就是在这种传统的农耕家庭中，靠家族的努力供我念完中学。中学毕业后实在是不应该再念了。当时到北京、天津念大学，最省一年也要三百块大头，有钱人花五百块的也有。这笔钱家里真是拿不出来。于是在中学三、四年级时，我就对外联络，与前期的同学，或同学的同学打听，请他们留意有什么公费学校可以念，不管是职业学校，短期或长期，只要不花钱能念书的都告诉我，我都愿意去考。联络结果不错。当时同班同学张国彬因家境关系，不能继续读书，就在呼海铁路（呼伦到哈尔滨）做事。这条铁路完全是中国人自己造的，由我们遵化县城里一位交通大学毕业的人主持建造，大家都认识这位官宦之家的子弟，张国彬与之联系后，就在呼海铁路当列车长。他因往来东北的关系，晓得哈尔滨东北商船学校要招生，而且是官费，四年制，所以寄给我一份该校招生简章。另有一位在沈阳冯庸大学读书的上一班孙姓学长，也寄给我一份商舱学校的招生简章。我收到这两份简章，有把握这个消息是可靠的了，乃决定去考。当时下一班有位同学，也是农村家庭子弟，他知道我找到这么一个不花钱的学校，想和我一块儿去。我问他原因，他说家里供不起，等他毕业后，还能不能找到这么一个官费不花钱读书的学校都是问题，若找不到怎么办呢，所以要跟我一块儿走。民国十九年暑假，我中学毕业，我们俩就结伴到哈尔滨。

（二）就读哈尔滨商船学校

到哈尔滨必须先到唐山坐火车，那时我们这些乡下孩子坐火车，简直是蒙头转向，因为我们虽然是十九岁，但从未离开过遵化县的范围，所以

哈尔滨商船学校之大红楼。

哈尔滨商船学校所属之长安轮。

是土得不可言状的土包子。因为要考学校，乃坐着有篷的旱车，由一匹骡子或一匹马拉着到唐山。从唐山到哈尔滨要坐三个国家的铁路：唐山到沈阳是中国的北宁铁路，沈阳到长春是日本人的南满铁路，长春到哈尔滨是俄国人的中东铁路，把我们都转傻了，不知到哪儿去买票。而买了票问售票员，他说到某一个月台看看，我们根本不知道什么叫月台，就这样慢慢问了坐上车。只有坐北宁路时是坐三等客车，没有位子，很拥挤地站着。坐南满路和中东路时，因为坐不起高级客车，遂坐运牛、运猪的货车，把行李一摆当椅子坐。一路上像开眼界似的抵达哈尔滨。

我们在哈尔滨等了四十天才考试。在等待期间，由一位上一班学长照应，他在哈尔滨教中学，我们就住在学校的宿舍里，也不花钱。此时我们听到一些消息，知道哈尔滨商船学校是由东北海军军人教授，教育程度都相当高，由沈鸿烈先生创办，而真正主持校务的是航务局局长王时泽（湖北人），系沈先生同学。同时学校也传出这样的说法：东北长官公署介绍或推荐来就学的人数，已经超过招考名额，所以已经有五十个名额了。我们听到这个消息，心想完了，大官子弟都排在前面了，我们还有什么希望呢？我们俩还要不要去考呢？我想既然已经来了，不去考怎么行？无论如何要去，考不取再说。

招考委员会因此请示沈鸿烈先生，那时沈先生任东北大帅府的海军处长，回了一个很确实的电报："凭卷录取"。我们乃得以参加考试。那时我们在中学的程度已经相当高，代数、几何、数学都读英文书，监考老师从来没看见过有学生用英文答卷子的，看了我们的卷子后大感惊讶，怪道："怎么来的这批学生用英文答卷子呀？"所以我们俩都录取了。

商船学校系由东北航务局所办，于民国十六年成立，第一期即招考航海（称驾驶班）、轮机两班。第一期航海分甲、乙两班，程度好的为甲班，差一点的就分到乙班。甲班后来调到葫芦岛航警学校第三期，乙班十几名就在哈尔滨毕业，上船当松花江的船员。第二期是轮机班，已入学一年。还有一个测量班。十九年八月一日我们入校，就成了航海丙班。班上 45 名同学八成来自东北，另外两成以河北、江苏省籍居多。

哈尔滨商船学校于松花江上举行舢舨比赛。

外籍老师方面，本校没有日本老师，只有一位教俄文的白俄老师。课程和一般的商船学校完全一样，目的在养成专业的商船人才，百分之百要求航海班学生毕业后会开船，轮机班的会修机器。校课结束后上商船实习，称实习生。

念了一年半之后，九一八事变发生，学校关门。是年底，学校解散。丰润县同学李寅尧有位亲戚在青岛造船厂做事，他先到了青岛，写信告诉我，说有长辈向沈先生联络，恳请沈老师在青岛召集商船学校学生，重新开班上学。当时东北海军已经三个月没发薪水，舰队中最大的三艘军舰，也是当时全国最大的海琛、海圻、肇和三舰都在东北海军，尤其海圻是四千三百多吨巡洋舰，两门八寸炮艏艉各一门，在当时是相当强大的武力。因为东北沦陷，庞大的舰队饷糈无着，更无余力顾及解散后的学生。此时东北海军已更名为第三舰队，沈先生因财务的考量，勉强接任青岛市长一职，仍兼舰队司令。借着青岛港务局与市府的税收，来支应舰队开销（此即港市合一的范例，大陆各港皆如此）。沈先生与司令部长官研究过后，认为仍得收容我们这批学生，青年失学太可惜也太苦了，必须联系这些苦孩子，而且他也听说我们这一班书都读得很好，乃决定召集我们重新就学。尽管全军反对，沈老师仍然答应了我们的请求，要司令部的人设法联络。

（三）刘公岛复学

我们在哈尔滨时全班有学生 48 人，到青岛集合时有 30 人。但集合后，既没校址又无经费，遂住进由旧商船改装的“镇海”、“定海”军舰的大统舱。等到登上正式的训练舰“肇和”时，里面就有学生舱、教室及制度性的训练设备，但离我们集合已经过了十个月。

东北海军系统中，江防部分可说是变相的海军，因为商船学校除了王校长外，教务长（徐沛）、训导长到班长都是海军出身，并且留日者居多。当年江亨舰远从北洋上驶海参崴进入黑龙江，为日、俄所阻，未能进驻哈尔滨，沈先生遂预备成立一个海军的江防舰队。表面上藉收回松花江和黑龙江航权之名，要把海军建设起来。当东北的海军处有此一雏形时，民国十二年一月，即在葫芦岛成立一个航警学校。名唤航警，实为避外人耳目，以免日本多所置喙，此时已经是第三期。第一期是航海班，第二期是轮机班，第三期则是哈尔滨商船学校第一期航海班调来者。因为此期学生非常优秀，而东北海军需人孔殷，沈先生询问学生的志愿如何，是否愿意调到葫芦岛航警学校就读，同学咸表愿意，遂成航警学校的第三期，此即杨元忠先生这一班。我们这一班因遇九一八事变而流离失所时，第三期已经毕业，而第四期宋长志这一班是幼年班，为初中毕业生，要念八年毕业，已经入校第三年（十九年底入校），东北沦陷后，全班随学校迁至威海卫刘公岛，继续就学。沈老师认为，既然葫芦岛航警学校的学生都撤退到刘公岛，也已开班复学，哈尔滨商船学校这一班学生也应并入就学。

我们在船上结业后，又重新考试，要挑优秀者入校，成绩未满 80 分者不入海军，得入商船。结果 30 名学生中，考 80 分以上者有 23 名，79.5 分以下者有 7 名，沈先生与烟台政记公司关系良好，安排这 7 位同学到商船上实习，成为商船练习生。与我同赴哈尔滨投考商船学校的遵化同学，就是分发到商船公司，后来当上船长，今已退休在香港。此次我赴大陆，在香港还与他通过电话。

我们 23 名入刘公岛的学校时，校名改成葫芦岛海军学校。与第四期同学碰面了。由于第三期已经毕业，第四期又有了，我们这班该叫什么班呢？有人就给我们取个外号，叫“三期半”。而从我们开始也以年班称呼，哪一年毕业就是哪一年班，我们遂成为二十三年班。

在刘公岛不到半年，二十二年下半年我们两班就迁到青岛东镇原属德国的若鹤兵营，学校也正式改称青岛海军学校，校长为刘襄（烟台十五期）。没有校歌，没有军歌，也没有校徽，因为时代变乱，当局也无暇注意这些。商船学校为四年制，除开不学枪炮、作战等专科外，航海、轮机都与海军学校一样，同时因为我们尚未展开正式的海军课程，所以在课程衔接上，毫无问题。上船后，肇和军舰副长冉鸿翮先生（烟台十五期）教我们枪炮和弹道学。其余老师亦多为烟台海校毕业者，如王燕猛（十六期）、姚汝钰（十五期，海校迁万县时仍执教）、刘赓（十五期）诸位先生（后来都在高雄港务局做过事）。我们在此上课一年半，于二十三年八月十二日毕业。

若鹤兵营设备很好。全是钢筋水泥的房子，门窗设计很不错，尤其卫生设备都是抽水的，虽不是个人式，但白天厕所的大沟上会定时自动放水，把秽物冲到化粪池，所以没有臭味。

对于整个青岛市，我有许多感慨。德国在 1898 年后占领胶州湾，管理青岛二十年，以市政建设而言，全青岛市没有两栋建筑物是同样的，必须经过市政机关核准后才准兴建。后来我在重庆碰到一个青岛人，他告诉我过去青岛有免费使用土地和房子二十五年的规定，二十五年后，房子带地一起交税，都属于国家，也就是说，房屋、土地都归公有，没有私有制。

我到台湾后，在中华书局找有关胶州湾的历史书籍，却找不出免费使用土地二十五年这句话，所以我不敢证实。不过我只说一件事，青岛的山地，都是一大块的石头，这种先天上的优势，再加上设计良好，青岛下水道建设得极其成功，愈下雨愈干净，从来不淹水。下水道从东镇到西镇再排到海里，都是可以容许人在里面跑的宽度。那个时候德国的市政建设就有那么好的规划，但是今天不管台北市或高雄市，下水道均未建设完备，我们可将此地当做训练市政人员的模范，检讨我们不能把市政建设弄好的原因。

其他如交通、电话、电车等设备，青岛市也都是第一等的，超过全中国的市政建设。所以青岛出名，不光是这个地方好，实在是德国人留下来的基础。这个都市不但在中国是最好的都市，就是和欧美各国的都市相比，也毫不逊色。希特勒说日耳曼民族是最优秀的民族，我不喜欢希特勒，但

民国二十三年海校毕业时摄于青岛。

我绝对赞成这个说法。他们确实是优秀，这是不得不承认的。

沈先生在青岛市长任内，最大的成就是把教育程度改善了，他是唯一能够把教育制度做好的市长。推行普及教育，励行“村村有校”政策。而校舍的房顶，都规定要红瓦屋顶。所以每到一个乡村，只要看到红屋顶，就一定是学校，如果有哪个乡村没有红顶房子，是不可能的。而且不但是普及教育，更是实践教育。当时教育局长是雷法章，他到我们海军学校演讲，曾说实践教育就是学什么就要做什么，做什么就要学什么。不能净念书，出来了不会做事。所以青岛教育非常成功。

青岛也是个非常忙碌的港，实际水深不过七公尺到九公尺，当时就已是个大港。前来的外国船只以日本船为多，他们的势力也大。

我们在此读书，学校管得很严，因为必须在一年半当中，将海军四年中未修习的课程都要赶紧补上，四个礼拜放一次假，所以我们很少接触青岛市内的游乐地区。但我们常和青岛大学接触，运动会都与其一起比赛。

虽然沈老师是留日海军出身，学校老师也有许多他的前期同学，可是他并没有意思要学日本海军那一套，当然在严格管教上多少有一点日本味道，但学制上完全没有日本的影子。我们就是在这种严格要求下训练出来的。

（四）四所海校教育的比较

我个人觉得青岛海校培养出来的学生，与其他三所海校教育出来的学生比较起来，有很大的不同。例如马尾海校是标准的学术学校，学生念书都念得很好，在礼节和人情世故方面也训练得很周到，但不是军人：他们并没有把军人的概念——毕业出去后要保国卫民、作战救国的观念，灌输给学生，连海军战术都没有研究。所以马尾海校训练出来的学生，素质非常好，是个彬彬有礼的好学生，其他则不及。

青岛海校完全以战斗精神来教学生。我们在学校操舢舨，每艘四个学生，八个桨，硬是规定多少时间内一定要到达，把我们的胳臂训练得像水手一样。上船舰训，清洁舰上的木甲板，必洒上细砂，用椰子壳磨得光亮，完全是水手式的训练。学科方面不如马尾，因为马尾留学英国的教官居多，教学内容比我们深入一点；我们的老师多半是留学日本和烟台海军学校毕业，在专科教育上如枪炮、船艺、航海、轮机，是由教官们自己写讲义，没有书籍。讲义是否取材自日本，我不知道。海权史则有书籍，因为时间短，没在课堂上正式教，由学生自己看。但数学、物理、化学都是一般水准。比如我们上的大代数、解析几何，是用天津北洋工学院用的教科书，数学老师都非常棒，因此一般学科我们都学得和外面的学校一样。所以我们在学术上没有马尾的好，但是在军人训练的要求上很实在，出来就像个军人，尤其北方人体格壮一点，天生的军人精神也好。我们在哈尔滨上体育，是个俄国教官，他教我们单杠、双杠、双环，都是标准的俄国体操，所以我们体格练得很好。其他服制和礼仪，一般都和中央海军一样。

黄埔海校我就不知道了，我们听到的都说他们教得太简单了，因为他们没有正式的海军学校，成立一个班，上船就在黄埔的江上小船上实习，谈不上学制，在学、术科方面也没有什么基础。

电雷学校是临时凑合成立的学校，在学、术两方面更是不及。他们在学校时间只有一年半到两年，校长欧阳格先生是海军人，但他从来没上过船，也没从事过海军工作，当中央想成立一支能封锁长江以抵制日军溯江而上之武力的机会下，让他主持成立了电雷学校，是专门学习在江里布雷，在陆上以电控制雷的学校。因为原来在长江布的水雷，是有触角的，必须让船碰上触角才会炸，作用比较少，所以要在岸上以电线来控制，看见船来了就炸。老先生就是赋予他们这么一个任务。所以他们在学校学习的时间很短，后来有一部分人到德国学快艇、放鱼雷。袁铁忱和王先登他们都到德国学过这两项技术。所以他们在海军的基本知识不足，但是他们也是受我们东北的老师如冉鸿翮、王天池教导的。

总结四所海校，论学校基础，马尾是标准的海校，完全照英国的制度来教；青岛就比较草率一点，但是东西也实在，称得上文武兼备的状态；但黄埔和电雷就是非常草率了。

我在学校的时候，我们和马尾海校几乎是不来往的，陈绍宽的中央海军也不敢到青岛来，至于我毕业后，青岛和马尾有无藉舰训时往来，我就不晓得了。而且我们这一班根本无所谓的舰训，毕业后就当候补附，舰课一年，派一名队长和一位教官，教我们舰上不足的知识。从这一条船到另一条船训练，都是集体的，并不分散。不过我们从哈尔滨下来，等待到葫芦岛海校的十个月期间，已经把青岛以北的北方各港都走遍了。威海卫、烟台、龙口、营口、秦皇岛都到过，最南到连云港，是在毕业时去的，沈先生也在船上陪我们一起旅游。

东北商船学校的学生，除东北籍和河北、山东外，江苏也来了一批。因为东北商船学校教育长（徐沛，烟台九期，民国四年九月在吴淞海校毕业）是江苏宜兴人，他因松花江水道局局长是宜兴人，故得同乡之谊，引介至东北做事。同学俞柏生、张殿华、蒋谦都是宜兴人。河北人多，系从我们这一班开始。我们河北五中到哈尔滨参加考试的，事前彼此都不知道，到了考场一见面，发现同班同学和上一班同学共有七个报考，录取五个。马纪壮是河北南宫人，他们那里一去就去了六个，所以加起来就有十几个人了。当时官费学校只有东北有，例如冯庸大学就是公费，但完全是军事训练，冬天学生都披着大氅。

福建人在东北没有势力，毫无发展的余地。当时不管沈先生或学校老师，对中央海军或马尾系的海军人，反对得很厉害，表现得很尖锐。沈先生就是反对陈绍宽，才脱离到北京海军部，他在陈绍宽底下做了十几年的上尉，陈就是不给他升级，沈先生是以上尉投奔到东北的（详细原因我不清楚）。张大帅收容他后，沈先生乃向张大帅建议，成立江防、海防武力，全由其负责。海防包括渤海舰队，目的就是要打击陈绍宽。后来曾南下打过两次，江利是从长江口抓来的。据闻我们的炮一打，这些福建兵闻炮声响就往吊铺楼里钻（舰上水兵都睡吊铺，夜间打开来吊在舱里头睡，早晨起床就收起来放在吊铺楼，吊铺楼位在靠近甲板的船舷旁边），所以一下就被抓了。

福建人的确是只用福建人，例如袁铁忱、王先登这一班，因为很小的事都被开除了；根本原因就是他们这一班外省人太多。福建人排挤外省人是百分之百，而且是真狠，不怜惜这些青年学生失学多么苦，将来怎么生活。在那个时候，中央海军几乎没有外省人当过舰长。

这些事我们都是从传言中得知的，沈先生不曾和我们谈过，不过大家东传西传都知道了。许多和沈先生同班的老师，下课师生谈话就谈这些，不过这种私底下的传闻，比反共抗俄训练班都要厉害，因为老师说的话我们都相信，印象深刻得很。尤其对陈绍宽宰割外省人、压制外省人，大家一谈起就反对得不得了。

沈先生到青岛后就不直接管理海军的事务，虽兼第三舰队司令的名义，但实际管事的是参谋长谢刚哲。

那时我们对张学良也没有什么印象，只知道他是个年轻的花花公子，至于他为人如何，长相如何，想做什么，我们都不知道。

华北和东北人是从小就根深蒂固地痛恨日本人，沈先生担任青岛市长时，所有武术馆、警察、自卫队，凡是公家单位都训练了大刀队，很厉害的，所以日本人始终没在青岛登陆就是有所忌惮。沈先生最后自青岛撤退时，将日本所拥有的九家大纱厂全部烧掉，真正实行焦土政策。当时海军舰队的教导队驻在威海卫，完全是陆军训练，准备将来东北海军扩建时，全部上船。

山东省主席韩复榘被枪毙后，沈先生就接任其职，领导山东省的游击队抗日。原来的海军人员，则撤往华中地区。

（五）婚姻状况

由于我们是农村之家庭，同时北方多行早婚制度，并且有女长于男的风俗，我也在这种状态下成了家。在封建的社会、礼教的家庭这个大背景中，孩子若能教养得百依百顺就是好孩子了，我是受这种教育观念下长大的孩子。刚读中学的时候，家里头发现我不喜欢待在家里，而且八个兄弟里头，我稍微聪明、灵活一点。当时家里已有二十八口人，在祖父一人统制下撑起家业，第二代已经没机会，第三代必须接着掌家，所以爷爷和叔父早有意将来把我留在家里，让我承管家业。我看出他们属意由我担任承家传代的角色，但也未表示意见，所以家里设法把我留下来，于是在我十八岁的时候，也就是中学三年级的上半年，安排我结了婚。意思是想拴住我，不让我跑。

我的婚姻是在沿袭旧有的传统下建立的。完全是父母之命，媒妁之言，真正是门当户对地结了婚。那时我不想反对，因为反对了就是逆子，如果因为念了书反成了逆子，在乡下我也不必这么做，所以我在很明白家里用意的情况下结了婚。

中学毕业，也就是我结婚后一年多，还到哈尔滨读书。虽然商船学校是官费学校，但并没有零用钱，故也不可能一放假就回家，想回家还得向家里要往返的路费；我原打定主意，中学毕业了就不能再花家里的钱念书，所以也不想向家里要钱回家。等到九一八事变，学校结束，发了路费，我才回家。因此夫妻之间并没有很长的时间相聚。此时在家住了四十天，又到青岛集合，此后一直到二十三年海军官校毕业，有一个月的长假，其中两个礼拜毕业旅行，剩下两个礼拜可以回家探望，我们才又有一点夫妻生活。二十五年父亲和叔叔分家，我再回老家一次。所以我们从民国十七年结婚，到二十五年回家，夫妻相处不超过六个月时间。二十六年抗战后，夫妻又分离十一年，到三十六年阴历五月初五日（阳历六月二十三日），内子由共产党占据的老家逃难出来，我们才过后半段的夫妻生活。

我们的夫妻生活算是很惨的，因为我想念书就不能恋家，要恋家就念不了书。海军官校毕业，少尉军官一个月有八十块大头，当时小学校长不过是十二块大洋，二十五斤一袋的面粉不过一块多钱。我的待遇这么好，满可以接家眷来同住，但我还不敢，因为在北方乡下，他们把我养这么大，赚了钱，我不往家里接济置产业，贡献一点，就想接老婆到外头自己享受，不管家庭了，落到这种名儿我更不愿意，只好先不接她。所以抗战时，家眷都在老家也就是这个原因。

内子从老家出来到上海，三十七年就生了孩子，以后也没有再生。

我这一辈像我这种情形的人很多，大多凭媒妁之言结了婚，几乎谈不上爱情或感情。在外面读书，相隔多年，想念的时候很少，结了婚也像没结婚一样。有人觉得在外边也回不了家，又在外头另娶，所谓“抗战夫人”的情形太多了。

这是我在夫妻状况上，不满意，也比较惨的一面。因为我始终有个古道德的观念，既然结了婚就算了，并没有选择或反对。若说想重新找新时代的女性，重组新家庭，我既没这观念，也没这思想，因为我没有必要做家庭革命，我革了命，斗争了人家，她又怎么办呢？她就应该被我斗争吗？或是我在外头结婚，她就该被我遗弃吗？不必了，就认了。所以我在官场、政治和社交上并没有一个好的贤内助襄助我，故而这些场合，我就自动退后不参加，仕途自然落后了。

这也是幼时在家庭里，受古道德的教育太深，什么都自己忍受一下就算了的思想，不图自己的享受，也不必把自己的幸福建立在别人的痛苦上。所谓封建社会、礼教家庭，这两句话可以把一切都框起来了。在家里面，老太爷在炕上一坐，儿子、媳妇辈儿都在炕下头，垂手而立，都在下头侍候着，冬天有一段时间也这样站，像站岗一样。老太爷烟袋吸完要马上给换一袋，等老太爷说：“回去了！不要站到了！”这些媳妇们才敢回去。我们也一样，都是这种规矩，虽不必一直站着，但也不能回自己房间谈爱情。所以一切都在老人的指挥之下动作。尤其我，他们让我读书，我如要洋气，他们会把眼睛一瞪，说：“哦！洋学生，了不起了？”这句话把我们一喝，我又何必呢？家里供我读书是不容易呀，我要在这里要洋气的话，他们一定觉得看不惯，也不给我钱念书了。所以我不愿意让老人家生气，也不必要制造这些家庭纠纷，所以一切依顺。这样养成的个性，后来当军人就是标准的好军人，永远服从。

军旅生涯

（一）战前经历

我自青岛海军官校毕业后，当年从东北逃到黄埔的海圻、海琛、肇和三舰，在此时圻、琛二舰又北归，于南京被中央海军扣留，舰上人事不变，仍归第三舰队管辖，经费则由军委会支付。所以我们有六个同学派在南京海圻、海琛舰当候补附。当时海圻舰长是唐静海，海琛舰长是张凤仁。我和其他二位同学在海琛，马纪壮等三个人在海圻。这两艘船都是英国造的，非常结实，钢板很厚，都非常好，但后来都沉在江阴。

我们在海琛实习，遇见以前跑到广东的前辈，也不好意思问他们当年南下的情况。当然以东北海军的眼光来看，他们都是叛逃分子，我们都不满意，但我们是刚毕业的学生，并没立场诘问他们。一般官兵可能是莫名其妙跟着南下，但舰、副长，轮机长，以及大副、二副等都应该知道，可谓少校以上的军官都主张叛变的。他们并不是反对沈先生，完全是为了生存。因为没有钱了，都不能活了，怎么还待在青岛？而且全中国就这三艘有武力的大船，在军阀割据时期，投靠谁，谁都欢迎的。沈先生接青岛市长之初，烟台班的姜西园曾向沈先生要求谋一岸职，但沈先生不答应，因为他自己当初是在不得已的情况下才接市长，他认为军人不应干政。但姜等人认为沈先生怎么不顾虑他们，接了市长就该有钱接济海军了，所以在当时就已经对沈先生有了反感。后来他们又要求安插个一官半职，沈先生完全不同意，他们一气之下就出走了。

不过当时的财政状况实在非常困窘，东北沦陷，舰队完全没有经费来源，由青岛市税收支付的钱仅够吃饭，毫无余钱发饷。所以青岛一期叛变，一方面要求生存，一方面是想改变环境好升官。我们与这些前期学长见面的机会很少，即使见面了也不谈这个问题，好像这个事儿与我们无关一样。

我们在圻、琛两舰实习，黄埔海校毕业学生也上来一部分人，如冯启聪、谢祝年、陈庆堃那时都已经在船上。也碰到青岛二期的陈精文先生，他是海琛的轮机长，抗战时担任我的大队长。

在海琛半年多，二十四年下半年，调回青岛江利军舰服务。江利原是长江里面的四江、六楚（四江：元亨利贞，六楚：同泰观有豫谦）之一。这些原是张之洞在洞庭湖操练海军的十艘船，楚字号大一点，有 745 吨，江字号只有 565 吨，都是平底船，不能出海的。可是我们也只好把江船当海船用，风浪大了就不出去，风浪许可下，仍旧照常出海巡弋。我调江利军舰担任航海附，仍为少尉，等上了船才是中尉。这也是以前海军官校毕业生的一个不成文人事制度，在上尉阶段以前全班都是齐步走，不管有没有缺，毕业一年

民国二十四年摄于海琛舰驾驶台楼梯上。

民国二十四年青岛海校派在海圻、海琛二舰之同学合影。左起：刘广超、马纪壮、陆维源、李连墀。

以后升中尉，再过一年半升上尉。

抗战前，中国没有海军的建军经费，中央海军买的船，是陈绍宽省吃俭用撙节下来的钱建造的，但建的平海和宁海两舰，受日本人骗得很厉害，建成上重下轻，海上没有浪，船自己就会摆荡的情况。日本人认为我们根本就不可能会作战。青岛造船厂虽属海军，但自己不会造舰，完全是修理功能。而我们在面对日本海军强大的武力时，根本不可能考虑到太多，只要训练一批人以备国用，就算对得起国家了。

（二）青岛撤退

二十六年十二月，青岛大撤退，江利舰上官兵大部调走，由我和少数官兵，将江利装满煤炭沉堵在青岛港的前港口，后转调岸职从事抗战，总

民国二十六年服务于江利舰时摄于威海。穿着之海军大礼服系量身定做，专为赴外国军舰拜会之用。

计在船上三年半的时间。沉船时并没有可惜的感觉，因为必须要沉，而且江利是从张之洞时代就留下来的，舰体也已老旧，所以没有爱惜军舰的心理，想马上把船沉了之后，把船上的炮转到地面，编成炮队加入作战。

青岛港的码头工人全是大刀队，都是沈先生训练的，他们有很好的编队，每队都按原来工人装卸作业的编组来训练。因为我们的装备与日军无法比拟，也无作战准备，若日军上岸，就是短兵相接，进行巷战。我们这些人不想拼，因为必须撤退归入国家军队的建制，不管在山东打游击或其他单位，都还可以发挥作用。

奉命沉船封港后，我们与江安、楚豫、镇海几艘船的人被编成舰炮队，我为队长，升上尉，带一批人从青岛出发，一直走到台儿庄才坐火车。海军的士兵在船上哪有走过路呢，故脚都起泡，鞋也走坏了，很多士兵逃走。我对江利的官兵讲："你们千万不要逃喔，逃真难看啊，抗日打日本人你们还逃，逃回家能保命吗？"总是说这些话勉励他们。所以那时候哪个队长带得好，兵就少逃一点，带不好就逃光了。就这样一路赶到山东临沂集合。

各舰炮队大概有三四个队，康肇祥是我们的总队长，也是第三舰队人员改编成舰炮队的总领队。我们带着轻武器在临沂集合，不能带的炮，在青岛就交出去运到济南。其中马纪壮和关世杰带领的两个炮队，就坐火车到济南参加一个战斗任务，对付反动分子。之后这些负责铁路运输的舰炮队，也一齐向临沂集合。但他们还没到时，我们又从临沂出发，到湖北祁家湾（离汉口很近，是平汉铁路上的一个小站）集合。第三舰队的集合地是比较大的车站横店，但实际是在祁家湾这个小站。

（三）江防要塞守备队第三总队

我们在祁家湾成立了江防要塞守备司令部，谢刚哲为司令，海圻、海琛上的官兵为第一总队，北方青岛这批舰艇的人为第三总队，第二总队由威海卫的教导队组成，战斗和武装都很强。部署时，第二总队驻守马当，这是最前线；第三总队驻守鄱阳湖边的湖口；第一总队驻守田家镇、葛店，司令部设在汉口。部署完毕，各就各位后就开始训练。

首先是补充兵员，一个中队就是一连，我担任第三总队第五中队中队长。大队长是陈继统（青岛三期，今在台北）。马纪壮是第四中队长，张恒谦是第六中队长，一齐驻在湖口。新兵补齐后，从二十七年六月开始整训。日军于六月下旬进攻马当，我们就入阵地开始作战。要塞守备者，顾名思义，有炮者即为要塞，我们就是守备要塞的队伍。在湖口下游不到两三公里处，有个柘矶炮台，炮台由福州海军守卫，我们就保卫要塞，不让敌人攻上来。马当是个极为重要且大的要塞，派一个总队，下有三个大队，但是我们第三总队第二大队的人还支援马当。一共四个大队，等于有四个营的兵力。

抵抗日军攻击战打得很好，两昼夜后撤退，日本人没能溯江而上，就从马当向星子绕过鄱阳湖，直向九江，把我们后头的要塞都包围在里面。日军一攻马当，湖口就被炸，这时已不是俯冲轰炸，而是水平轰炸，日本的零式轰炸机，三架一编队，一次九架，连续炸了三天，湖口的民房等都夷为平地。我们在战壕里看着零式机飞来，不俯冲就可以轰炸，晓得这种飞机厉害。我们的阵地和所住的营房也被炸毁了一半。马当一失守，要塞宣布撤退，我们也跟着退。

二十七年七月一退就退到田家镇，在此碰到陈精文，他是第一总队第一大队的大队长。那时我们补招的新兵，因多系江西本地人，一打仗，他们就跑回家，剩下的都是我们船上的几个老兵。于是我乃率领剩余的兵和武器，向陈精文先生报到。此时没有事，我们就在部队里赋闲休息。

附带一提湖口撤退，康肇祥那时是第三总队长，总队部在湖口，我们第二大队是跟总部行动，第一和第三大队分在田家镇和马当驻守。在田家镇大队是高射炮队，配属在第一总队，另一大队配属在马当，隶第二总队，本身只剩我们第二大队，大队长陈继统。马当一被攻破，他们认为前方无望，且没电台，后方的命令很难接到，所以第三总队部未奉命即先行撤离，前后只差一天时间。当时我是重机枪中队长，但两挺重机枪被士兵丢在阵地里，我自己背着重机枪下来。此时总队部的总队长康肇祥、大队长陈继统，及一名大队附，和另外两名官员就一块走了。因此康、陈二人都受到处分。

当时刘广凯在第二总队，驻守马当，在作战中受了轻伤，后来到万县海军学校当了教官。他在《刘广凯将军报国忆往》一书中，说撤退时第二总队、第三总队剩余的兵被陆军王耀武的第五十一师吃了，这件事我并不清楚，不过当时这种抢兵的现象颇为平常，谁有兵谁就能当王。

二十七年底，日军战略性的向武汉大攻击，北方从陇海路以南一线，有商城的一部分，在陆地从近距离向武汉包围，远距离的从广州登陆，经粤汉铁路，直扑汉口。这个大战略的攻击为中央发现，乃宣布大撤退，在这大包围圈内的陆军五个兵团，全数撤退。我们是其中的一分子，所以江防要塞守备司令部，跟第二大队打垮的零散官兵，往后方退，向第一总队报到；其他死的死，散的散，也没有多少人了。如此分路到后方的宜昌集合。

汉口到宜昌，我们从七月底到九月底，走了两个月才到，途中多半坐民船。在汉口以前走了两天两夜的路，边走边睡觉，迷迷糊糊地跟着部队走，渴了趴到田里喝水，用背包里的大蒜头杀菌。官员自己买的炼乳，用刺刀一戳，夜里偷着喝两口，没敢让士兵发现。未过汉口不敢停下来，完全在路上跑，由田家镇溯江，沿着大公路向后方跑。过了汉口，才雇了风船，在这里等自己总队的还有什么人，一边通知，一边也派人到外头去找。这样一船一船的撤，到九月才到宜昌大集合。

（四）江防独立总队第一大队

要塞守备司令谢刚哲，在抗战开始后就没看见他这个人，他不懂作战，也没到部队去看。我们回部队后，他就走了，大概回四川老家去了，总之到四川以后就没他的消息了。我们这三个总队的人，垮的垮，死的死，退的退，到宜昌后成立一个江防独立总队，以唐静海为总队长。此时我还是被编在陈精文的第一大队，职衔是江防独立总队第一大队第三中队的中队附，因为我的队员都没有了，只好做中队附。不过陈精文对我很好，虽然名义上是中队附，却又另外成立一个重机枪队，把各中队的四挺重机关枪集中起来，由我当重机枪的中队长。这并非队上的编制，是陈精文先生为了我而成立的，如此一来还是叫我中队长，不叫中队附了。长官爱护部属就是这个样子。

在宜昌集合后，经过整训，已是二十八年初，分地驻防。在宜昌以上到秭归这一段长江设立要塞，有平善坝、三斗坪，我们这个大队驻在庙河，总队部设在三斗坪，也就是中共现今要设长江大坝的地方。后来人多了，就分成四个大队。此时炮台仍由中央海军驻守，上面不一定有炮，但军队必须驻守，慎防共党的潜伏分子捣乱，有绥靖治安的作用。我们就在巴东以下、宜昌以上的区域守备，一直到二十九年。

二十九年四、五月间，我被派到贵州遵义步兵学校受训，接受为期两个月的重机枪班训练。回部队时已是八、九月夏末秋初的时候，此时部队移防到湖北恩施。此地属第六战区，司令长官为陈诚，辖有湘、鄂、川、黔四省边防地区。此四省交界处，共党潜伏分子众多，活动口号为“反当兵、反纳粮”。陈诚向周恩来明白表示：“我的战区共产党必须撤出，你们别在我那区存在。”但是中共仍在那里积极活动，所以把我们这个部队调到湖北来凤，军事管制完全受第六战区长官指挥，成立“战区临界交战线的绥靖区”，在长沙战线的后方做绥靖工作，保护川湘公路的畅通，使川盐得以向前方运，湘米可以往后方运，不致中断。若有人来破坏交通，上级授权我们“格杀毋论”，以确保战时的生命线。

此绥靖任务一直持续到抗战胜利才结束，由唐静海坐“同心”（或“同德”）沿江东下接收，准备复员。

在此期间，我个人觉得第六战区长官陈诚很照顾我们。老实说，抗战后海军几条破船在海上能发挥什么作用？我们这些部队有什么用？在陆上能跑能颠吗？上前线能作战打敌人吗？抗战八年我自己没看过一个日本人，也说我们参加抗战了，还舔着鼻子直说话，我们自己都惭愧呀！有什么理由说自己参加抗战？我们从长江要塞守备队一直到江防独立总队，他们到处安插我们，保持一个番号，这就是照顾你呀，没有一点摧残的意思。若说他想摧残、牺牲我们，那完全是误解，没有这回事。我们没有一点用，凭什么还干军人？抗战胜利后，都恢复我们的军职，海军人都没有了，我们都成了宝贝。可是海军没有了，又想尽办法，凡是和海军沾上边的，都送去英、美接舰受训，国家很对得起我们了。

（五）暂离部队

在绥靖阶段，我们这个大队就在旧司这个小镇驻防，剿匪剿到来凤外头，因为来凤左近都是苗族山区，全是森林，我们在森林人行小道上进行剿匪，土匪只要拿一把土枪就可以把我们打死，我们有个班长和一个兵就是这样被打死的。所以这个时期抓了许多小土匪，他们都是被共产党利用的真正土匪，专门捣乱。后来独立总队部向南迁到永绥（直到战后复员），我们却仍在旧司。不过大约民国三十年底，我就请假不干，到了后方，在重庆交通部航政局报到当技士，等于脱离部队。

为什么脱离？因为不能再干了。我队上班长以上的人都是我在江利舰上的老干部，他们从海军上士、一等兵，慢慢升到队长、分队长。夏末秋初的某夜，三个分队长和一个班长来找我，对我说："中队长，你干一天，我们就一定跟你一天；但是我们希望你早走，我们好走。"硬是摊牌摊了一夜，我们几个人在明月当空的山坳口上，从夏夜二点钟起踱了一夜。我说："你们不能逼我走哇，我走了不成了逃兵吗？那怎么能走呢？你们要走，你们就先走吧！"他们说："不行！先走这一点我们绝对不做！你不走我们就不走。但是你不能不走，否则害得我们也不能走！"就这么两句话，我们就这样踱了下半夜。

过后我就想：这实在是不能干了，他们都无斗志了，我这兵带不下去了。乃做了个假电报，给在万县盐务局做事的中学同班同学李金声（今住在河北省石家庄市）写封信，要他打个电报给我，说我家里人到万县了，希望我去后方看一看。我拿了电报写签呈就请假，当时参谋主任许世钧看了电报后，与时任总队部参谋的马纪壮研究，问他："你看李连墀这个电报，你有什么意见？这个时候他怎么能请假呢？在前方嘛。你说他这个电报是真的是假的呀？"马纪壮是我同班同学，他觉得是假的，但也不好意思讲话。最后许世钧说："假的也得准他啦，让他走吧！"就这么答应了。马纪壮遂告诉我："参谋主任准你啰，你就请假吧。"我就这样正式请假到后方去，脱离了部队，把从江利舰背下来的盒子炮卖了，换成路费走的。

我请假离开是合法的，但后来逾假不归就不合法，因为总队部并没有给我长假，也没准我脱离部队。可是大家心知肚明，我到了重庆还会回去吗？这种事也不能追究了，因为好多人在前方做不下去都走了，我也不是头一个。我从海军变成江军，江军变成山军，在山里面和土匪周旋，如果命这样白送有什么意义呢？这种抗战就没有意义了。所以我的青年军官这么一想想，咱们的命就这么葬送吗？那些小土匪完全是地方混混，我们跟他们打仗有什么意义呢？

离开部队到重庆，我就到了航政局。这是因为同学陆维源由部队派到军事委员会计政训练班，训练完后他就没归队，到航政局报到，所以我到重庆就去找他。当时航政司长是王洸。我在航政局报到后，派到川北昭化县射剑河交通部所设的川江第二造船厂，做材料主员，专造嘉陵江上运粮的木船。

我在昭化造的船，又快又好又便宜。那时王洸很纳闷，何以川江第二造船厂造的船这么快，成本这么低？因为后方有好几个造船厂，所造之船都是为运粮用的，运粮下去后，船一定会因碰撞损坏，就不要了。所以船要造的便宜，又要够好可以承运，因此我们就不断地造船往下运粮。我的职务是材料主员，穿着草鞋到山里头采购柏木。挑选的标准是：从地面往上量到七英尺高度的树木中，围径和直径都必须合格才要买，我挑选后在树上划记号，我划的才能买，没划的不准砍伐。所以标准板子造的船就快。王洸也就对我记忆深刻。

做了一年多后，调到广元航政局办事处。因为嘉陵江造船造得很多，广元县政府不愿分担这项事务，航政局乃自行设立一个办事处，我就到那里做了航政局的技士。

（六）赴英接舰

三十三年，我得知军令部公告招考海军人员分批赴英美留学和接舰一事，对象不分海军哪一所学校或是哪一方面的海军，凡是得知消息者自动通知所属报考，是时已经录取两批人员分赴英、美留学，至该国的海军官校受训。我听到消息就辞职不干，赶搭便车到重庆，就了四川省粮食储运局所属的木船管理所的职务，专门负责验收船只。在这里有了工作，这才准备出国。赴英美留学的两批学生都走了，剩下就是接舰了，等我到重庆，赴美接舰的人员也都考试完毕，我没赶上。第二批赴英接舰考试时，我才在重庆。

录取后先集合训练，训练地点在招商局的江顺轮上，停泊在重庆下游的唐家沱。这是艘抛老锚的船，因为战时川江已经没有航运，我们就在这艘船上集合官兵，把过去所学的国际礼节、接舰及应注意事项，重新复习，同时也介绍彼此认识。没有什么训练，仅在此等候。士兵中大部分为青年从军的人。我们在唐家沱约四个月，名册都造好了，但时间一拖长，大家不晓得还去不去，因为没辞职，我们老在外面受训，原单位都有意见了，所以就宣布解散，各回岗位。但学兵仍旧集合，我被指定为学兵第一大队第一中队中队长，在重庆的中正中学集合，大队长为邓兆祥。正在带学兵期间，赶上八月十四日日本投降，重庆举行胜利大游行，我们参加了庆祝。老总统坐着敞篷车，我们在旁边看得很清楚。

由于战争已经结束，英国欲赠我国的舰艇还给不给呢？若不给，官兵就不要等着了，这样状况不明约一个多月的时间，气氛非常沉闷。过不久，英国仍允赠舰，我们就赶快启程。十月间，官兵二百多人从重庆出发，穿的仍是抗战时的老棉袄，到炎热的加尔各答就换新装。这批服装都不是量身定做的，因此大小不一，但无论如何换了新衣，比较不失国家颜面。自加尔各答坐火车到孟买候船，此时英国就为我们做了一套新的制服。同时

在英国受训时所住之 HMS *Renown* 战斗舰。

又进行一次甄别考试，有一部分官兵因为英文、体格不合格，又退回重庆。

在孟买等了一个多月，登上 25,000 吨的澳大利亚皇后号客轮。这是当时世界上仅有的四艘客轮之一，其中三艘属于英国，全数征用为军事运输船。我们从孟买开到英国利物浦（Liverpool）登岸，再到朴利茅斯（Plymouth）上一艘 27,000 吨退役的军舰（HMS *Renown*）。此舰我们看起来真不得了，都是木壳甲板，甲板上全是双联装八寸炮。我们就住在荣誉号上受训，官员住前舱，士兵住后舱。同时受训的还有接灵甫和重庆号两舰的士兵。接舰或接艇， 由英国人按学兵的受训结果来区分，把学识能力与考核成绩好一点的士兵，留待接收重庆号和灵甫号。八艇操作比较简单，很快就选出来，由武官处任命我为领队。当时我国武官处的海军武官是宋锷，他系烟台海校毕业，与王天池、冉鸿翮、姚汝钰为同班同学，我入海军时他当镇海舰副长，我们毕业后他还一直带我们。那时周应骢已不在英国，周宪章也早回国了。所以宋锷还兼海军训练处的处长。

英国人对我国任官人选考核得非常严，例如伏波号的陈沪生等几个人都被他们退训，讲得非常不客气。对于借舰或赠舰一事，英国人则从来不对我们表示什么意见。

接舰士兵于 HMS *Renown* 舰上合影

实际训练课程只有六个月，当中一段时期参加英国主办的二次大战胜利游行，赴英接舰的官兵就代表我国三军，前头第一排是大使馆的陆海空军三位武官，后头全是我们接舰的学兵。为了训练走英国步兵操，大约花了一个礼拜的时间。之后放假，前后约耽误两个礼拜。

说起这一年的训练，我的牢骚就很多了，英国人实在骗我们骗得很厉害。胜利游行结束，离我们回国前一个月光景，英国人才调两艘毫无装备的船靠在荣誉号旁边，要我们上去认识一下这种炮艇，并没有把每一艇应配备的兵员送上艇训练，所以我们人和船根本没配合过，也没分成八组过；艇的外形、性能如何，我们在英国接八艇的人都不晓得。这种训练真是骗人骗透了，英国外表看起来好似泱泱大国，但骨子里还是帝国主义侵略的本质，根本瞧不起我们，完全以轻视的态度来对待我们的训练。就像英国首相丘吉尔（Winston L.S. Churchill，1874—1965）看不起我们老总统的态度是一个样儿的，参加我们训练的英国官兵，对我们所表现的都有点看不起中国人的味道，因此我们根本没完成接艇训练。

（七）训练八艇成军

三十五年九月廿一日，我们从利物浦登上澳大利亚皇后轮，启程回国，同年十月二十四日抵沪。接八艇的官兵全由我带回来，每一艇有两名官员、八个士兵，总共约七十几个人，由我领队回国。在上海下船，住在海军月刊社，艇队部暂设高昌庙，就在海军官校旁日本人留下来的飞机库里头，每天按规定作息。此时已经有人“溜号”，因为他们了解等着艇也没意思，有人就请假走了。他们都明白对我说，不等这八艇了，等着了他们也不会当艇长。这些都是实话，因为他们出去前是上尉，出去降阶为中尉，回来恢复为上尉，但上尉这么多年不可能再当上尉艇长，一定要找少校缺的职务。所以他们到海总部报到，都说不回八艇。海总部也体谅这种情形，他

一九四六年六月八日英国伦敦举行之胜利大游行，图中第二队为赴英接舰之中国官兵，紧接在第一队美军官兵之后。

们口头报告后，总部就重新安排。留下的艇长大约只有一半。

兵都没走，我管他们很严，后来他们都讲，当初要不是我管他们这么严，他们早就不在海军了。这些孩子那时都和学生一样，晚上都出去跳舞、赌钱，什么都来。我劝他们："你们不能这么做，否则耽误自己前途。今天国家到这种程度，你们要是还这样做，是想干海军呢？还是不干海军？你们又都是从军来的，当时是抱着什么热忱？为什么要从军的？虽然是胜利了，你想从军还是不从军？既然不从军，又为什么要去接舰？接舰回来，国家又需要你们，你们就待着吧！"类似的话天天和他们讲，可以说完全都留住了。因为我答应他们，上艇一定把他们培养起来像个军官，然后必须入海军官校完成基础教育，不然不可能当个海军军官。只要他们把海军军官一年半的基础教育受过了，就成了海军军官，也有了学历，将来可以自己去闯。他们都听了我的话。为什么听我的话呢？因为他们受骗受多了，过去长官都是只说好听的，从不兑现；接触我之后，知道只有李队长说的话实在，从不骗他们。末后他们有的当了艇长、艇副。青岛的军官队也成立了，赴美、赴英接舰的士兵，大都入军官队受军官教育训练。

三十六年五月第一批三艘艇由大船运到中国，由江南造船所重新装备，再把轮机弄好。但最严重的问题是，在英国我们没派兵学轮机，由英国人在利物浦挑华侨海员给送回来。正好此时上海第一练营有了轮机兵，程度很高，都是中学生，遂请这批人，经过那些华侨海员教授后，很快就学会柴油机的原理。轮机兵安顿好，艇就没问题了。武器很简单，前头一个四十厘米炮（英国人叫 two pounders pum pum，意指两磅重的炮弹），后头一个二十厘米炮（叫 oerlikon），两侧各有一挺重机枪，都很容易操作。

派来上海练营的兵补充后，因为官已经不够了，所以又找一些老官员。但要紧的是升每个艇的上士（coxswain）。英国人依训练重庆号上士的水准，选派了八个，这八个人都先升了艇副。他们都是学识比较好的，一教过他们，他们就会做事情。全艇十二人（艇长、艇副两位官员，含炊事兵共十名士兵），舱面上士管理十个兵很容易，慢慢再训练他们成为艇长。

六月间，第二批小艇又运来两艘。前三艘已经装备好，人员和机械都

自英国接回之小艇全貌。

整理完毕，但没有人会开船。因为全艇队就只有我在战前在海上服务四年，其他全没见过海，也没上过船。但是命令下来，要我开九江担任巡防任务。当时已经有土共偷渡长江，海军没人能够去，总部作战署遂下令要我带着艇队前去。可是我都还没有成军，怎么去呢？作战署说没办法了，因为那时大家心里都明白，只要我们把船在江口一摆，共产党就不敢动。小八艇每艘虽然只有 45 吨，但和日本人赔偿给我们的 25 吨炮艇不同，是真正军舰型的小艇，看起来有震慑作用。

小艇从南京出发，第一条艇上有领江人员，后面二艇只要跟着走就可以。但是他们不懂拿舵，船会偏向而东撞西碰地蛇行，所以第一天我就在第一艇，第二天在第二艇，第三天在第三艇，一条船挨着一条船上去，教他们怎么拿舵，怎么下舵令，怎么航行。所以我一面走着，一面做航海训练，一面做枪炮训练，所有船上动作都实际教他们操作。三艇官兵在三十六年底八艇到齐前，都是这样训练好的，然后再分派他们到其他新艇上，训练新艇官兵。前后一年时间，把八艇都训练成军，我也从九江回家过年。

我们为了保密，一靠码头就唬老百姓说此船有电，千万不能接近，要是触电了，我们不负责任。这么说是有目的的，因为当时谣言很多，话这么一说，共产党一定有所耳闻，故意放话让共产党不敢动。我在九江驻守，芜湖等其他渡口就安静了，不敢再在北岸集结船只偷渡。我们就用这种方法，故弄玄虚地保护长江各口。

原先艇队部在高昌庙，与江南造船厂很近，方便接船，那时我们就与设在吴淞口的第九炮艇队合并。第九炮艇队全是接收日本的 25 吨炮艇，像小舢舨一样。后来第九炮艇队撤销，我们与之合并，艇队部就移驻吴淞口。但因这四五艘炮艇与我的八艇无法配合，遂弃而不用。从此长江巡弋变成八艇一个重要的任务。自镇江到九江、汉口都是我的巡弋范围，最远到湖北监利，共产党在那里设卡收税，我们就抓卡。起初我带三艘艇驻九江，若有事，带二艇出发，一艇留守。远远看见北岸集结船只，我们就凭空放几炮，一方面吓阻共军，一方面训练士兵放炮的胆量。否则胡乱发射，打到的都是良民。同时也告诉他们不要闹笑话，向外宣称自己“打沉”了木船，木船是不会沉的，海军人千万别说外行话。

现在回想，我们在英国没完成接艇训练，在这种状况下带回国，又碰上人员调动，若不是我苦心经营，这八艇大概早已不存在了。当时我想，既然八艇陆续回国，它有炮有机器，无论如何我们还能做点事。在九江驻守时，总司令桂永清自汉口下来视察江防，过后他到青岛巡视第二军区（司令梁序昭），召集官兵训话时，曾说：“全军舰艇以及陆上单位，能做到像吴淞口的海岸巡防艇队那样就好了。”公开赞扬八艇的训练。

（八）桂总司令独具青眼

三十七年三、四月间，桂总司令意料之外地打了电话给我，要我到海总部报到。我去了之后，总司令说他要调我当长治军舰舰长，问我有什么意见。我说：“当然遵命办理。但请示总司令，艇队长由谁接？”他说还没考虑。我遂将艇队成员赴英训练情形，我们如何成军情形，原原本本地向总司令报告，如果我们能好好整备的话，艇队对我们还是有用的。可是若要报废就报废了，很是可惜。总司令听后就要我先回去。从此开始，注定仍要我当艇队长。

在那种困难的情况下，当艇队长有什么意思？当时长治舰却是全军旗舰（重庆舰还未到），我接受了马上就是上校舰长，我为什么不干？有人这么傻瓜的吗？但我就是这种傻瓜，为了替国家完成任务，并不羡慕这个舰长职务。以后一直带着八艇参加上海保卫战、舟山防卫战各役，这一年半到两年期间，未曾空闲一日。为了避免白天被共产党发现，改成昼伏夜出，而八艇的好处正是寂静无声，上士只要掌着舵就可以开作了。而最重要的是艇上有话报（电话、电报）两用机，当时全军还没有这种装备，美国的赠舰上也没有。所以我们艇上和艇队部九具机成立一个固定单位，传讯都用“黑话”（暗语），比如说共产党在岛上有炮，我们就讲“山上有老虎”，提醒各艇注意。战斗时这种话报机真是太棒了，那时我心里想：要我当一辈子艇队长我都高兴。所以桂先生当面授勋就是这个原因。

石觉是当时的舟山防卫司令，来台后他每次参加酒会，碰到海军人都说：“你们海军只有一个李连墀会作战，你们都不行哪！”因为上海撤退之后，所有的情报人员也都撤光，上海完全没有情报，后来靠我抓来“匪”俘，审讯“匪”俘而得情报。所以我要一个礼拜没抓到“匪”俘，石觉先生就打电话给我：“哎呀，李队长啊，怎么没消息啦？”所以我带这个艇队，至今仍觉得自豪。因为到舟山作战时期，学生出身的官兵都走光了，我还把抗战时我当中队长时跟我的班长，后来都已经升官的老人找来当艇长，八艘艇就有六位艇长是老第三舰队行伍出身的。

在混乱之际，有些船出走投共，但我的艇队都维持的很好，因为他们对我的向心力太强，他们都说：“李队长在这，我们不做别的事情。”队上只要有人不太对劲，他们会主动向我报告，所以不可能有共党潜伏分子。原来有 96 人，后来扩充到 120 人，个个都是忠心耿耿，我毫无顾虑。尤其后期找来的老部属，他们忠实得很，且什么都不怕，很能作战，后来我能打胜仗，就靠他们这批人。

一九五〇年四月，桂总司令突然发表升我为上校，并调我担任第一军区司令，这种三级跳真是空前绝后，全军反对。我们班的同学马纪壮当副总司令，亲自对我说：“我当总司令面报告，李连墀再怎么作战有功，也不能这么三级跳。哪有艇队长升军区司令的呢？”但桂总司令仍独排众议地擢升我。

第一军区是上海军区移驻舟山群岛的长涂港，原任司令是董沐曾，我就在战地接了第一军区司令。四月份发表，我在办好交接后，于五月四日到差。五月十四日舟山大撤退，党政军全数撤离。实际撤退原因当时我们并不知道，等到都登舰了出来，才知道中共已经有了俄国人的喷射机。据闻我们的空军由定海起飞，到大陆上空侦察，不知不觉就没听见声音，不见了。去了两次之后，美国人告诉空军不能再去了，俄国人飞机已经驻在上海。这也是首次出现喷射机，过去都是螺旋桨的飞机。因此开始大撤退，美国人开始协助我们，美国军舰在长江口一带暗中保护，怕中共来偷袭。我方保密也做得很好，神不知鬼不觉地撤退来台。

十六日离开长涂港，十九日上午八、九点钟，乘中练军舰（舰长姓傅，福建人，眼睛有点毛病）到左营登岸。以后我就没再参加战斗任务。

桂总司令惦着我始终没忘，想在花莲继续设军区，希望第一军区还能维持。他在基隆登上一艘太字号到东部视察，但花莲并没有设军区的条件，乃原船到左营。当晚即开军事会报，把当时的登陆舰艇，包括中字号、美字号、联字号、合字号三级军舰，大小共十一艘，自第一、第二舰队里所编的登陆舰艇中撤出，另成立一个登陆舰队，以我为舰队司令。这是想不到的事。会后，总司令坐火车回台北。到台北后，却马上打电话给副总司令马纪壮，告诉他：“昨天决定要李连墀当登陆舰队司令改一下，要冯启聪为登陆舰队司令，李连墀接澎湖要港司令。”调换的理由是冯启聪当过中字号（中基）舰长，当北方营口撤退时，他带中字号担负过很大的责任，我也因此上了陆上单位。

（九）接任澎湖要港司令

一九五〇年七月接澎湖要港司令，共一年半，一九五二年一月即调供应司令部司令。

一九五〇年澎湖要港司令任内，与蒋介石合影。

在澎湖要港司令这一段，既是桂总司令的爱护，也是我要表现自己的工作。政府自三十四年胜利接收台湾、澎湖，到一九五〇年，已经五年余，然港湾的沉船均未处理。我到任的第一件工作，就是向总司令报告要打捞沉船。因为不清港就不能称为军港，虽然沉船位置并不妨碍航行和舰艇出入，但接收这么多年，仍应进行打捞工作。

沉船共有五艘，我一次发包出去打捞。打捞后售卖所得大约是二十八万元，我请求桂总司令全数拨给我用，总司令问我要这些钱的用途。我乃条列清单，首要者为整理船坞。由于船坞被炸过后无钱整修，船不能进坞修船。整修船坞后还要修建官兵休息室。因为船进坞后，官兵无法在船上休息睡觉，陆上必须要有驻足之所。其次需加强医疗设备。因为马公海军第二医院的设施不足，必须妥为整顿，充实医疗设施。第三，军区内的道路和发电设备不佳，需要铺设和准备，以备紧急时可发电报。最后是眷舍的兴筑，以安顿官兵眷属。总司令听后问我：“你都要吗？”我说：“都要还不够吧！”桂总司令很爽快地答应，并要我打个报告。

后来总部补给署晓得了，署长刘庆生给我打电话，说：“你打捞沉船卖了这么多钱，怎么都留用啊？总要给我一点吧！”我说：“你跟总司令讲，我也不好意思说给你多少。”他说只是先给我说一声，我请他向总司令报告。他也是口头报告了总司令，说我这么多钱用不完，总部也需要钱，所以后来拨了几万块钱给他，剩下全部我用。最后桂总司令说了这么一句话：“你们现在都有钱用了。要不是李连墀在那儿，我才不给别人打捞呢！只有李连墀在那儿，我才给他打捞啊！”桂总司令这话说得这么剀切中肯，事实上我与他才接触过几次，除了三十七年他到九江视察小八艇以外，就是后来小八艇在舟山作战，他来视察二次以及一次授勋，其余就没有什么接触了。他怎么这么相信我？我打捞船卖了钱会不会贪污舞弊，他怎么会知道？那时候官兵都穷哈哈的，哪一个不要钱？他居然有这么大的信心，我也觉得奇怪。

海军澎湖要港司令部同仁合影。

（十）初任供应司令部司令

一九五一年开始接受美援，三军补给制度必须改行美国制度，才能接受美援，否则没办法申请。如此一来，各军种都成立供应司令部。当时陆、空军的补给单位早就是供应司令部，海军却仍叫供应总处，由供应总处改编为供应司令部，我就是第一任供应司令。

接任供应司令也有个插曲。因为此职一般咸认是个肥缺，桂先生许多江西老乡都想向他争取。他心中可能早有腹案，但不愿说。因为供应总处处长于易麟是他在西北时期的老朋友，那时有这样一个传闻：明德新村一号（海军总司令官邸）修理房子，马桶多高，于易麟都亲自坐下来试试，看是不是桂总司令希望的高度，可见他们二人关系亲密的程度，因此总司令也喜欢找他做各种事情。但是"国防部"总政治部对于易麟的考核比较不好，因此在他任内从供应总处改为供应司令部，无论如何都不能让他再当供应司令。这个是总政治部早就决定的，经国先生也告诉了桂总司令。那时桂先生心里就很不愉快，后来大家争这个缺，扰扰攘攘的，惹得他心烦，但他总不讲话。后来他实在憋不住了，对那些在面前要求他提拔的人说："你们都不要争了，我把李连墀调来，比你们干得都好，你们争什么东西！"这些话都是事后人家告诉我的。所以桂先生对我的知遇实在是出乎我的想象。

我一九五二年一月接任，二月就到关岛受训。四月十六日桂总司令调任"总统府"参军长，马纪壮接升总司令。

在关岛训练六个月，学补给的基本训练（supply basic training），完全是实作训练（on job training），因为他们并没有讲义和训练人员，我们到他们的每一个处、科办公室，由处长、科长为我们做实际讲习。除了补给以外，公共工程（public works）也学了，其他在船上的补给（supply afloat）也都学了。这次学习带给我的心灵震撼很大，因为八年抗战下来，我们都成了白丁儿了，海军官校学的那一点东西也都丢光了，真正成了大头兵。

我相信陆海空军军官在经过抗战后，每个人都成了老粗啦，都没受过教育，只知道拿枪打仗，别的都不晓得了。在这个时候，看到人家的国家那种情形，那种科学作业、制度化的管理，真是佩服得五体投地，实在是太好了。若说美国人散漫，这是侮辱人家。他们办公室管理纪律严明，都是士兵打字，在打字房里，只看到机器一部一部滴滴答答地在打字，没看到谈话的。我在他们办公室六个月，和他们办公室科长以上的人都熟了，随时去看他们办公室，看见他们纪律之好，就知道人家为什么强！

同时在美受训的有六名军官，我带两位科长，补给署刘庆生署长带一名处长，一位科长。其中我带的两位科长及补给署的处长，英文程度都比我好，我能听得懂的英文，美国人讲解时，我就用中文注记，回宿舍连夜整理笔记。同年8月回国，就带着这份笔记，亲自为部属上课。上课前我写一个纲要，安排讲解顺序，请同去受训的科长看一下，他们俩很佩服我怎么记得这么清楚，这是我整理笔记的好处。

一九五三年摄于海军供应司令任内。

回国后我几乎是赶着上课，因为如果作业程序不快改的话，申请美援就会受影响。每天早晨我从八点十分上到八点五十分，共四十分钟的课，自课长主管以上人员，都到大礼堂去上课。把全部作业的东西都讲完。讲解时一半口述，一半实做，讲仓储就到仓库，说明仓库各部作业。比方仓库一进门应该设置卡片箱，卡片上有品名、编号、单位、单价，申请的人申领某物，卡片抽出来立即登账。所以我又专门训练小姐登记这种存量账卡。另外有管库的人员，发的时候，根据填单发给。领物的人要先填八联单，八联单经过办公室人员的核定（office control），受补单位自行留下一联，其余作业，受补单位就不要再管，我们的舰艇服务科收到其他各联后，即自动传送至各有关单位，依作业规定处理，最后再由舰艇服务科送补到舰。

在上课的同时，我先请示改编，因为我们原来是按照业务编制，比如以被服科、粮秣科、弹药科、配件科来分组。美国则是按功能编组，如接收科、仓储科、拨发科，不管被服、弹药或油料，所有军品都是一样的接收方式；然后分仓储方式，之后是拨发。过去我们的拨发都是要价还价含有人情的方式，有本领的就多发一点，没本领的就吃亏，因此过去补给单位大概都有舞弊，兵科军官看不起后勤军官就是这个道理。所以我们一定要把这个毛病革除，申请多少，核发多少。用什么方法呢？我们有军品管制的计值科，每项军品价值多少，都写得清清楚楚，物资卡（补给卡）上注明品名、单位、数量、单价等项。若进一百个灯泡，拨发了十个，马上在上头写明九十个，再拨发五个，就写八十五个，完全是卡片管理。

同时还有一个“号码管理”的观念。比如要领粮食，以前我们都讲要大米、蓬莱米，说清楚品名就可以领。但美国人教我们“号码要看清楚，没号码不发东西”。所以每张卡上头都有一个号码分类（category），比如 H 类的都是轮机类，或是 A 类都是电类，底下再细分项目。我们头一次接触，觉得号码管理真是不得了，编号码就是一门学问，有技术科专门编号码。对我们而言，真是太新鲜、太神奇了。过去我们管库都不叫管库，叫看库，只要看好就好，所以我们到关岛训练，把我们的观念重新改造了。美国的补给观念、补给知识、补给作法、补给习惯，是当时的我们没办法跟得上的，所以我真是努力地学，硬是学会了。后来我把这些都在上课中讲解出来，大约讲了半年的时间。编制也按我所申请的编制分配完毕，等到核准了，我马上就可以动作。

推行美制补给作业毫无反弹，供应司令部的同仁反而非常惊异，何以一向带兵打仗的我，居然受了训就学了这么大的本领。虽然改制会影响某些人的既得利益，但在军方有一个好处，就是司令说了算，他们不敢反抗。他们对我也大表赞扬。因为美制的补给观念是“利人利他”主义，以服务为目的，不可以让受补单位来“求”你。而人事也因分工较细，较往日多用一些人。然而原来的办事人员若能力不及格，也淘汰一部分。

上完课，请求改组也已获上级核覆，我们就进行新的作业程序。一九五三年年中校阅，全军第一。校阅人员也不懂这种行政系统，一看都愣眼了，奇怪怎么会有这么大的效率，库房怎么会整理这么干净，东西怎么摆得这么整齐，这是从来没见过的，所以评鉴全军第一。当时还有个插曲，陆战队表示不服气，他们说海军舰队和陆战队两个大单位，起码其中一个要考第一，怎么让后勤单位得第一呢？别的第一就算了，怎么他们军风纪也第一呢？校阅组就答复：“我们校阅完全凭资料，并不管是战斗单位或后勤单位。宪兵队有你们陆战队官兵的违纪纪录，可是没有供应司令部官兵的违纪纪录，他考核就超过你了，我们是有根据的。”考核标准系依据各单位的要求而定，战斗单位和后勤单位各有不同的考核标准，但其他如外在营房的清洁卫生这种标准是一致的。另外我们率先实施美国补给制度就超前三军，实施百分之百的确实，即使美军顾问团也没话说。另外在行政效率上，我们的公文通常两天以内就处理完毕，绝无超过七天仍未处理的公文，全军都没供应司令部高，所以我们拿第一，当之无愧。

实施美国补给制度，三军同时实行，本来空军做得比我们好，但是到关岛受训的只有海军，一方面因为关岛是美国海军基地，一方面也是因为顾问团中海军组的补给组想要有特出表现，提前办理，他们可争取工作成绩。我学回来后，做的反而比其他两个军种彻底。后来空军的供应司令周一尘，曾从台南来观摩。一九五三年我校阅得第一，陆战队的后勤团曾派部分人员来我这儿参观一段时间。

本来实施美国补给制度之后，每个礼拜要与美军顾问团的人开会一次，但海军就不需要了，顾问团海军组的人说："李司令到关岛受训后，顾问组没用了，他都会了，不需要顾问了。"向顾问团申请是年度性的，一年申请一次，由供应司令部的存量管制中心（存管中心）提出，存管中心不执行实际补给作业，较补给单位高一级，隶属在供应司令部里面，专管美援申请。全军各单位有多少补给品，完全凭卡报到存管中心，现有多少，需要多少，由存管中心统一整理。所以全军库存多少，一年补给出去多少，还需要多少，都有清楚数字。

在我任内，不但没有弊端，连以往的弊端也都杜绝了。比方当时发报机用真空管非常昂贵，偷真空管比偷什么都值钱，装在大衣里就偷出去了。所以我们审核此项特别严格，假如某一军舰在半年当中申请过多的真空管，我们就要求"领新交旧"，坏的必须缴回来，我们才发新的出去。如果没缴回来，我们补给品的八联单中有管制联，专管制各单位申请的补给品有没有送到，该单位应交的旧品是否如实缴回，一个月三十（一）天，一格一格管制。如果到三十日，作业人员看的格子里应该都是空的，完全补给出去，如果还有未处理的就是发生错误。因为如果在二十日申请，三十日要送达，二十日当天我们就把申请单摆在三十日的格子中，三十日送出去之后会有回报联，二者刚好相符，同时撤出，再按照管制联和回报联分置于卷宗，格子里就空了。如果里面还有单子被我发现，我会由处长问起，为什么没送出去？赶快查一查。所以没人敢耽误。总部都惊奇得不得了。因为补给有"四如"的信条，就是"如时、如地、如质、如量"，不能有误差。而且补给品也必须保存得好，不能有所损失。能达到"四如"，才真正做到支援作战的宗旨。

补给管制有两项最严重缺点，一是超品（surplus）：恐怕不够用，拼命申请，拼命买，反使库房存量过多。另一个是呆品（dead items）：根本没有按存量管制需要再申请的严格要求，结果买了没有发，或是申请美援

一九五五年调离供应司令部时，全体同仁列队欢送。

的东西，结果在库房里呆着两三年没用。这都是浪费国家财源。所以我严格控制，不准有超、呆品。

另一项再生品，主要是为国家省点经费，能做多少算多少，但这并非必要。当时因为人工便宜，而国家经费不裕，申请配件困难，能把旧、坏的东西修理好，再充补给品，也是增加补给力的方式之一。但是今天人工这么贵，不如报废买新的。

补给规则等于补给纪律，补给纪律管的严明，是全国所未见的。后来我把这一套补给制度的八联单带到港务局的仓库作业，杜绝了一切弊病。

一九七一年四月一日后勤司令部成立，把修护、补给合一，简称后令部，供应司令部也撤销了。

供应司令两年一任，我做了两任，一九五三年和一九五四年的校阅，都是全军第一，百分之百实施了美国的补给制度，优点都保留，缺点都取消。在四年时间，我的库存流动项目（active items）永远是百分之八十左右，只有百分之二十是呆品，但呆品中包括保险项目（insurance items）。比方我库存有五根中字号登陆舰大轴，但中字号一年、三年都没换过，所以我保留这些大轴是保险项目，备而不用。

一九五五年四月，我调公工署长，供应司令由夏新接任。公工署是新成立的单位，我也是首任署长，建立了海军的公工制度。工作内容主要是土木、水电等工程，其他如军区工程、通信工程和汽车管理。汽车大队是我成立的，各单位不准有汽车，所有交通车都集中管理。任职一年后，调石牌实践学社受训十个月，之后调总部作战计划委员会的副主任委员，主任委员为王天池先生（参谋长调任）。在总部待了四年，一九五九年又回供应司令部。

（十一）再任供应司令

一九五九年三月调我回任供应司令，我觉得好怪，心想大概是他们没做好，总司令欣赏我，又调我回来继续整顿。回来后，发现呆品增加了。

此时又有一个受训机会，到美国补给署，专门学补给高级管理。这是美国海军补给署办的盟邦高级补给军官班（high rank supply officers），一共有十二个国家十四名军官（其中西德与韩国各派二名），都是上校，仅我一人是少将，遂当班长（class leader）。这次 supply management course，完全是概念介绍，不是实际作业。介绍内容为美国两洋舰队的两套相同补给系统，从补给署开始，一共有多少层的补给单位，哪一层的补给单位所司何职。补给中心（supply center）就有十几个之多，比方电子配件就有电子的补给中心（electronic center）。真正管理这个训练的是一个补给中心的负责人，他等于是我们的班主任，负责执行讲课的任务。有了高一层的补给管理训练，加上以前所受的六个月补给基本训练，我自认百分之百学会了美国的补给管理制度。但我学会的不只是补给管理，而是学会了“物”的管理。扩而言之，人、事、财、物之管理，其理则一，我终身受益无穷。

实施军品送补到舰后，又实施送补到家，因为军品都可实施，眷属补给品如油、盐、醋、米更是容易，都送补到家。进出口货物再没有损失，再没有偷盗，或装错，这全拜制度之赐。美国讲“标准作业程序”（Standard Operation Program，简称 SOP），所以我写《补给手册》。美国海军叫《补给手册》为“补给圣经”，没有一人敢违反规定，要是有人敢不照《补给手册》作业，要受严重处分，甚至受刑法处分。现在海军仍照我建立的《补给手册》执行，有无这么严格就不得而知。

自艇队下来后就没任舰职，我不能说遗憾，只能说是命。桂先生那么爱护我，从担任供应司令之日起，我在海上资历完全断绝，等于说没有海勤了。海军人没有海勤，以后永远吃亏，没有发展希望。但是那么多人要做供应司令，桂先生把位子留给我，能说他不重视我吗？长官虽然爱护，但发展也仅只如此了。

（十二）无故受诬

当我在一九五六年至一九五七年调石牌实践学社受训期间，总部政治部主任杨维智连续告我三次，说我贪污，并条列八大罪状。此案由“国防部”唯一一位少将监察官宣钜平受理，宣将军是步兵学校教官班主任，俞柏生在步校即跟他受训，那时我就知道他。他也是“国防部”查案最严、最正直的监察官。故当他受理我这个案子时，认为我以少将司令之阶，贪污是不得了的事，经确实查证后，发现所报不实，将案子退回去。杨维智说监察官偏袒，又申覆一次，换一位上校监察官，所查仍无实据。杨不服又向上申覆，说他们对我偏袒，明明有的事却说没有。第三次又换一个上校监察官，甫由团长调到“国防部”，他查后亦核覆所报不实，退回总部政治部。杨又不服申覆，最后宣钜平核示：“本案由该总部自行处理。”至今此案仍为悬案，没有处理。这些话是我参加一个朋友的喜宴时，酒席还没开始前，宣钜平亲口告诉我的。何以我在第一任供应司令三年多任内做得这么好，连续二年获全军校阅第一，杨维智竟告我这么严重的事情？

后来总司令由梁序昭交给黎玉玺，黎将原任参谋长蒋谦换成了黄锡麟，把蒋谦调到战计会主任委员，我就从战计委员会主任委员回调供应司令。什么理由将占两年中将缺的我，调回供应司令，吃回头草呢？我不知道，那时候也不在意，因为在台北生活很苦，我们住在桃源宿舍（圆山动物园隔壁），不管生活和伙食都很不方便，调回南部，使我能回家，我还很喜欢，也想，大概原任供应司令没干好，让我回去整理一下。因为我在战计会已经赋闲了两年，和王天池两人一人一个办公桌，无聊地相互瞅着，调回来至少有事做，有事总比无事强。

再任供应司令一年之后，我到美国受补给管理训练，自己才想起来这样不对呀，我这辈子怎么连海军中将都没升起来？我对海军工作很努力，也有功劳嘛，当初桂总司令看我把小八艇带得这么好，赏识我，不次拔擢，现在怎么会升不上中将？心里才感觉：噢，杨维智要我坐牢没成功，黎玉玺就把我调回来不让我升中将。那他们都整我什么意思？故在美国受训，我就写一封信给总司令，其中一句话是这么写的："我有阿 Q 的精神，请总司令放心。"所以一九六二年马纪壮打电话告诉我，说省主席周至柔要换高雄港务局局长，有意调我去，问我愿不愿意？我连一秒钟都没考虑就答应了。

这件事说穿了就是电雷整我们青岛。电雷学校受训只有一年多的时间，他们到底学了些什么？我们虽然经过兵荒马乱的日子，但扎扎实实受了四年教育，非四年不能毕业。例如我们选用天津北洋工学院的数学课本。虽然草率了一点，但至少坚持四年军官教育，有这种精神办事才养成我们这种军官。但电雷从受教育开始就不讲究大格，这种精神很有关系。老"总统"曾枪毙了几个人，居然也把自己的学生都枪毙了，所以我说欧阳格的学生就会斗争，我们只有逆来顺受。

（十三）与桂永清先生的关系

桂先生对我知遇独深，为何如此，至今我尚不得其解。他对我说的每一句话和评语都非常正确，使我纳闷不已。我没有跟过他，他的观察能力为什么这么强？

与桂总司令第一次见面，是抗战期间我带小八艇中的三艇到九江驻防，桂总司令视察江防，由汉口到了九江，看了这三艇的训练后，并未发表意见。到南京继续视察海防，再到青岛第二军区。当时第二军区司令是梁序昭，桂总司令召集军区官兵讲话时，就特别说："我到九江看了三个巡防艇，全军的舰艇以及陆上单位，如果都能做到像吴淞口的海岸巡防艇队那样就好了。"这仅是我与他的初次接触，他就有这样勉励的话。

第二次是在三十七年的三、四月间，桂总司令突然给我打电话，要我到南京去接任长治舰长。当时长治舰是全军旗舰，舰长一职大家都极力争取，若能担任此职，将来也有当舰队司令的希望。我说："应该遵命办理，请示总司令，艇队长是谁？"桂总司令说："还没考虑。"我就把艇的性能，对我国有用的情况，必须要有个好艇队长，好好整备，使八艇成一个战斗单元，颇有用处。江、河、海岸沿线，以及群岛地区，都是该艇发挥作用的地方。因该艇水面速度是十二节，德国潜艇水下航速为八节，英国人以之守卫军港，船上不开伙，官兵带三明治和咖啡二十四小时或四十八小时执勤，时间到了换班。虽然小艇并非远航之用，但有很大的油箱，续航能力很强。炮火攻击力和通讯能力都强，机动性也高。我说了这些之后，桂总司令说："好吧，那就这样子，你先回去。"他重新考虑。

中校艇队长能升任旗舰舰长，还有人傻瓜地表示不愿干吗？不是，我完全是为这批艇着想，这批艇好好整备可以为我所用，不整备就报废了。这些官员和士兵都是青年从军的人，如不照顾他们，之后马上就变成散兵游勇。所以我完全是为这批艇、这批人，好好培养他们，使之进入海军官校，将来成为海军军官。我完全做对了，他们之中后来最高升到中将。

我放弃接任长治舰长，日后的发展，可能好也可能坏，利弊谁也无法预测。长治舰由刘广凯交给胡敬端（电雷一期）后，驻守长江口，被部属拿手枪打死了。如果我接了，说不定也有这种结果。所以人的命运是谁决定的，谁也不知道啊，若说是你自己决定，恐怕也不是，还有其他因素。所以我们这个年纪，我说"认命"比什么解释都好。古书八字始终废不了，你的八字是这样就这样。

第三次是三十八年五月的上海保卫战，早在三十七年上海加紧防御工事时，我们就参加了。当时上海警备司令是陈大庆，真正的指挥官是汤恩伯，我们都见过面。从筹备阶段到上海撤退，跟着就驻防定海，作定海保卫战。驻防将近一年后，一九五〇年四月，突然桂总司令发布一个命令，升我为上校，调第一军区司令。这是我一生中最感荣耀的事。因为中校艇队长仅是二级舰长，连一级舰长资格都不够。当时第一军区司令由上海撤退到长涂岛，司令是董沐曾，我即接他的职务。接任后十天，五月十四日即进行舟山大撤退，一九五〇年五月十六日离开长涂岛，十九日上午就到左营港登岸。

到左营后，为了维持第一军区编制，桂总司令亲自到花莲视察，看是否符合设军区的条件，但花莲并不适合，当晚他就回营，召开军事会议，成立登陆舰队。将当时第一、第二舰队中的中、美、联、合四种登陆舰艇编为登陆舰队，我为司令。会后总司令坐夜车回台北。到台北后，桂总司令又打个电话给副总司令马纪壮，要冯启聪接登陆舰队司令，我则接澎湖要港司令。一九五〇年七月，交卸第一军区司令职务，我即到澎湖接任。

澎湖要港司令做了一年半，做一件重要的清港和打捞沉船工作，将所得整修船坞、兴筑官兵休息室、加强医院设备，并修补道路、修建眷舍，（其余见前述）一直到一九五一年底。一九五二年一月接供应司令部司令，实行美制作业。

以上均是桂总司令对我在职务上的表扬，职务外的鼓励亦有数桩。

一九五二年四月桂总司令交卸海军总司令一职，调任“总统府”参军长。一九五四年元月出任参谋总长，八月逝世。原来海总部在台北办公室主任杨厚彩（陆战队第一任司令）对我说：“桂先生去世了，关于你的事情，我跟你说一声。我们在总司令公馆坐着闲谈，我们对他说：‘总司令，喜欢上公馆的，喜欢打小报告的，这些人好像都占了便宜，不能跑公馆和打小报告的，好像都吃了亏，有人对总司令有这么点批评。’桂先生坐在宽敞的大沙发上，两手一拍对我说：‘哎，别人乱讲话，杨厚彩你也乱讲话的。那我问你，你去问问李连墀，晓得我家大门口向哪边开的吗？那你说，我对李连墀算不算重用呢？'"这是杨厚彩传达给我的小插曲。

另一件是我在海总部担任战计会副主任委员时，与海军总部政治部副主任刘殿富在桃源宿舍闲谈提起的。他说他在政工干校当训导处处长，桂先生到学校去，与他闲聊，谈起海军以往的事情，也谈到我。他说："我们海军的高级干部，能有几个李连墀，海军就好了。这个人负责的程度，做事之好，你交给他之后就不要再问，他做得比你自己做得好，如果你问多了，他可能甩袖子就不干了。"

我把这些事说出来，说明这是我一辈子以来，追随过最知遇的长官，没说过我一句坏话，尽说我好话，用三级跳方式对我不次拔擢，也值得骄傲了。

（十四）答问部分

一、桂永清先生是否和青岛毕业的人关系密切一点？因为刘广凯先生在其《报国忆往》中提到，当初是他和宋长志先生向桂永清先生建议，希望由他出来带领海军。

答：此事我不知道，他们二人都在英国读书，当时桂先生担任驻英军事代表团团长，到英国去过，他们见过面。不过那时候能谈这个问题吗？

二、这是刘广凯先生自己写的，他们后来见面的机会多，几乎每个礼拜见面。您在青岛海校的前期学长或同学，是否和您提起过这个事儿？

答：没有。因为这都是大问题。以我的观念，如果我和刘广凯一样在英国和他们一起受训的话，我绝对不会对桂先生说这个话，他们要说我也不会同意他们说，何必制造各校的痕迹呢？我最反对制造各校的痕迹，那时国家慢慢统一，福建排外的现象也会逐渐改观，咱们不必再特别强调自己是哪一校哪一派系。

三、青岛的同学，有没有人批评过桂先生？

答：青岛的同学批评他的没听说过，都赞成他。因为只有他当总司令，我们非中央系的人才不吃亏，不然我们必然吃亏。他是战后真正的第一任海军总司令（陈辞公不管事），要是没他整顿一下的话，海军不知道要分裂到什么程度，硬是福建的天下。后来四个学校都平均了。老先生也很注意这个事情，桂先生之后是马纪壮、梁序昭、黎玉玺、刘广凯，然后是冯启聪、宋长志，让各校都有机会当总司令。因为老“总统”经过军阀割据，斗争的深刻他了解得很彻底，就因派系斗争，故处处分裂，所以要让海军和睦，大家都有机会，谁当总司令就用谁的同学。尽管如此，但不管谁当上总司令后仍不敢太自私，若拉班底儿，造派系，政战部门马上就晓得了。那时经国先生已经是“国防部”总政治部主任，对这种事儿监管得很严。他们对陆军监视特别严厉，陆军的斗争比我们严重多了，都是动枪动炮的，海军只是斗斗嘴儿，在言语上占点便宜。

政战部门对海军发展有好也有坏，坏的影响如我前面提到的海总政治部主任杨维智，硬给人栽赃，我当供应部司令那么好的成绩，他硬告我八大条，交由海军供应司令部的政治部主任，再交保防科长，然后再找两个人来做资料。等于是他交下题目，底下的保防细胞就造资料，都是这么干的。呈报“国防部”后，三次都不成立，他也没事儿。“国军”的政工人员享有诬告的豁免权，有这个道理吗？但也没人追究，因为他们认为，案子没成立，你也没吃亏，没损失。怎么能说没损失呢？这等于是侮辱名誉，理应赔偿损失，这是很严重的问题。

又如林祥光，杨维智硬在人家第一军区的墙上贴亲共标语，告他军区中有“匪”谍，硬把他从军区司令位子上拉下来。我想这种政工人员三军都有，因为他们有权有势嘛。拉下人之后，可能就推荐自己的人上去了，否则他何必费这么大的工夫。如果说他犯过错，从重处分是可以的，应该记一个过，给他记个大过，这就了不起了，再缺德也不过干这个事儿了，怎么可以无中生有、栽赃呢？诬告这不可以嘛！给人贴标语，暗算到这个程度，这叫政治部主任吗？他居然可以做这个事儿，后来全军都晓得。

所以政工制度的利弊，到现在都值得研究。因为人一旦得势了，难免因为自己不健全，故意做这个来整人家。

四、有人说桂先生喜欢用青岛系的军官，您认为如何？您说青岛毕业的军官勇敢、出色、有担当，会不会桂先生因此而喜欢用青岛系的人？

答：若凭这一个角度，那青岛系占优势。起码我们这班和杨元忠这一班，都是中学毕业生，真正凭卷考试进去的，素质都高。宋长志这班为什么分甲、乙班？像夏志禧就是乙班的。因为他们都是小学毕业，程度不齐嘛。也因都是东北长官公署保送的子弟，水准比较差一点。但青岛第三期和我们这一班，都是真正的中学生，训练也比较认真，是真正东北军人的精神训练出来的。服从、体格、外表，动作起来就像个军人。我总觉得烟台念书念得最好，但没做到文武兼备的程度，当教书匠都够资格，打仗完全不会。比如冉鸿翮老师弹道学教得很好，但要他放个炮就不会。马尾海校教出来的学生，真的规规矩矩，有板有眼，国际礼节做得比别人都周到，船上清洁也都比人干净，仪容都够，但没有军人精神，因为他们本质胆小，没有勇气打仗，怕死，这是他们的严重缺点。尤其福建士兵表现得特别弱。电雷、黄埔虽然都叫海军学校，但他们在学校都不是受很正规的四年海军完成教育，学、术科基础都不够。所以这四个学校，在平均水准和健全程度上来讲，青岛都比他们强。若从这个角度说桂先生喜欢用青岛海校毕业的军人，我想应该有。他当一辈子军人，看一个人精神很好，觉得很神气，他就会选择。他们这辈人都是这样做法。

这也和南方人、北方人的风气有关，南方人就是文弱，北方人就是强悍，这是事实。山东大兵是了不起，真是好家伙。若找班长，山东班长就是好嘛，又忠实又可靠，体格又强，真的不马虎。因为一方人有一方人的性格。

五、您毕业出来，和各个海军学校的人相处，怎么个相处法？特别是马尾，因为您认为他们有个性上的弱点，而且在学校时，您们对马尾总是有点意见，但后来总是同事嘛，怎么相处呢？

答：我不知道别人，起码我没有界限。不管过去老前辈发生过什么仇恨和敌对状态，我完全没有这个观念，公事公办，大家都是同事嘛。真是用如手如足的精神彼此相处嘛，为什么要有分裂现象呢？你、我有什么关系呢？都没关系嘛，大家都是海军人。平常做事一点痕迹都没有。我当供应司令，官兵中福建人多得很，谁来就是谁，都没自己挑兵挑官，全是上级分发来的。也是因为从那种环境到台湾这个地方也小，上级对各军种中分派系的问题特别重视，自然而然地就不敢有派系。同时到我们这个年龄的人，都没有过去那样的人缘关系。有那种人缘关系的人都是上一辈的人，这是过去的历史背景，我们没这个界限。

六、您在石牌实践学社受训期间，学的内容是什么？是作战呢还是其他方面？是否针对某一个职务而设计？日本教官教的战术您认为有没有什么价值？

答：有价值，学的完全是作战和建军思想，并非针对个别职务而设计课程。石牌实践学社外号叫“地下大学”，由彭孟缉将军主持，老先生请日本教官来，是为传授日本人的建军精神和建军基本思想，他们教这一套，我们也相当接受。因为我们在海校毕业到底学了什么东西？经过八年抗战，完全是白丁了，军事知识没有，普通知识也没有了。所以到台湾以后，我承认陆海空三军完全是白丁。尤其陆军，团长死了升营长，营长死了升连长，谁管他合不合格，因为军团司令不升的话，军队就没有了。实践学社的教官分陆海空三组，课程是阶段性的，分团级作战、师级作战、军团作战这几个作战观念（海军就是单舰作战、舰队作战），教官出了作业，我们要把红线、蓝线画好，由教官评分，不合格就打×，很严格的。以海军而言，海军有三个主要教官教海战史，他们当然不会讲甲午战争，多讲一般性的海战问题，以主要的几个代表性海战来分析，说明其优胜劣败的成因，然后出题目，要我们就状况指挥海战，虽然所授并不很充实，但在观念上我们已经相当受益。就以动员来说，我们并没有动员的概念，但学了这一套之后，蔡斯团长来时，我们曾在松山机场做了一次动员演习，蔡斯说了一句话："'中华民国'不只是六十万大军，已经是一百八十万大军了。"这就是日本人教我们的，我们"国防部"并不会。这是真正的军官教育。其他有读训心得，每周读一本书，写心得报告。

七、我们对青岛海军的唐静海和刘襄所知不多，能否请您谈一谈对他们的个人看法？

答：唐静海此人，要讲他坏的地方很多，若从好的方面说，人本质忠厚、善良，但没有主见，人家说怎么办他都接受，所以他也随着海圻背叛了沈先生。可是冲出虎门，投靠中央而与陈济棠决裂的也是他。个人私生活比较差，好钱好色，姨太太两三个，也抽过大烟。我们的老大哥，私生活都有可议之处，抽大烟的好几个，所以他也不算有多大本领，但服从中央却是没有变过，必要时也肯努力。比方复员，中央海军就不敢沿江而下，怕布的雷没清干净，撞到了会牺牲。唐静海就是敢坐着船下来。但因为私生活太坏，抗战前舰长一个月 480 块大头，特支费 1000 块，这么多钱，居然都让他自己给挥霍完毕。他并不是品行恶劣，只是贪图享受，因为他和其他老大哥一样，认为有钱就该享受，为什么不花呢？来台湾后没做什么事，生活很落魄。后来马纪壮当总司令，他就去找马要钱。因为当年唐静海当海圻舰长，马纪壮是海圻候补附。

刘襄是烟台海校的，但我觉得他对不起海军。以第三舰队的立场来看，唐静海葬送了第三舰队海军，刘襄葬送了青岛海校。如果他们两人要努力的话，蛮可以有点建设，因为福建海军无能，没有领导统御的人才，虽然唐静海这班（私生活）有点胡作非为，但在领导统御、管理方面很有一套。但他没往好的方向发展，结果就没用了，自己最后还身败名裂。刘襄到了南京之后，又回到万县去了。老实说，海校都撤销了，他还回万县做什么呢？去做四川的顺民吗？所以他们二人是我们第三舰队的两个关键人物，但也等于丧失在他们两人手里。

刘襄本身就是无能，在领导统御上无能，烟台班和福建班都是一样，只会念书。像教我们大代数的王燕猛，教的真是好，用解析几何的方式来解大代数，妙得很，但不会作战，没有军人气魄，只能做教书匠。海军都成了教书匠就不行了嘛，军人得文武兼备。有领导统御的能力才能创天下。

高港二十年

基于战略考量，"民国"四十年代中期，蒋中正"总统"决定基、高两港的港务局长，必须派海军人士担任。有此宣示，台湾省主席周至柔先生乃向海军要人，海军总部推荐王天池先生，王池公遂成为第一位派任高雄港务局局长的海军人士。池公接任五年后，以年事已高，欲觅人替换，周主席又向马纪壮要求推介人选，马推荐我，于某日早上七点多钟打电话告诉我这件事，我立刻答应。自此由军转政，结束二十八年的军职生涯。

一九六二年十月一日就任高雄港务局局长，左侧坐者为卸任局长王天池。

但我没想到，接任高雄港务局长后，一做竟达十九年四个月零六天（62.10.1—82.2.6），以中国人的算法，就是二十年了。

（一）贯彻上级意旨

由于蒋中正“总统”要港务局局长由海军将领来担任，其主要目的就是配合作战，便于联络，故接任高港局长，首先做的就是动员计划。原来港务局也有动员计划，主管动员业务的是陆军退役军官，所以我到任第二个礼拜，就请他来共同讨论高港的动员作业。动员作业室并非正式编制，而是任务编组。我们两人每天上午九点以后开会，每次四十分钟，共计二十八次，从他整理出来的原有计划逐项检讨，他说一项我补充一项，把高雄港务局的动员计划和动员实务完全弄清楚。他再照我所补充重写，成为作业执行计划。比如电，我们自备发电机组，高雄港的任何重要地方如旧港区三个区、新商港区到前镇区货柜码头的仓库，万一电力中断，我们全部都有自动发电设备。发电机装在库房的后角上，盖一个掩体保护发电机，由仓库主任负责，指定一人专司发电机的发动（若有两班人则有两个），平常则由动员作业室负责检修保养。最重要的是船上用水和船上用油，万一苓雅区的油库被炸坏，我们分散油池和水池在全港区，凡是能靠船加油的码头角落，都建大小不等（10 吨至 100 吨）的油水池，这些位置均周知每位作业区的人员，若有更动也必须交代下去，使港区到处都可以加油。这些设备在我退休时全部完成。我亲自检查过每个发电机，要工作人员当面发动，等他们都熟了以后，我不另通知，随时抽查，到库房就按警铃，主管发电机的人就自动开动发电机。

此外还有民防、消防等避难措施。以避难为例，我到之前的避难方式是从港区逃到市区去，似乎港区挨炸，市区就不挨炸似的，以为跑到七贤三路就避难了。我说这是绝对错误的观念，所有避难设施应该全部建在港区。第一步是连码头工人计算在内，在港区码头上的空地建造防空洞，新建房舍都有半地下室（完全地下室怕通风设备不良，以免像重庆大防空洞民众窒息的惨剧重演），窗户都在地上，每个洞里每个人都有小凳。防空避难室完成后的两三年，实行防空演习，我看大家还是得跑出去到避难室，觉得不够安全，所以第二个阶段，就在每个库房或办公室做防空室，防空壁都是50或80公分的厚度，实行就地避难。

消防则是每个单位都有消防设备，港务局的港务警察所里有消防队，但仅靠这一个消防队，紧急时不可能顾及得到每个地方，所以充实港警所的消防设备为第一要务。在各码头都预备两辆消防车，同时各单位办公室都自备五加仑的消防器材，加强训练，使人人会用，紧急时可以灭火。然而消防重点还是在仓库，因为里面都是货主的货，若到时我们只顾港区人员伤亡而不顾货主的货，这也不对，必须同样重视。所以货物到达港区，我们就有责任保护货物的安全。平时装卸不得损坏货物是第一要件，就是战时也要减轻他们的损失，所有港区工作人员都必须要有这个认识。我训练他们建立这个观念，彻底实施。这些都有定期的演习，分区做消防训练，各个库主任临时点把火，看库工会不会使用消防设备。责任交代下去后，若有人执行不确实，民防部就负责检查。有了检查纪录，消防设备演训用完了要申请补充，这一定会透过民防部门，他们就能知道训练是否确实。而这些业务只是行政上的，并不增加多少困难。等到我要检查时，预先在某区摆放汽油筒等物测试；后来就完全不事先告知，让民防部的人暗中准备好，我电话一通知，他们就把火一点，随机测试。

所以动员与民防是首先要做好的工作。因为港务局长由军人担任，就是要做这些事，以配合国家需要。若员工不知动员，港区损失大，货主损失大，商船油水也不能加足，马上就变成死港了。因此我一定贯彻上级的意旨。等我离去之后，历年各单位演习，全国就没一个像我这样做。他们曾经这样问过我：港区是很复杂的，何以这些年来，治安单位或情报单位都没发现港区有什么重大问题？我说：可能军人当港务局长有关系吧！他们大笑。因为我是以“战时的港务局长”自命，故开始要求就比较严格。我开二十八次的动员修改计划，就已先把港务局逐年动员需求都预先计划好，故预算单位必须依照这个原始计划逐年编列预算。若不能完成，就要求他们把原始计划拿出来看，设备补充到什么程度，人员动员到什么程度，都已经计划好了。预算书送上来，我都先翻民防动员这一页，逐年要求，务求如期完成。

（二）业务推展与建设

接任之时，港区工程已经开始十二年扩建计划。原来港区有蓬莱、盐埕和苓雅三区，从第一港口进来到港底为止，都是水面，不到一公尺水深，从航道到码头这一段是九公尺深，过了航道之后就都是鱼塭浅滩。日据时期的港是从1到21号码头，这一区加上水面是六点六平方公里。蓬莱区有十个码头，也是主要的作业码头，11、12号码头不知为什么只有七公尺水深，根本不能靠，13到16号码头，是正式的商船作业码头，17号是卸货码头，18到20是油码头（最近才刚取消）。所以编号有二十个码头，但实际杂货作业的不到十五个。

扩建计划之后的港域水陆面积达二十七平方公里，这是在周至柔主席任内决定的。据此决定，一九五八年九月十八日开始十二年扩建计划，即用主航道到支航道挖出来的沙泥进行浚填工程，增加港区的土地利用面积，此即十二年扩建计划的本质工程。原先码头有九公尺水深，航道有十公尺深，后来增挖半公尺，从第一港口到港底，码头都是十点五公尺，宽度：主航道八十公尺宽，支航道则不决定宽度，将来视需要而定，但全线都是十点五公尺深。此即新商港区，因形状像岛，故又称中岛区，全面积二一八公顷。

浚填工程分三期，第一期从支航道到前镇河口，第二期从前镇河到前镇渔港，其余为第三期；原先旧码头区不动，以免影响原有渔船作业和住宅。十二年计划，自一九五八年开始分三期进行，第一期五年，第二期三年，第三期四年，我到时已进行到第五年，浚填到前镇河的工程已经完成。

十二年扩建计划的财务计划，原先计划以第一期工程填出来的土地，除开高雄港所需土地外，全数出售，将售卖所得充当第二期工程款源。但我到任后，却遭遇到土地没人买的困境。第一，因为人家买了土地之后不晓得要做什么；第二，我们也限制购买土地者，将来所有建设使用只能从事与港区有关业务。但最大原因是我们还没有水、电等公共设施，这种荒凉土地，人家怎么敢买。这三大原因，使土地都没售出。

但一九六三年开始，省政府严格要求我按原计划做，否则省府也没钱支持我做这项工程。我乃提议变更计划，因为不可能来得及以出售土地所得来作为二期工程款源，别说这种荒凉土地，就是市区土地，也还有种种行政手续，即使配合得好也做不到。故我在港务局内开会时提议贷款，港务局同仁说："噢，谁贷款给我们哪！"因为港务局是个没钱单位，我到任时，港务局自己都不能按月发薪，谁敢借钱给我们。但我们不贷款怎么办呢？可是谁贷给我们就成了大问题。然而原则确定，不以卖土地作为取得财源的方法，因为土地都卖完了，高雄港也没有了。土地都是老百姓的，他不做码头，政府也没办法，这也不能叫做建港了，故非贷款不可。同仁都面有难色，但我执意进行，故当时就有人说我："他这'军人作风'确实厉害，他就敢做！"我"军人作风"的名儿就这么传开了。但他们也不服气，从中就产生了反感。

这个计划我亲自拿签呈跑到交通处报告，一定要这么做，我负责还本付息。处长陈声簧让我逼得没办法，签了字后就拿着签呈报告省主席黄达公（杰）。黄达公听后问我："李局长，可以吗？"我说："可以！"达公也是军人作风，就答应了。我遂向土地银行借了一亿八千万元。当时这笔钱真是天文数字，怎么负责还哪？但我认为，既然是土地银行，我拿第一期浚填的土地当抵押来借款，土地银行没理由不敢贷，况且他们是国家的银行。后来省政府决定，我贷款后，新生土地的填地费用和旧有土地的买卖手续，完全由土地银行办理，港务局不经手，他们也不必担心我会把钱移作他用。就这样把款贷下来。

之后每个月均需赴台北土地银行开会，省主席亲自主持扩建贷款会议，由港务局与土地银行承办人报告进度。当时承办的土地银行代表，真可谓为"土地精"，对中国土地法了解得真是透彻，令我佩服不已。每次开会需作简报，因为我的工程进度没有问题，主席需了解的是各笔款项的情况，故简报均由其报告。贷款成功，我的计划就不受影响。

但第二个大问题是土地处理问题。港区有原有地和新生地。新生地是浚填而成，登记为省有。原有地都是公有地，以省有地为最多，又包括高雄市市有地、高雄县县有地，以及国有土地。动谁的土地都不行，如此我怎么建港呢？正好“中央银行”总裁徐柏园先生也兼任经合会（美援的单位）的主任委员，我与陈声簧先生则同是国防研究院第三期的同学，徐柏园先生为国防研究院的主讲座，下辖二三十个讲座，我们受训十个月，与徐先生很熟。因此我就找陈处长商量，一同去找徐柏园先生。陈处长不明所以，我说：“只能找他解决土地问题了。因为中央不出面给我们解决土地问题，光因土地问题，我们就不能建港。所以请他来主持。”陈处长要我说出具体腹案。我说白线图范围内的土地为港区，港区内的土地全归港务局所有，只要求这一点，所有公有土地全拨，其他人不能再过问。因为我不能花钱买，光为扩建工程就贷了二亿八千万，何来余钱买地呢？况且既然都是公有土地，人民也不花钱，而省府和国有财产局闲置这块地没有用，也是浪费，如果划归高雄港务局所有，将来开了港，对国家有莫大利益。本此观念，何以不能做？陈处长被我说服，带着我去找徐柏园先生。徐先生一听，说：“好！我来做。”

他把“中央”的“财政部”、“经济部”、“国防部”、“中央银行”及有关部会首长都找来，当时“财政部长”是严静公（家淦），“经济部长”是杨继曾，还有省府各厅处长、县市首长，齐聚招待所（日据时期所建的招待所），从上午一直开到下午一点钟，又到现场察看，直到两点钟才吃中饭，一次解决。开会中，徐柏园先生一句话都不说，静听各部会厅处和县市首长发言，最后他说：“听了你们的意思，都没有反对意见，并没有说这块土地不能给港务局使用。我们就决定：港区范围内的土地，私有土地收购，公有土地所有权仍归原单位所有，但使用权归港务局，由港务局管理，原单位不再过问。”因为并不变更土地所有权，就这样，徐柏园先生说了几句话，就把我的土地问题解决了。

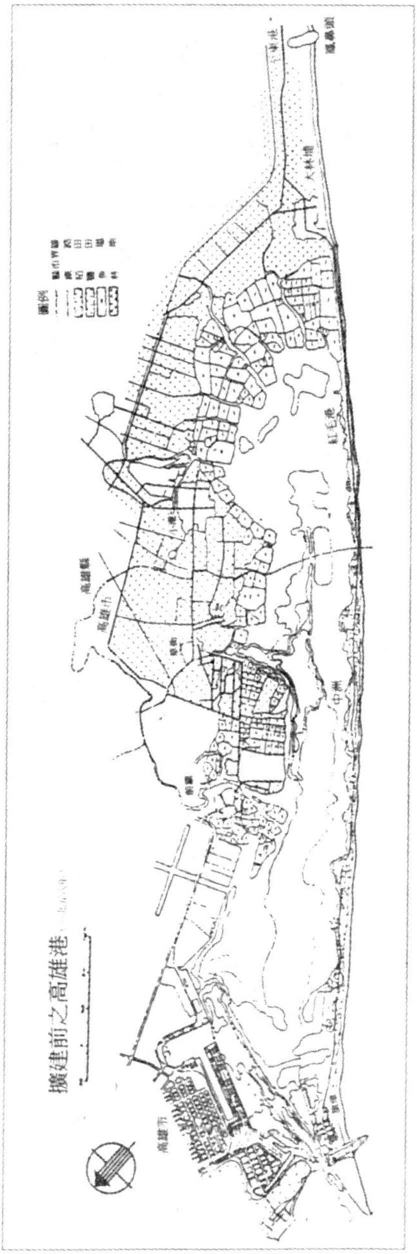

擴建前之高雄港

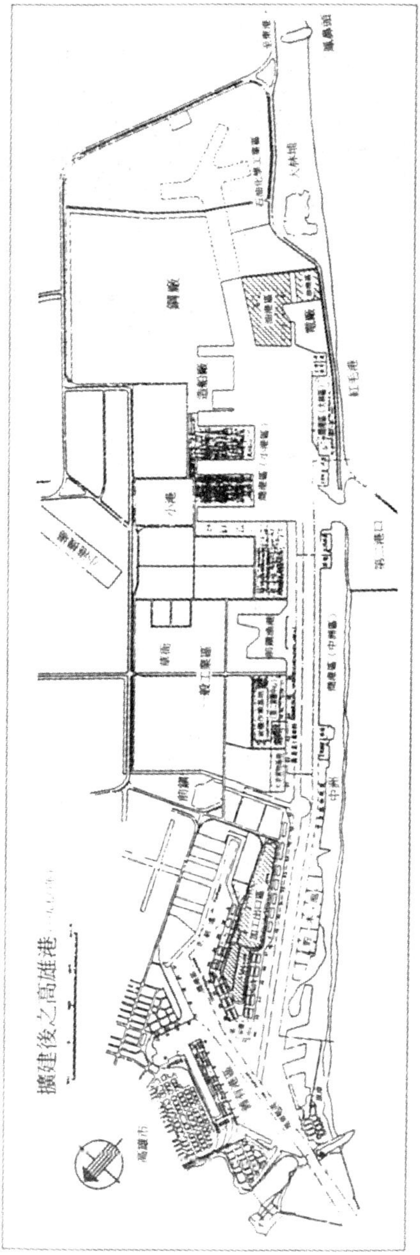

擴建後之高雄港

克服了扩建计划的财源问题，土地问题也解决，高雄港的十二年扩建工程计划，完全按计划顺利执行，一点阻碍都没有。

扩建高雄港时，我们并没有日本人留下的任何资料可供参考，扩建计划全由我们的工程人员自己设计。过去留下来的工作人员，大部分是服务于民营通运公司的低级员工，数量多少不清楚，因为我已经是第五任了。第一任港务局长姓陈，接收数日后就回福州，改任林则彬先生，之后是白雨生、王国华、王天池诸位先生，然后才是我。王国华毕业于清华大学，因此港务局的主要工程人员都是清华校友。阎振兴是总工程师，张连荣为副总工程师，还有邹承曾、谈尔益等，都是清华的。他们真是优秀，都是土木工程人员，过去也没从事过港务工作，然而所有计划都依据他们的了解而规划出来。

挖海填地都是用最克难的方式，故工程费很省。我们以接收日本的电动挖泥船来做，将岸上的电接到船上的发电机，再以发电机带动挖泥机，船尾的搅刀一搅，挖泥机就把泥吸出去，经排泥管把泥排除。一共有四条船，后来又添一条新船。所以港区花在挖泥船的成本很低，只需负维修保养的费用。船时常坏，虽然从日本人手里接收了十几年，但高雄港修船和挖泥的技工都没有，都重新训练，非常克难。而工程人员也很努力，用这种破烂的船，马达坏了换个小一点的马达，一天一天凑合着用，维持每天有四条电动挖泥船的工作量。订定十二年工作计划，也是因为挖泥量的工作量太少，但也因为这样，填土的成本就很低。这也是本项工程的一大特色——完全克难。

完成后，水陆面积二十七平方公里，主航道一直开到二港口处。因为进行到一九六八年时第二港口已经开工，将来势必会有开港填地的动作，故把十二年扩建计划的第三期工程（大仁区）交给二港口工程处，二港口有一笔充裕的专款，我们可以节省一部分贷款的钱，十二年扩建计划也算提前完成。

而借贷的一亿八千万元，后来靠港务局营收偿还。故高雄港之能突然引人注目，也是因高港自接收后的从无盈余，需按月到台湾银行借钱发薪水的状况，一变而为不但不借钱发薪，且有盈余局面。

等到二港口工程计划展开，港务局的经费就很多了，全部买新舱，不过成本仍旧很低。

（三）新商港区计划

十二年扩建计划之后，接着是新商港区计划，加工出口区就在此区，包括31号到57号码头，每座码头200公尺，水深10.5公尺，全长5,400公尺，从一九六三年一直到一九七五年，十二年间完成了码头与通栈建设。此项十二年计划，一开始就决定换码头作法，由于以往并没有做码头的经验，故31号码头系试验性质，由几位清华大学毕业的工程人员设计，非常谨慎地施工，费时二年才完工。码头设计系栈桥式的水泥桩码头，下头打桩，上面做码头面，底下是空的，用硓砧石压住，没有滩，也滑不下去，承载力较弱。但是最大的问题是工期太长，每个水泥桩有二十多米长，在地上先做好模型，必须用草席覆盖，天天浇水，经过蒸干、水干，足足要保养二十八天才许动，因而31号一个码头就做了两年多。32和33号码头沿用原设计图照做，施工期虽较前者为短，但三个码头前后就花四年的时间。因耗费时日，我乃决定改用钢板桩。当时做钢板桩的只有几家日本公司，他们并不会来投标工程，若我们要做就得选定其中一家，故价钱居高不下。我决定要做时，遭遇到阻力，工程人员不表赞成，认为糜耗经费，但我认为即使浪费也得做。

订造钢板桩，我采取前一年度即开始作业计划，等到新会计年度开始，货就得到港。这些都于法不合，因为一个年度不可能编两年预算。为解决这个困难，利用垫款方式办理，由我向省政府请准，经费即不成问题。这些都是我一个人完成，因为行政程序不合法，主计人员受上级管制，不敢做，所以我一力承担，拿着签呈到主计处、财政厅跑，签准之后，主席答应即交交通处发布办理。我不这么蛮干，码头工程不能继续。

负责施工的单位是荣民工程处，从34号码头开始，工程就没中断过。请荣工处施工，不是因为公家单位要培养荣工处，系因当时只有荣工处有水上打桩机，我也只能找他们做。因此我等于是在指定厂商做工程和垫款办理等不合法的情况下，获得允许而完成。从34到47号码头，平均每个码头费时不到五个半月，创当时建造码头之历史快速纪录。

然到48号码头时，工程人员又想试做水泥桩码头，我以码头已敷所需，工程不那么急迫，准允所请，故又做了六个水泥桩码头。然而工期又延搁，赶不上业务需求速度，所以最后四个（54—57）又恢复钢板桩码头。这四个钢板桩码头，因有前次施工经验，海底钻探资料也系现成，荣工处熟练地迅速完成，较前次更早完工。故我在十二年间完成5,400公尺码头，平均每个码头费时5.3个月。

（四）机械化作业工程

另一项重点工程，是通栈须适合机械化作业。旧港区的通栈，不仅小，且内有支柱，码头上还有铁路，通行不便。新的通栈设计，我在码头肩（在码头后面有块叫apron的空地）留了二十公尺，在这后面的二十五公尺处建第一线通栈，铁路则在第一线通栈和第二线通栈之间穿过。这种设计，铁路局首先反对，认为会影响他们的运输业务。其实这都多虑了，因为要利用铁路运输的货主，并不在乎铁路设在哪个通栈。若铁路局仍反对，坚持设在第一线通栈之前，我也办不到，因为码头建设必须按我的意旨进行。如果他们要在前面设铁路，码头的堆高机和小拖车都不能在上面走，如此就影响港区的机械化，不能机械化，既易损坏货物，又多费时间。

为建造无支柱之大型通栈，第一线者为35公尺跨度，第二线两层高者为30公尺跨度。仓内地面为厚实地面，以撑得住机械的来往操作。正好此时力霸公司申请十年专利之钢架无支柱通栈，向港务局争取建造，他们向我做简报，说明该公司产品绝对是好钢制成，且经过酸处理，彻底除锈，然后才涂刷油漆和力霸特有的焊条、焊接做成，保证不易损坏。因这种品质符合我的需求，故我在局内开会决定，一定采用力霸钢架，要工程人员交涉。但他们不去，而我遭遇的反对更是厉害。由于此项建材是力霸公司的专利产品，价格高昂，港区工程人员认为商人敲竹杠。我说：就是敲也得挨敲。如果他们能找到有能力建这么大的无支柱通栈，待我码头工程完工，他们也能建造完毕者，找到两家就比价，找到三家就公开招标，全部依法办理。但事实上找不到第二家。为了此事大家吵嚷不休，有位工程人员居然就不客气地跑到我的办公室说："局长，您也不避嫌哪？"因为就只有力霸一家专利，我要拿回扣太简单，而且也没人知道。我对他说："这个你放心，这点操守我还能做得到，你放心好了。可是你反对不可以，你得照办！"所以后来我会挨这么多告，都是在这种情况下积怨下来的。因为我的强势作风，人家都反对，什么不该做的我都坚持要做，"军人作风"的名儿就这么招来的，人家对我的怨气也是这么累积来的。

决定采用力霸钢架后，最大的通栈是第31号码头的香蕉冷气库，有两层，棚顶跨度45公尺宽，完全没有支柱。楼下是冷藏库，楼上是敞棚，等候装船者先卸进冷藏库，以保持鲜度。如果第二条船的量跟着从各地接收站送到港口，而蕉船亦已到港，就可卸进二楼蕉棚，直接装上冷藏船。一九六五年这栋冷气的香蕉通栈启用时，徐柏园先生亲临主持典礼，黄达公、李国鼎也都出席，为当年国家盛事之一。而完成后的通栈，一九七七年赛洛玛台风过境，许多地方房屋倒塌，但我采用力霸钢架建成的通栈，一栋也没倒，连房顶都没坏。历经三十余年后，迄今仍屹立不摇。

另一个是散装谷仓，当时台湾杂粮需求量非常大，尤其是制面粉的麦子，故于第33号码头建造四万吨散装谷仓一座。当二万五千吨散装谷船到岸下卸，我们即用两部吸谷机，共四个吸管，每个吸管每小时一百吨的下卸能量作业，这在当时也是奇迹。因为前此都用八十公斤的杂粮袋装，由工人扛着进仓，这样苦待工人，把人都扛坏了。改用输送带，只要两名工人抬上带，由输送带进仓，送至高处，上面再有两名工人调整堆放。后来进步到使用吸谷机，等出仓时一部分灌袋，一部分仍旧散装车装。之后又于44号码头建造另一座杂粮（黄豆、玉米）散装谷仓，每管下卸能量为每小时一百五十公吨，更为快速。

散装谷仓由于密封，并无潮湿之虞，同时因吸谷机吸进谷类产生之谷灰，在管路内快速运转生热，曾因而发生爆炸。如44号码头的谷仓即于一九七九年十一月二十七日发生尘爆事件。

46号、47号为台糖特约码头，由台糖出资建造，港务局不收管理费，只收取工程费用，所有权仍归省政府。码头上的谷仓则由台糖自建，进口杂粮养猪，不经港务局下卸，以节省开支。特约期限免费十五年，之后须向港区承租，缴交租金。但台糖又赖了十年，前后免费二十五年。

完成这些工程后，新商港区的进出口业务已经完全机械化。

为配合机械化作业，我要求当时出口的两项大宗货物，罐头和三夹板（以印尼进口的柳安木制成）厂商先作单位包装（unit package），底下有板台，以堆高机才能装卸车。但厂商不愿意，认为增加成本。但我说明，若先行单位包装，作业装卸车进出仓，实施之后可以少付许多工资，如此节省更多成本。经慢慢说服，才让他们了解。

此外工人也反对机械化，他们怕机器代替了人工，他们就没有工作了，所以要罢工不干。我说好话，和他们打商量，要他们试一下。因为以往若做八个小时没完工，就延长工时，做到十个小时，或在码头睡醒了继续做。我认为不可以这么干，每天一定八小时，多一分钟都不让做。软硬兼施地试验两三个月后，他们工作时间减少，每月收入增加，福利也改善，再也没有连工现象，就不反对机械化了。

从一九六三年到一九七五年，新商港区的建设总计耗时十二年，全部完成。我另写港区作业手册，仓库、工程、人事等，共有二十九本。在海军供应司令部任内所学的补给作业，在港务局完全适用。

后来港务局自废纲纪，原有法令规章逐渐废弛。例如台糖特约免费期限是十五年，但后来又赖了十年，这是港务局没有坚持，若我在任，他们一天都不能拖延。因为在免费的十五年期间，港务局可以计算台糖的成本，在此期间进口货物的投资所得利润是否已够回收成本，若已回收，台糖没有理由利用港务局的码头和条件来赚钱，如此台糖等于是二房东，这种精神不可以。但今天他们完全把二房东的精神实现在高雄港，高雄港受人批评也是应该的，因为他们自己破坏规章。

（五）第二港口计划

此计划于一九六七年开工，历经八年完成。此项工程为港区六大工程中最顺利的一项工程。

此项工程起因于白雨生局长任内，陈“副总统”辞修先生曾于一九四九年下半年到高港视察一次，当时他说了一句话：“高雄港这么大的港区，这个小港口不用敌人炸，只要来条破船往港口一丢，就堵住了，港就被封了。你们研究，再开一个港口。”陈副“总统”完全是以军事眼光发表的这句话，我到任后因执行工程积极，与工程人员随时谈话、随时研究问题的情况下，同仁向我提起这件事。我认为此事确实太重要了，因为第一港口航道最深只能开十一公尺深，若再炸，两边的山都会坍垮，而新开十二公里长主航道的船若均从第一港口进出，则进出港时间就要两三个小时，航商损失就很大。故一九六三年于省府开会期间，向陈声簧处长报告，他甚表同意。我回高雄后，即刻写签呈送去，陈处长立即报告省主席黄达公，达公一看大表赞赏，说：“周至公在高雄港实行十二年扩建计划，我在高雄港也开个第二港口计划。”这些都是军人作风才会这么爽快和坦白，但他完全是为国家着想。俟先“总统”蒋公到日月潭涵碧楼休假，达公拿着签呈面见“总统”，“总统”当面批：“可”，二港口工程计划就这么决定的。

高港决定开第二港口后，但财源从何而来？达公就找李国鼎研究，李部长想出一个办法，当时进口货抽3%税金为港工捐，现在另增加0.25%的税，作为高雄港辟建第二港口的专案经费。这笔经费非常充裕，我赶快写计划，第一次计划十二年完成，黄主席认为太长；第二次呈报十年，主席仍认为太长。当时二港口工程处筹备处长是工程师龚乾一，他为清华毕业，历经基隆港务局和花莲港务局的工程师，后调来高雄港务局，我找他商量，主席说工期还是太长，请他研究研究，最后定了八年，主席很欢喜。

二港口原拟采用方形沉箱防波堤，南防波堤长2,189公尺，北防波堤长1,320公尺，总长3,509公尺，以南防波堤为主。设计深度是14公尺，可容纳 75,000 吨的谷类船进港，同时也决定在 71 号码头为大宗进口谷类码头，将来货船进港、出港都非常便利。但一切决定后，总工程师又变更计划，认为原先传统的方形沉箱有两个困难，第一需用大量的硓砧石，因为方形沉箱的平底，必须用硓砧石预先铺设基座才能安放，但高雄只有风鼻头一地有硓砧石，不敷所需，若从冈山运来，八年的往返成本太高，也无法如期完成。第二是需要四组潜水夫下去检查安放是否平稳，但只能找到二组，人手不够。因此这两个困难无法克服，八年就完成不了。龚工程师研究采用圆形沉箱，但没把握。为了开港一事，达公要我们请日本港口工程专家来台，请教在预定的第二港口处是否适合开港。我们因此于一九六五年三月邀请六名日本港湾工程专家，义务协助（国家是否给予其他报酬不得而知，但港务局没花一分钱）我们考察建港工程。他们就我们所测量资料、选定开港口地点评估，认为绝对可行。而龚工程师可能在此时听闻神户港有试用圆形沉箱失败的例子，故于同年十月赴日本考察他们如何建造防波堤。

高港六名重要工程师赴日考察后，发现神户港圆形沉箱失败的原因有二：一、设计波高计算错误。防波堤的高度必须能阻挡六公尺高的波浪者

高雄港第二港口鸟瞰。

方才合用，但神户港防波堤做得矮，大浪来就冲垮了。而且他们做两截式的，由两个筒接起来，但中间接缝处漏沙，风一吹就倒了。所以回来后，龚处长研发制作圆筒式的沉箱，筒底内凹中空（称 cutting wall）嵌入海底，而高雄港内外最优厚的条件就是沙底，这底部内凹的沉箱放下去后，很自然地陷入沙底，定位后就不易移动。接下来的考虑就是需用直径多大的沉箱。他将此一构想与工程处同仁研究后，无人赞同，认为太过冒险。不得已，他做了一个塑胶小模型拿给我看，并向我报告。我问其他人的意见如何，龚处长说全部反对，我认为此法可行，乃说："我同意，你做！"此又招来很多批评，有两句话说得很厉害："半神经质的工程师，蛮干的局长，两人胡来！"但他们说什么都不行了，我已经决定就这么做。

龚处长获得我的首肯，于一九六七年设计制作一个直径十公尺的试验沉箱，由一港口拖出，在七月中旬摆放在预定的北防波堤堤根处，并在沉箱中填沙，此后连续有轻度台风娜定、雪利，中度台风范迪，与强度台风艾琳接连来袭，沉箱居然都未移动，于是大家信心倍增，决定采用新研发之圆形沉箱，开始大规模的建造工程。

沉箱的施工地点是在今天"大仁港区"先做四个 24 公尺的沉箱坞；另外在新填的新生地沙滩上做沉箱，造完后再拖下来，赶在每年的十一月到翌年四月共六个月的时间拖到外海安放。原来由一港口拖出去，后来二港口开了 50 公尺宽的出口后，即由此进出，在八年之间赶工完成。

一九七六年元月五日因开辟高雄第二港口有功，在台中荣获"行政院长"蒋经国颁授景星四等勋章。

后来中国石油公司自造十万公吨油轮，准备运油供应国内需求。我得知后，问该船吃水多深，答曰16公尺，如此一来无法进入14公尺深之主航道，我乃主动改变计划，拟将南防波堤延长至水深16公尺处，要工程人员设计，我再申请后续工程计划，请款支应。省府交通处同仁都说："李局长向来先斩后奏。"我说："我不是，时间紧迫，是我不让他们做计划，因为工程要费时间，等你们核准了再开始计划是不行的，这样时间又拖长了嘛。"追加经费后，防波堤不能改变计划，等完工后再延长。我们原先摆放的最后一个沉箱位置，是天然水深14公尺的航道，这种位置是最好的位置，不用挖，免去滑溜的现象，所以最安全。若要延长到16公尺深又延长太多，故我们延长到15.5公尺的位置，也就是北防波堤延长两个沉箱，南防波堤安放六个沉箱。北防波堤用的是潜堤，以砼砧石堆在堤口，以防止横流的沙进入港口。

总计二港口工程用不到十五亿台币，防波堤每公尺平均不到十五万元，而第二货柜中心的十二公尺码头，每一公尺工程费都超过这个经费，所以我们在这么便宜的价钱和天然的良好天候下完工，完全是龚乾一处长适才适任，克尽厥职的结果。高雄港应该在二港口的信号台前为他塑造一座纪念碑，以感念其功劳。前任港务局长叶永翔已应允为其造一塑像，然至今未见有何动静。

由于二港口的辟建，才使高雄港成为一个大港，也为航商节约了很多靠港的时间。

（六）货柜码头

一九六九年新商港区码头工程进行到39号时，我预留40、41、42到43号码头的三角地区，作为货柜集散场（container terminal，今称第一货柜中心），容纳当时每船约八百到一千个货柜船的货柜。

对于"货柜运输"这个名词，我在一九六六、六七年间看过一本杂志，上面提及此事，但我不懂真实情形。一九六九年三月我到墨尔本参加二年一次的国际港埠会议，参观雪梨港，当时他们已经开始建造货柜码头。我欲藉此机会考察美国的货柜码头，故偕同港务局港务组组长俞平（海军出身，于高港升副港务长后，为中国航运公司董事长徐仁寿挖角过去，后任中航协理，今已退休），于会后自夏威夷港开始，到旧金山奥克兰港及纽约港，参观美国三大港的货柜码头作业。发现美国对欧洲大西洋的海上运输，已有百分之六十五采取货柜运输；美国沿岸已经没有杂货船，国内运输全部采取货柜化。回程到日本横滨港，当时日本昭和航运公司（Showa Line）已有四艘货柜船，行驶美国西岸的奥克兰港航线。返台后，我决定高港一定要做货柜码头，我们再事拖延，势必跟不上时代，将来与美国间的航运也会发生困难，货船到其码头，已经没有工人为我们卸货了。然而这项工程也是高港六大工程当中最艰难的一项，因为大家都还不知道何谓货柜码头。

当时中国航运公司的董浩云先生在台湾，见高雄港预留货柜场，不明所以。我告诉他美国已经有了十年货柜运输的历史，日本人在太平洋上已经有四艘货柜船到旧金山奥克兰港，故我们非得急起直追不可。不过像他这么大的航商居然不知道，这真是出乎我的意料之外。那时他们正新造十艘 15,000 吨杂货船，航速十五节以上，董先生一听我这么说，就先向我预约，如果货柜码头造好，不能让他人使用，一定要留给他。但此事我不能答应，因为高雄港为国际港，并不是他董家或我李家的私港，我怎么能答应他呢？

考察回台，我即刻向省府请示建造货柜码头一事，没有结果。后来呈上交通部，召开了两次会议。第一次由交通部长孙运璿先生主持，未做决定。后来交通部长由张继正先生接任，九月我们又开一次会，此次交通部的人说话就很不客气："李局长，你这简直胡闹嘛！投这么大的资本，也没把握一定能够回收成本，这怎么能做呢？"因为一个货柜码头的造价等于原来中岛区码头工程造价的两倍。第二货柜中心从 63 到 66 号做货柜码头连货柜场地的区域，有 1,000 公尺长，45 公尺纵深，45 公顷的货柜场地，必须要用特殊且昂贵的箱形钢板桩，同时场地的厚度也要强化得足够承受货柜起重机压力，还要有足够的照明设备、冷藏货柜的电动插鞘等等，全部造价是五亿多元。由于所费不赀，交通部没办法同意。我知道港务局的第二港口工程款尚有余额，正好有五亿二千多万元，我秘而不宣，请求若不需要政府另拨专款，港务局自行筹款，是否允许建造货柜码头？他们不知我何来如此巨款，不敢答应，怕我骗人，要我先说明款源来自何处，我乃道出二港口工程仍有节余款，可充货柜码头建造之用。有此的款，大家都放心了，但仍不同意。最后张继正部长决定同意我的请求，让我试做。离我考察回国将近半年。

决定动工后，就呈现成功的将来。码头工程仍由荣工处承包，货柜场（container yard）由中华工程公司承制，为争取时间，全部用议价方式，要这两家公司缴交保证金，以确保品质，不合格者将扣留保证金，故四年间即告完工。

此四个码头，每两个码头装置一部货柜吊杆（起重机）。我知道每个码头有两部吊杆才够用，但为争取完工时间，乃决定 63 号到 66 号四个码头，规划为第二货柜储运中心，在中油化学原料码头的右侧。由于石化中心码头未完工，我自 66 号码头首先施工。

一九七五年，高雄港的新商港区、第二港口和第二货柜中心等三大工程，在工程人员从未做过，而又同时施工，又能同步完成，确是奇迹。现在港区工程多由外人承包，外人设计，花费巨额经费，港务局的人员只负责审核，其差别真不可同日而语。

货柜码头完成，业务马上气象一新。我首创出租货柜码头业务，当时徐仁寿先生为中国航运公司董事长兼民营的中国货柜运输公司董事长，他以后者名义向我探询，可否承借港务局货柜码头做装卸作业？我又听到新名词，正在为这块场地而伤脑筋，因为若用栈埠处的做事精神，不可能有高效率，货柜船来两次就不会来了，如果我们作业能快一小时，他们就能早一点到达目的地。我正拟腹案，从码头库主任到库房人员都要改聘雇员，不用公务员。我晓得这项违反人事制度的请示，将会遭遇很大的阻碍，但我必须抢先作业，不然做不好；做不好，高雄港又回复到从前，教人家骂是落后的港。所以徐仁寿适时前来，我马上答应。

答应后怎么办呢？交给他后就是民营了，也就是高雄港务局不管货柜码头的装卸了，从公营变成民营，在制度上是个大变化。我和徐商量，两人一起到省政府交通处、主计处、财政厅、经济动员委员会及各相关厅处，报告我打算这么做的理由，居然都获准了。允准的主要原因是看在徐仁寿的面子上，他在港务界是很有份量的人，交通大学毕业，与费骅、张仁涛等三十二名交通大学毕业生在台湾交通界都很有地位，大家对他们非常仰慕，故我与他各处一跑，就成功了。

公营变成民营，中国货柜公司独木难撑大梁，先租给中国航运公司，再租给美国海陆公司，两家公司租用 66 号码头。这在当时都是创举，现在高雄港讨论要转成民营，我早就建立了“公有民营”制度，码头由公家建造，但装卸作业可以委托民营办理。不必在文字上耍噱头，这样是没事儿找事儿，好像很复杂，实在是太简单。亚太营运中心，高雄港也来个境外航运中心，我想这一定是经济人员说出来的话，因为经济学中有所谓的境外银行 (off shore bank)，此种银行只是所在国的一个外国银行，但并不与国内金融发生关系，完全是国际金融关系。现在高雄港若成立一个境外航运中心，实则高雄港的货柜转运开始时，就不经过任何人。

我到过汉堡港，他们在港埠设有“自由贸易区”，土地为港所有，但由私人建造仓库，经营也归私人，所卸货物并不进口，只藉此地将货物转运到北欧各国。海关与德国政府均不过问，完全是商业行为，故效率快。我早就在高雄港实施这种精神，转口货柜我们根本就不必过问。

66 号租给中国航运公司后，我原预备将 65 号码头当公用码头，未几，欧洲的三联货柜公司（TRIO，此公司由英、德、日本三国共五个货柜船公司组成，各国公司数：英二， 日二，德一）前来承租，我乃将 65 号码头出租，仍交由中国货柜公司负责装卸。64 号码头完成，中国航运欲发展大量的货柜运输业务，欲加租一个码头，三联公司遂改租 64 号码头，中国货柜则租用 65、66 二个码头。由于三联货柜公司的联运方式可减少独资公司货载不满的风险，故中国货柜公司亦仿造此种联运方式，联合了新加坡和

高雄港第二货柜中心，照片上方为第三货柜中心及前镇渔港。

澳洲两国船公司，做“舱位配合”的载运。此时码头需求量又不足，乃将66号码头前方约一百多公尺的渔港土地，延长造一个码头给他们使用，编号67号，泊靠澳洲船。澳洲船装卸采滚上滚下的方式（roll on，roll off），不用吊杆装卸。船靠好后，船上有个跳板式的板子搭上码头，即可下卸货柜。

63号码头则是计划性的公用码头，供小货柜公司使用，由港务局装卸。总计43、44以及63到66共六个装备吊杆的货柜码头，三个公用，三个出租，达到公平服务的目的。

等到68、69、70号三个码头完成，美国的海陆公司退租66号码头，承租了68号。中航则独自使用65与66号。美国APL公司租用69号。70号则由阳明公司租下，此时已经是一九八〇年，阳明海运动作较其他公司整整晚了十年。一九六九年我开始筹建货柜码头时，阳明公司董事长为海军同仁曹仲周，我跟他讲：“书范，要赶快做货柜船啰，人家不可能再用杂货船运输了。”他听后叹口气说：“哎呀，没钱，造不起船。”这一犹豫就拖了十年。70 号码头是我刻意保留给阳明的，他们说绝对会租，但不知什么时候才有钱租用，故此期间有其他船公司问起，我都说已经租给人了，再问租给谁，我就含糊其辞地搪塞过去。

租用码头的费用是以亿元为单位，省政府规定：全省各公营单位，任何租赁时间以十年为限。一般均为两年，长期者为九年半，但租金仍以两年为一期，视当时建造码头所用成本来计算，以调整价格。租金的订定，我依码头全部工程费的十分之一来收取，各航运公司对租金还表满意，唯货柜船造价高昂，仍有船公司向“中央”反映租金很贵。当时经济建设委员会副主任委员王章清乃对我说：“你把码头出租是很好啦，但有人反映贵哦。你码头只用十年哪？”我说：“码头不是用十年，我是以十年来收回成本，我并没有赚钱啊！等到第十一年我才是赚钱哪。一年收十分之一，我建造十个码头出租，等于是收回一个码头的钱，我才来造第十一个码头，这理论不是这么解释吗？我这怎么算高呢？问问轮船公司的货柜船，他们十年才收回成本吗？据我所知，他们五年就收回成本了，要是五年不收回成本就算赔钱了。”因为“中央”说话了，我就重新组织，将码头、机具、电力、货柜场、办公大楼分开计算，稍微少收一点。但损失是不行的，否则我高雄港就撑不下去了。

第二货柜中心未完成之前（一九七五年完成），我即着手建造第三货柜中心（小港商港区），仅做两个码头。由于中东烽火正炽，美国海陆公司的转运热络，所有军火均由菲律宾苏比克湾（Subic Bay），用小船装运至高雄港，再用大船运到中东；同时美国到新加坡、印尼、马来西亚、中东等地货柜，均到高雄港卸货转运，再用小货柜船（叫 feeder service）运到菲律宾。与美国的支线都是大船运输。货柜运输的原理就是干线运输和支线运输，干线运输像从高雄港经日本港口到美国长堤和奥克兰，这四个点的干线运输，都是五千五百个货柜的大船运输。大船不能靠小港，因为多加一次港口离靠，就要多花一次钱和时间损失，故必须采用小货柜船，小货柜船就是支线运输。所以在我任内就已经形成了货柜转运的事实，何故现在又讲这么多新名词，这是没事儿找事儿嘛。

我当时即实施了货柜运输的基本理想，同时设计了干线运输和支线运输。一般说母船和子船的配合运输，本来是很简单，为什么过去我能做这么多呢？因为当时香港码头设备和建港工程没我们这么多，私人投资也少，在运输上落后我们，所以那时新加坡和香港都没有高雄港这么多转运货柜。因此新加坡赶快派港务人员前来考察，他们发现我们价格低廉，故大家都到高港装卸，所以新加坡也降价竞争。今天我们竞争不过新加坡和香港，是因为大陆货柜增加，均集中在香港，然后以母船运出。

大陆为何至今仍不建造大型货柜港，我不明白。我自高港退休后，担任中国货柜公司董事长一段时期，曾到大陆秦皇岛、大连港和上海港参观，回台后在《中央日报》发表一篇《大陆应建大型国际港促进经济发展》（1993.8.5—8.6），建议大陆自北方起，建设大连、天津、青岛、上海、广州五大货柜港，称基地港（base port），其他各港作为 feeder 港。今天大陆却不做，全部集中香港，但增加一次装卸，就增加一次成本和时间，损失很大。现在高雄港着慌了，怕香港建了商港，货柜就不来了。这是当然的道理。若上海商港建成，所有货柜都进母港，长江出来的货柜也都在此集中，根本不必到香港，更不必到高雄来了。这些都是港务人员必须认清的。目前大陆尚未着手建设各港，我想可能与资金不足有关，以发展纵贯铁路为优先，先建设从北京到广州的京九铁路，路上各省高速公路也次第完成，他们认为先完成陆上的运输网较海运航线来得优先。他们会建三峡大坝，也一定会建港，目前仅暂时凑合。

高雄港全部共有六个货柜储运中心，同时在一个货柜规划案中设计完毕，第一至第三货柜中心均在我任内建设完成，其余各中心亦均按此规划案逐序完成。目前高雄港务局有许多计划变革，但未更动此一货柜中心的规划案，此因当初规划此案时，我即有不准变更的预想，以免损失过巨。

虽然我作了这么好的规划，但他们居然在第五货柜中心（大仁商港区）上做了一个不当的码头规划。因为这段码头长度应该可以规划成七个码头，租给七家船公司，然而现在港务局将码头转角处的用地，都划归相邻的码头使用，故现在仅租与五个船公司，这是极端错误的规划。第一，此举完全培养了大公司，没照顾小公司，这是观念上的问题。其次，七个单位变成五个单位，港务局损失收入，在营收的出发点上，港务局也不应如此规划。第三，租用转角码头的公司拥有较大的使用空间，对其他租用公司不公平。这块土地共有一百一十公顷，扫除道路使用面积和通栈还有一百公顷，应将之平均划分为七个码头使用地，如此大小相等，租金一致，也就杜绝了纠纷。现在问题丛生就是因为码头大小不一，租金高低有别，贻人口实。这是港务局自找的麻烦。

我在港务局虽然有人告我告了几次，但都没告下来，人家也没法真正说我坏话。到交卸港务局长一职，所有轮船公司老板都来了，外商轮船公司老板都叫我 Admiral Lee，TRIO 公司老板甚至叫我 Container Lee，这是因为我的处理方式让他们心服口服，没办法挑剔。尤其三联公司每年对所靠泊之十个港口做考核，派专人赴各港查看，他们曾把这个考核的报告给我看，高雄港永远是第一。三联公司装卸第一就表示高雄港的设备完善，没延误他们的行程。而我在高雄港任职十九年四个月，我认为自己做得很成功。

（七）过港隧道工程

我仅能完成三个货柜中心，系受过港隧道工程的影响。

隧道工程早就核定要做，地点在前镇渔港和第三货柜中心间的位置，从新生路交叉点向下挖，然后穿过海底，接上第四货柜中心（中兴商港区），共三百五十公尺长（最大到四百公尺）的隧道。原计划是在第三货柜中心完成的同一年（一九八一年），即应做第四货柜中心的第一个码头，如此一来，隧道工程就必须在第四货柜中心开工的前一年完成，亦即与第三货柜中心同时完成，这样才能发挥货柜中心的功效。我们将这个工程完成先后顺序的原因都向上级说明清楚，但由于隧道工程亦所费不赀，有人提议，是否可先完成第五货柜中心再做第四货柜中心，或者是否有花费巨款做这个隧道的必要。不仅上级有此疑问，连港务局的工程人员都有这个疑惑。

我所持的理由是：除非我们打算牺牲中兴商港区这块土地，隧道工程才可以不做。然而如此一来，高雄港就成了半面港，宽阔的主航道（400公尺）也就失其作用，当初也不必投这么大的资本做这个建设。所以这是整体计划的一部分，高雄港必须要做全面发展（full development），一寸土、一寸水面都不能浪费，必须要作最有效的利用。这些都是港湾资源，如果浪费了，那开发港的人简直不懂建港。高雄港之所以能快速发展，系因天然条件好，连大陆包括在内，全中国都没这么好的形势。因为完全是沙底，工程进行可以快速；气候好，故终年可以施工。这两大条件，使计划规划之后，除了人为因素外，并不受其他自然环境而影响工程的进度。

高雄港建港的前期工程，就是因为有这么好的条件，配合上人的积极因素，故能快速成长。发展到第三货柜中心完成后，省政府反而认为不大重要了，将此案交由一位省府委员主持，由他来审核、负责，以决定该不该建，什么时候建才适当。此位许文富委员，现今可能是台大农学院院长，是谢东闵主席任内延聘而来的。他认为过港隧道不必立时兴建，遂将此案

高雄港过港隧道。

高雄港主航道第一段，由图中码头与水面双线泊船位置，显示高雄港停泊能力。水面方格曾为进口原木之贮木池。

延搁。那时我心里很急，因为货柜码头眼见就将不够用了，新的码头甫一完工，航商马上抢着承租，货柜量一直增加，在此情势下，新建码头可以支援国家经济需要，但此时港务局反而中断码头建设！

许先生这个决定，一耽误就拖了三年，正好又碰上一九七三、七四年的能源危机，原计划是二十亿，等核准时就变成四十亿，成本大幅提高。可是等他准了之后，我到省府却请不下款来，因为原计划是二十亿，现在增加一倍，到省议会也不会通过。遭遇了难题，于是我亲自拿了签呈到省政府各有关厅处去说明，到省主席林洋港先生那里，他批了“原则同意，协调有关厅处。”我拿他的批文到财政厅和主计室以及经济动员委员会三个单位协调，若他们都同意，交通处不会不同意。我跑了两天的时间办成，接着到省议会，以往已经向他们报告过建设过港隧道工程，现今只是经费的问题，幸好省议会交通委员会的议员对我印象不错，知道我不会糜耗经费，从中渔利，此案乃顺利通过。

工程进行也很困难，因为台湾过去从来没做过。我们委托荣工处，为争取时间，我主张两方人员会同研商，以减去公文往返时间。几经商讨，当时的荣工处长严孝章先生答应配合。

荣工处将世界各国建造海底隧道的方式条列出来，计有明挖法、潜盾法及沉埋管法，讨论后决定采用沉埋管法。共制造六节矩形沉埋管，同时在二港口施工基地位置建造。有人提议：为何不先建设大仁商港区？我答以：若先从事此项工程，则过港隧道之沉埋管将无处施工。故我利用此一空间，先做一个大船渠，六个沉埋管同时建造，同时完工，以免除完工先后不一的摆放困难和损坏忧虑。做好后，所有配合工程也已就绪，选择天候环境均呈最佳状态的日子，将沉埋管拖放至定点位置，然后加压沉埋水底。

这个工程是我在高雄港所做工程中最困难的一件，因为观念的无法沟通，使工程延后三年多。我之所以坚持到底，是因为我相信在我卸任后，将无人再做这个隧道。故在我任内无论如何要开工，而此一工程也在三年后完工。

（八）散装谷仓

在中岛区的 33 号与 44 号码头，各建一座四万吨谷仓（grain terminal），分别下卸进口小麦与黄豆。然因码头水深十点五公尺，仅能靠泊二万五千吨级谷船（涨潮时可靠二万八千吨），故我计划再于 71、72、73 号码头建造三座十万吨的散装谷仓，以供七万五千吨谷船停靠，配合上装卸的机械化，周转快，进口量也大，这样就足够台湾的需要。后因辟建台中港，也做了两座共十五万吨的谷仓码头，故高雄港仅做了两座各八万吨的谷仓。

71 号码头为特约码头，码头由港务局建造，谷仓则由远东仓储公司营造。建造谷仓之前，当时各杂粮业者公会向中央请示，由他们投资自建自营，“中央”、省政府都同意。因为经建会支持业者发展，有了杂粮业者，将来就有饲料业者，整个畜牧事业（牛、羊、猪、鸡、鸭）都会发展起来，不必仰赖进口饲料。故杂粮公会乃合组远东仓储公司，自建自营，于一九八〇年五月完工启用。而他们也由原先仅一艘运杂粮的小船，迅速发展成具有数艘大船的实力，营业绩效良好。

72 号码头，亦由远东仓储公司得标，但完工启用距 71 号码头却相隔十三年！原因是码头完工后，欲建谷仓，省议会议员即干预，为采取钢筋水泥谷仓或钢体谷仓，究系自营或由民营而争辩不休。等到决定后，施工进度又缓慢，就这样，两座谷仓前后营运时间就差了十三年！这个损失实在太大，根本不应该发生这种事。因为省议会原本就不应该干涉这种技术问题，采取何种结构的谷仓，高雄港务局可以自行考量而决定，这也是高雄港务局的权责。但因这个困扰，当时的港务局就搁置此案不动，使得建造好的码头闲置，形成一种浪费。

我很坚持“早完工，早营运”的观念，所有工程人员都必须要有营业观念，码头完工后马上就要营运，晚一天我都要着急。因为造好了码头，不装卸，不靠船，那何必投那么大资本建造码头呢？如果业务单位或港务单位不能配合工程而及时营运，一定要找出原因。

由于以上六大新工程发展计划的相继完工，使得高雄港有今日的状况。虽然中间受了一点阻碍，有点小延搁，但总体而言，还是快速地发展，及时配合国家的经济需求。

例如十四公尺深的码头，最大可靠八万吨的谷船，唯因巴拿马运河水深的限制，谷船均为五万五千吨。二港口十六公尺深码头完工后，中钢十二万五千吨的矿砂船也可进港，十万吨的油轮早就在此下卸。我并向中油建议，在港内建造两个桩式码头，只要有几根大柱子就可靠油轮，可省钱，速度又快。故中油在港内建了五万吨和十万吨两座油轮的码头，在海外则系浮筒，不抛锚，接上浮筒上的软管，连接到海底的硬管卸油。外港还有很好的十万吨、二十万吨的锚位，现在三十万吨油轮，在二十公尺水深的外海下锚，连接油管下卸，不但卸油快速，且每艘船一年可增加一航次的油进来，为油公司节省下少成本。而且原来每年受台风季节影响，有二十八天无法卸油，但这些年下来，我曾询问中油，一年有多少天受季节影响而不能卸油，答复是十四天，较过去节省一倍时间。

（九）旧港区整建计划

新商港区完成机械化之时，老旧的蓬莱商港区亦完成部分的整建计划，损坏门窗均改用铝门窗，以免年年翻修。同时也实行机械化，道路不平者重铺柏油路面；仓库通栈不能移去柱子，能整修者即整修，否则全部拆除重建。

至于通栈前的铁轨，日据时期，出口货物因到港即上船，进口货物卸下船即装上火车，不必进出通栈，也不争取时间，量也比较小。我要实行机械化后，因为不能拆除铁轨，乃在通过铁轨前后做缓坡道，减少小拖车经过时的跳动。旧码头的木质碰垫，则换装成橡皮碰垫，减少船驳因碰撞受损。而为数众多的小船和杂货船，因港区码头不敷所需，故可以修理重新使用者，均使之现代化。盐埕区的七公尺水深码头，亦改成九公尺水深。另外如第三船渠为高港自用船的泊地，任何外船不准停靠，其三公尺深的岸壁，只要没有坍塌之虞，也都改成浅水码头。13 号至 16 号码头，都重新翻造过。使旧商港区整建后的有效利用程度，较新商港区为甚，可说充分运用了每一寸土地。另在不适建造货物通栈的第二船渠前方，整建新滨码头为海军专用码头，符合当时备战的需求。

为了配合旧港区的整建工程，增购作业用的堆高机、小拖车和各种大小吊杆、水上、陆上、壁上吊杆，以增加装卸能量，也充分利用所有的仓库。因为码头不够用，驳船就变成很好用的工具，船可以不必靠码头，系在浮筒上，货物则靠驳船下卸。后来我让民间自造驳船，成立驳船服务社，三百吨驳船仅数艘，以一百五十吨和一百吨居多。这些作业改进发挥了旧港区的效能，真正达到完全发展的目的。

港务局有许多大小装卸机具，还有手摇叉动洞车，因为蕉棚的上层当初并没设计可承载重机械的操作，故利用人工手推车和堆高机来拖运，全部机械化。有了机械化之后，高雄港才有这么大的装卸能量，也才能应付那时国家快速的经济贸易发展。也就是没有因工程、设备或其他因素，而影响进出口货物的装卸。

（十）附属港计划

1. 马公港

马公港的发展都不错，该怎么建设，都照计划建设，也合乎需求，到现在都还有发展的余地。

2. 大鹏湾

经建会如讨论有关高雄港务问题时，我必须出席。某次李国鼎先生在会中问我："高雄港发展这么快，不是很快就发展饱和？要是有一天高雄港的发展容量饱和，怎么办呢？"我说我们可以研究。第一案：研建第三港口。在二港口北防波堤堤端向外延伸，然后面向海外右转，至一港口旗山外边，与旗津海岸平行，建一道大防波堤，再由旗山根处，建一小防波堤，辟建第三港口，与第一港口方向相同。所需用地在低潮范围下由高雄港填地做码头，不侵占市区土地。大致的规划皆已完成，最后由我核定："不可行"。因为这么大的深水码头及这么大的货柜装卸量，一个隧道绝对不够用。故自动取消此案，提议发展屏东大鹏湾。此议呈报省政府后，省府同意，责成高雄港务局研拟计划。

我们在一九七八、七九年间，对大鹏湾做了两年的气象、水文资料及其他各种调查，依旧港形势将该地规划为高雄的附属港，并且是单一的货柜港，做三十个货柜码头。我认为这是很值得注意的大事，正式向上级建议：当高雄港发展到达饱和时，必须继续发展大鹏湾为台湾的货柜港。此案成立了，也规划得清清楚楚，但现在交通部和交通处居然将原案弃置，把大鹏湾改为观光区！考量目前台湾情势，究竟需要一个货柜港还是观光区？

3. 安平港

相较于大鹏湾，安平港是不该建设而建设，而大鹏湾却是该建设而不建设。这是上级交通单位最严重的错误，可谓"明知故犯，不可原谅"。因为高雄港的旧码头已经报废，几乎没有用了，新商港区杂货码头也没多大用处，从31号到47号码头，都是以前杂货船使用的码头，现在没有百分之五十的使用率，为什么还要在安平港做杂货码头？这是很奇怪的事。

安平新港开港是在我任内开辟的，然而当时是为渔港而开。由于旧安平渔港年年淤塞，连三、五吨这种很小的渔船都要靠潮水才能进出港，高雄港每年派专船疏浚，但台风一来又淤塞如故，故我决定为了渔民利益，必须投资另外开辟一个七点五公尺水深的新港口，虽五千吨满载的杂货船，不需潮水亦可自由进出。同时为其规划将来可发展为远洋渔港，但至今也没好好发展。如今安平港已核定扩大港口计划，将七点五公尺水深加深为十一点五公尺，原建筑物与码头全部拆除，权充杂货码头之用。为什么要做这个投资？已经不需要杂货码头了，要发展的是货柜码头嘛。我就是不懂呀！

（十一）对“港市合一”的看法

市港台一，原则上并不是不通，市政府以“没有一地不是港市合一的”来争取，李“总统”也说全世界都是港市合一的，我相当承认这句话的正确性。大陆的国际港也都是属于所在地政府的，如大连、天津、青岛、上海、广州等，世界上市港合一的国际港也占多数。但是今天我却反对港市合一，理由是：我们没发现哪位长官是为建港而支持港的，都想从港刮一点油水。当然市政府是受市议会压力，市议会要全力争取港市合一，是为将来容易包工程。但是包工程的后果，可从高雄市在十几年前于前镇造了一座镇兴桥的例子发现，原来设计深度多少米深的桩，结果施工时只有原来的一半，因此现在桥垮了。更别说汐止的林肯大郡，底下的基础桩也是这种情形。若十六公尺水深的码头，如果钢板桩不合格的话，每天这么重的机械在上面压着，钢板桩一斜就完了，码头几年就垮了。所以很多人都抱着几年后不在其位也不管了，当时活的人有的死了，有的老了，可能无法追究。因此若市政府是为争取利益，以财源为目标来争取市港合一，我是百分之百地反对，不可以有这种想法，也不能这么做。

我举最近的一个实例，来说明利益争取的事实。苓雅区的 18、19 号码头后方是中油公司的柴油槽，专门给港区轮船加油的，而今以“影响市区安全”的理由，被逼搬走。试问现在轮船加油要到哪儿去加？这给港埠多大的不方便？这是应该撵走的吗？若说“影响市区安全”，五十多年来，这里有否失过火，影响过市区安全吗？不安全我们让它安全不就对了吗？为什么一定要撵走？完全不顾港埠的需要，非撵走不可，这怎么叫建港？况且这里还是码头范围的港埠用地！可见市政府的心理。现更为市区建设之需要，将把日本人留下的旧港区全部停止作业，这是建港，还是毁港？

此外，高雄港的办公室位于第一船渠后方角落的六层楼建筑，李登辉和宋楚瑜省长来此视察后，认为此地不好，应觅地另建新楼。但港务局苦无合适地点。关于此事，高雄港原来并不是没计划，因为第一船渠这个地点并不是顶好，所以在港务局的十二年扩建计划中，即预定在今日加工出口区的女子宿舍现址，规划作为高雄港务局的联合办公室。李国鼎先生发现此处，认为港务局要建联合办公大楼的时日仍远，也没那么需要，要我们让给加工出口区做女子宿舍，就这么一句话把这块地要走了。我争不回来，因为讲话中他脸一沉就说：“李局长，这不行，女子宿舍太重要了，上、下班像人潮一样的，交通拥挤，有了女子宿舍，她们就没这么大的交通问题，走路过去就行了。”他这么一说，我就没有理由再争了。因此现在港务局找不到地方盖办公大楼。

现在港务局提议，因为中油的油槽撤走了，可在那里盖大楼，市政府居然不同意。我听闻后对港务局的主任秘书（现升副局长）说：你们管港的人必须知道，港埠用地归港务局所管，都市计划里头也有工业用地、住宅用地、商业用地、教育用地，都分配得很清楚。没准许变更之前，不得做其他用途；要变更的话，必须经过合法程序。为什么港务局的地要做办公室，市政府竟然不同意，这怎么解释呢？你们必须要争，不然将来港市合一之后，港埠用地都成了市府用地了。如果你们一开始不能表明态度，说明港埠用地只能用做与港埠发展有关之用，将来麻烦有增无已。

我举例为他们说明：第一期工程填的二一八公顷地，其中一块约五十多公顷的地，一九六三年我到任时，正以一公顷五百块钱售出，当时曾明订契约，买方将来必须做与港区有关的建设，但现在居然盖起了住宅大楼！王玉云长市府时代，在都市计划委员会中也曾提出，欲在前镇河边开一条大道，作为综合社区。我是都市计划委员之一，力持不可，该地为港埠用地，不可移作他途。但王市长坚持己见，呈报“中央”，汇集“内政部”、“国防部”、警备总部等“中央”部会会商，开了两次会议之后，王玉云提案失败，因为我以安全顾虑为考量，说明若港埠用地变成社区，出入分子杂乱，港区就不安全了。故会议决定：港埠用地就是港埠用地，市政府不应该这么做。因此这是个老问题，那时还能争取回来，现在如果都听任市府意见，港埠用地还能保得了吗？前几天（一九九七年八月）我碰到这位副局长，问他事情解决了没有？他说市政府不争了，准许他们盖大楼。

我以这几件事来说明，港市合一后，若将来高雄港预备在第五货柜中心做什么建设，市政府说不可以，到时怎么办？因为市政府没有建港观念，没有港湾资源的观念，认为港埠用地都是市府用地，二十七平方公里的面积都没有了，这还得了！

港市合一在本质上不是件坏事，而是今天我们的政治文化、议会文化，和议员只有自私自利而无国家观念的情况下，高雄港在港市合一之后的不到二十年内，将全部摧残完毕，所以我反对。

再说十二年计划已经规划好六个货柜中心，但现在他们连第六货柜中心造不造还有疑问，这样还能发展吗？谁在更改我们也不晓得，所以国家危险就在这里，因为政策偏差，无法配合实际需要，再建设，都好不了，就是这个原因。我觉得现在愈建设，心里却愈慌，因为进步没带来好处，这不是很奇怪吗？港湾建设是持续性的，不能说上一任任内所做的建设，这一任就不办，这不可以，所以我在任时，把全港规划完毕，就是防止这种心理。在我任内将全港六个货柜中心都规划好，就是因为规划要改，必须讲理由，没有充分理由就不得更改，让他们改不了。

再举一例，73 号码头，原来我计划做第三座谷仓，后来因不需要而没做。现在居然被东帝士集团租去，他就认为这是他私人的码头，他进口的

一九八二年六月二日，台湾省交通处长魏巍（中）主持高雄港务局局长交接典礼，右为新任局长袁昌炎。

煤、水泥、杂货都在这里下卸，为所欲为，可做任何用途。出现这种现象还叫港吗？本来高雄港要卸煤炭，我们有煤炭码头，杂粮、杂货都有专属码头，为什么高雄港同意他这么做？现在老百姓抗议了，在谷仓码头卸煤，必然有灰尘，粮食不就污染了吗？港务局为什么要答应？港市合一后，政治人物、民意代表都要插手，港务局将疲于应付。

再说第九船渠，原先范围很广，所有支应此区域内所需之高雄港务局工作船，皆停泊于此，等候派遣。然而长荣海运公司欲将紧邻第九船渠之码头延长，以便于母船与子船同时靠泊，使子船运来之货柜不必卸码头，即可直接装运母船，利益殊大。致使现今二港口附近之工作船无处可靠，须由前镇河口所靠之工作船来支援，不但距离远，支援效率低，一年间所耗油量亦大增，长此以往，便成为高雄港作业的大缺点。

故高雄港的规划在一点一滴的破坏下，口碑日坏，港埠荣誉也丧失殆尽。

（十二）学习新知

我接港务局长时，并不是什么都懂，也是一点一点学来的。例如电脑作业。当年“行政院”主计处的人到高港考察后，很惊讶地说：全国政府单位还没有一个像你们这样的单位，一做就成，怎么这么快？我说：必须先把公文作业科学化。如船在港外抛锚时间，靠码头时间，我即有其资料。如出口货进了港，放哪个仓库，要放多久，什么时候装船，装哪条船，目的地是何处，所有资料均在八联单中。只要室内作业单位一通知，仓储单位即知将有多少货进来，停多久，要多少仓储位置；装卸部门则知该批货要装哪艘舱，什么时候装。业务组是计费单位，然后分别通知主计单位和出纳单位，凭单记账与收费。这就是作业科学化。所有作业流程全在管制之中，任何一吨货只要进入通栈，其每一动态都在管制之中，故不可能发生货主的货在港区失踪而没下文。

这些我都有把握之后，才进行电脑作业。我们先向 CCTC 电脑公司接洽，请他们的设计人员到港务局来听我简报，以便了解港区船、货、计费与人力、机械等作业流程，程式设计妥当，我也训练好打字人员，故他们来装电脑后，我马上可以作业。故“行政院”主计处的人视察后，很惊讶，我们电脑才装了半年，怎么一切都如此顺利。我乃说明先置作业的情形。故我任内大部分作业均由电脑处理，居然我走了十五年后，港务局本身竟然还未全面电脑化，更不必说港区全面电脑化！这种事情能说么？他们怎么能够达到我们那个时候的快速发展呢？

到底是他们不懂，还是懂了却懒惰不做，我就是想不通。我也不是什么都懂啊，可是我真的天天在学呀！我是学补给的，一九五九年到美国海军补给署，那时人家就已经是补给电脑化了，我是在这个时候学的电脑，所以我回来的时候，供应司令部的人说：“既然学了电脑，咱们就赶快买电脑，进行电脑化吧。”我说：“不要太时髦好不好？不要有一样就学一样。”我问他们：“海军用的二十八种消耗料件（棉纱、破布、擦铜油、手电筒等）

应按月补给，但炮膛布竟然可以六个月不发！咱们那么点补给品，都是咱们土生土长的东西，都没办法准时到达，凭什么用电脑啊？”我们的补给是在没钱的状况下，补给品不充足，用电脑反而是个消耗浪费。到港务局后，我把补给作业的知识全应用在港务局，并且进行初步的电脑化。如果现在的港务局能在既有的基础上发展，早就应该全港电脑连线，与船公司、海关、报关行、公证行、检疫、安全等各部门都接上电脑连线，只要按个钮，对所有单位作业都一清二楚，也不致延误航商时间。他们为什么做不起来？ Sea Land 和 APL 在台湾的分公司在多年前早就电脑化了，公司所属的货柜在何处，随时可以问到。

（十三）答问部分

一、接任港务局长一职，您是欣然赴任，不过您在海军的朋友怎么看这个职务？是个烂摊子，还是个肥缺？

一九九七年夏天全家在美国合影。前排左起：公子李德阳、李连墀先生、媳妇林莉莉；后排左起：孙女李昕儒、李昕倩、李昕伦。

李连墀先生。

答：海军人员对港务非常隔阂，我当供应司令时只到过十七号码头（军事码头）接收美援物资，其他地方都没去过，也不晓得。所以海军人对商港相当隔阂，缺乏知识，对实际作业也不了解。故我在不知港务局是怎么一回事的情况下上任了。而海军同仁，因为完全不了解，也无从表示意见。在世界各地，港务局长叫 Port Authority，管港有绝对权力，任何人不得干预，到现在也是这种精神。他决定的事情，市长、省长都不便过问。委员会决定的事，他可以照着决定的政策，但实际如何执行，是 Port Authority 的权责。Port Authority 靠的是 Harbor Master（港务长），这两个人是任何港的两大角色。但今天没有人强调这个问题，只讲长官谁管谁，把港的管理精神完全丧失掉了。我是因参加联合国举办的港航训练班后，才有这种知识。联合国每年出资在各国举行各种训练班，参加人员都是港务和航舶事业比较落后的国家，故我在一九六四年参加在丹麦哥本哈根举行的港航训练班时，大部分是中东、非洲的人员。此次训练，我参观了欧洲所有重要的港口，才有 Port Authority 的认识。而港务局长到港的第一件事就是拜访 Harbor Master；如果有任何一位宾客来访，第一个报告的也是 Harbor Master。看人家如此管理，我回来就强调这种精神，在会报上把所见所感都报告出来，让港务局同仁都有相同的认识。我是 Port Authority，我做的决定，我就该负这个责，好的、坏的都自己承担，任何人干预我都慎重考虑。

二、港务局的干部，是不是很多海军军官？

答：最初没有，王池公到港务局后，才带一些海军人进来，如冉鸿翮、刘赓，其他还有一些干部，多任栈服处长、行政处长及办事人员。我来后，海军人慢慢地多了起来。比如我要整顿栈埠处，我必须要找我在供应司令部的老干部，他们学补给的晓得办法，我一告诉他们该怎么办，他们就会做了。我说用八联单，他们把八联单做好，最后由我自己修订。

三、您在港务局任内，与主管经济发展的“中央”官员接触，是否和他们有什么样的合作经验？

答：总结来说，各级政府和各级长官，从没提示过我一个计划或重要事情，告诉我高雄港该如何发展，反倒是受到他们的阻碍，我得向他们说明后，他们才会接受，因为他们有点怀疑：“军人出身，能管理港吗？”

四、会不会因为他们没有特别指示，您觉得可以发挥的空间比较大？或是虽然有人阻碍，但也有人支持？

答：他们的阻碍不到那个程度。我常自言自己能有机会，从事那么长时间的港务局长，充分发挥个人意愿，这是我做事最好的地方，没人限制我怎么做。所有港务局的大小事，不论硬体、软体，工程、作业或行政，乃至其他，都是我主动办理。虽然我请示之初，上级幕僚均不表同意，说我总是先斩后奏。但这种不满意并未阻止我发展。过港隧道尽管因此而迟延了三年才完工，但我还是做到了。

五、像这样的职位，得到最大的支持主要是来自省主席吗？

答：不，主要是幕僚单位。中国的科员政治是有名的，不打通科员是办不到的。所以我经常没事就到交通处办公室，与科员聊聊天，打点招呼，虽然我公共关系不大会做，但也懂一点与人经常来往，以建立私人关系，否则到处都碰壁，这是中国官场无法避免的。不过黄达公（杰）和陈养公（大庆）两人担任省主席时，对我的支持颇大。

黄达公省主席任满前夕，对我说："李局长，我真担心在省主席任内把你给告下台了。"那时候告得好厉害，达公说了那么一句话之后，我自己脸一红，觉得很难过，怎么给长官惹那么多麻烦。因为我一向做事都顾虑着不给长官添麻烦，现在达公这么一讲，自己觉得很惭愧。后来想想，他说话的神情不是这个意思，因为他们告了几状之后，省政府都派了视察室的视察来查过，来了两三次之后就没下文了，原来告状的案子都按下了，不发，不处理了。我知道这么一个事实，晓得长官爱护我们，所以没被告下来。

陈养公临走时说："李局长，你做对了！继续这样做！"我平常和他们也没有接触，要卸任时，就给我一句结语，表示在他们心里面，观察省属三级单位主管及二级主管，心里都有个数。

六、您与高雄市的民意代表或地方人士往来如何？

答：都很好。当时高雄市有四个比较重要的职务，市长、议长、党部主任委员、救国团主任委员，因为我兼救国团主任委员，故我与其他三人经常见面，建立很好的私人关系。

七、议员、财团和地主对港务局比较没什么影响吗？

答：他们这些人都不跟我接触，因为港务局里没有财团关系，如果有也都离我很远。关系最深的就是杂粮公会业者，你不接触他们，他们都会主动来和你拉关系，但我永远保持距离，绝不随便和他们接触。因为他们随时都有利益，比如船还没进港，或是货还没下卸，我若是说已进了舱，开出装仓单（bill of landing），这些单子拿到银行都是现金。更厉害的是拆船，高雄港有十年的拆船辉煌纪录，不该进港也让进港，随便乱拆也不管，这当中的利益很大，王玉云自己就是拆船大王嘛。如果我向拆船业者打个电话说算我一股，这都是干股，有多大的利益！所以港务局长想借此办事方便得很，为什么说港务局长是肥缺，也是这个道理。我都懂啊，但他们从来没人跟我谈过，因为他们知道这个李局长不吃这套，免费心了。

八、您和业者会不会有冲突？

答：没冲突，我尽量帮他们的忙。码头不合适，船不好靠，我都赶快修理，必须为货主、航商牟利。因为以他们的利益为着眼点，港湾才算是做得好，港湾不仅是为配合国家的大发展而已，各行各业的需求与利益，我们都要顾及，不然就会造成他们的损失。港务局要造成各行各业的损失很容易，船随便延误两个小时太容易了，或是让他今天夜里出不了港，明早再走，这都很容易做到。但我一定让你夜里出港也做得到。如果我知道昨天夜里该出港而没出港，第二天一早我拿起电话就是一阵申斥。因为过去就发生过装卸人员最后一吊就是不吊上去，使航商出不了港的事，这些事我在革新作业里都讲过，他们都不敢再做。所以我在港务局里，真是人单势孤，我要哪个部属给我做这种事呢？让副局长或港务长给我做这种事吗？不可以，都是我自个儿任内的事。若船撞坏了，我会问港务组长那个船长是合格或不合格，为什么把船撞坏了，一定追究到底。所以我大事、小事，一件都不放松，全部注意周到，本着便民、利民的角度来为民服务。但绝对不舞弊，也没这个企图。

十年拆船期间，我把码头弄好，方便拆船业者作业，他们赚取很大的利益，如果我有异心，要每个船老板对我孝敬孝敬，那还得了吗？所以我走后有人造谣说："李局长还怕什么，人家轮船都有好几艘了啦！"但高雄市台面上的政治人物，或各行各业代表，个个都晓得。为什么我一助选就成功，我才晓得自己在高雄市还有点人缘。如孙礼光第一次选举，他是中校军法组的组长，我第一次助选，当他的竞选主任委员，我一出去说是为谁拜访来了，每个人都说："哎呀，老局长来了，请坐，请坐，您打电话来就行了，我们一定支持呀！"几乎没遭遇到拒绝，都是讲这句话。我突然觉得，哦，我在高雄市还有点人缘咧！第二次是帮萧楚乔竞选，也成功了。但萧第二次出来竞选失败，是他自己造成的，因他不照我的方式做。

我因为风湿和尿酸的关系，每个礼拜要到三温暖蒸一蒸、泡一泡，把筋骨放松一下。有人看到我说："局长您也来洗澡。"我说："你们为什么都认识我？"他说："哎呀，今天高雄市还有人不认识您吗？"

九、孙文全先生当港务长时，是不是对您帮助很大？

答：他是我青岛海校的同学嘛，帮忙很大，不过他没升上副局长，我对他有点遗憾。因为我自己老不动，副局长原来是段其燧，后来升花莲港务局长。之后由交通处派下来的科长接任，而后是张连容，他当总工程师多年，较孙文全资深，没办法，孙也就升不上副局长。等张退休，孙也到了退休年龄。所以我的同学说："孙文全跟你这么多年，同学也很关心，你怎么没给他升副局长啊？"我说："真调动不开啊，那有什么办法呢？"

十、您兼任高雄市救国团主任委员，工作的情形如何？

答：就我个人体会，高雄市在选任救国团主任委员人选时，首重没有任何包袱者，在政治和个人工作上，在地方和人缘关系上，都没有负面评价者，当然更要是百分之百忠党爱国的人。因为救国团主要在教育青年，与市政府的教育局发生关联，主任委员必须与社会各阶层都保持良好关系，例如战斗营需借用陆战队场地，必须与军方接洽，而且必须成功。我给司令打电话，请他们帮忙，司令都答应了，所以给救国团帮了很多忙，因此救国团希望我一直做。一九六三年任副主任委员，一九六六年主任委员董世芬走后，我就接主任委员，直到一九八二年我自港务局退休，一九八五年才交卸此职。每次青年活动，开训时我都尽可能地到场，与青年说几句话；若开训无法到场，结训也必然出席，与他们接触，不要让青年们认为我老朽了。故青年学生不说欢迎我嘛，至少也不讨厌，因此救国团认为我还不错，就一直做了二十多年。

十一、各地区救国团主任委员不是由经国先生选任的吗？

答：不是，都是救国团的办事人员管事。经国先生当主任委员时，李焕为副主任委员，一切琐事均由李焕处理，没有大事就从来不惊动经国先生。后来经国先生一步一步交卸，根本就不管了，也不兼主任委员，就由李焕、宋时选、潘振球等几位先生做。

十二、高雄港建二港口时，也正好是十大建设期间，其中一项是兴建台中港，不知当年是否有其必要？因为台中港建港似乎困难很多，一九七四年七月我（张力）参观过台中和高雄两港，注意到高雄采圆形沉箱，台中则是方形沉箱，而双方人员都强调自己施工的优点。但是台中港风沙严重影响港口，同时十大建设中有南北铁路电气化，如果高雄港能发挥很大的吞吐量，台中港是不是值得花那么大的人力和财力兴建？

答：台中港因为地势的关系，正是每半年季候风最强大的地带，所以它没办法克服东北风。其次是漂沙问题，因为大甲溪流下来的沙正好流入台中港。她的问题在于：明知有这两大问题而没能克服地建了港而又建错了港。这是工程上的错误，而不是不该建港。如果北部基隆、中部台中、南部高雄三个港都能发挥作用的话，高速公路的需求就不必这么强了，因为三港可以联合运输，其中又分铁路和海运两种联合运输方式。建专线铁路，每天在三港间输运货柜，路上运输就可以不必完全靠公路；若需求量太大，必要时再辅以海上运补，如此台湾内陆的运输就完全克服了。

林鸿炳先生访问纪录

访问／张　力·吴守成

纪录／张　力·曾金兰

时间／一九九七年六月二十四日

地点／高雄市左营区明德新村林宅

早年生活

民国三年阴历二月十日（阳历三月六日），我出生于海南岛文昌县一个大家庭，但投考海校时少报两岁，变成"民国五年"出生，以后各种文件都是如此记载。父亲在四兄弟中排行老二，我年幼时大伯即过世了，三叔和四叔在小镇中经营布业，父亲则留在家乡种田。后来因家中需钱孔殷，父亲遂至泰国打工，那时我已经读书了。我升海军少将后，在泰国的海南岛人曾出版一本书，描写父亲到泰国打工的情形，然已先隐去了家父姓名。

民国十六年，共产党在海南岛大肆捣乱，乡下已经不能住，我们跑到县城里一位朋友家暂避。后来五叔（堂叔）被乡人供称是农会会长，县衙门认为他和共产党有关系，就将之关押起来，许多乡人想保他出来都不得其法。恰好六叔（堂叔）在广州读书时认识陈策，乃请陈将军写一书函，携回海南岛，县长邢森洲乃立即放人。趁此机会，我问六叔是否可随其同去广州？六叔应允，我乃随之离开海南岛。

此时我已小学毕业，到广州没考上中学，遂多读一年小学，在十七年才考上省立一中，这是当时广州最好的中学之一。

就读马尾海校

民国二十年，初中毕业考试刚过，报上正好刊登马尾海军学校的招生广告。此次系海校第二次全国招生，每省可保送十五人到南京复试，同时省政府给予考生非常优异的条件，获保送的考生每人发一百银圆作旅费，我乃报名应试，幸蒙录取。当时广东省政府主席陈济棠与中央对立，办公人员可能没看清楚公文，入学资格仅注明十四足岁即可，未写明上限，故广东保送的十五人当中，我算是年纪小的，最长者竟达二十岁。

因此保送到南京的十五人中，大多数因超龄而被剔除，最后只录取任泽浓（已故）、莫国华和我三人。入校三个月后，莫因故退学，任于两年后病故，最后全校中仅我一名广东人。

我们是马尾海校第六期，总共录取九十五名。后来大家感到奇怪，全国招生之后，九十五人中，福建人竟然仍占四分之一；后来得知，因海军中校以上的军官可以保送一名考生，另外华侨也可以保送，他们原籍多为闽籍。故九十五人中，福建籍约有二三十人。

海校分为航海、轮机两班，大家都想进航海班，五年就离校上舰，轮机班却要在校六年半。第一次全国招生录取者，是根据学生的考试成绩来分班，而我们这一期，校长杜锡珪上将却不按这个标准，仅把我们每个学生叫到面前问几个问题，然后就凭面相分班。

当时一般军事学校都有零用金制度，但马尾海校很怪，学校只管吃、管住、管穿，没有零用钱，我们写信回家要钱，家里还不相信。那时规定游泳要五百公尺才及格，但游泳超过三千公尺，每四百公尺发一块银圆，因之大家都拼命游。我的游泳技术不大好，但为了银圆，累了就仰泳，也曾游完过七千公尺。一般而言，同学们的游泳技术都很不错，因为每个礼拜六下午，或是夏天下午气温超过华氏九十度，全体同学就到闽江口之川石岛游泳。

马尾海校没有政治课，也没有政治指导员。不过学校规定每周一都要举行总理纪念周，从无间断。毕业后也集体宣誓入党。

二十年十一月闽变发生时，校长仍为杜锡珪上将，十九路军的一位旅长云应霖与我同乡，他很不错，在事变时让海校搬到南京下关水鱼雷营继续上课，事变平定后又立刻迁回马尾，学生课业并未受影响。

航海班五年校课结业，于二十五年六月派往通济舰接受为期一年的舰课训练。就在我们舰训不久，比我们早一年进校的轮机班，某次集合点名，因平时都在操场，那天下着毛毛雨，他们班就在走廊集合，周宪章主任要他们来操场点名，他们还是不来，因此全班除夏新、云惟贤和吴宝锵担任下一期班队长外，其余三十名全数开除。

他们会闹意见，我猜想是因为航海班校课五年之后上舰训练就穿着军官制服，他们却必须接受六年半的校课，而且他们又比我们早一年入学，却仍穿着学生制服，因此就闹意见了。现在海军官校改为航轮兼学，不会发生此种事故。

被开除处分的学生，有十名非闽籍者，如王先登、晏海波、高世达等转入电雷学校继续就读，其余闽籍者不欲入电雷学校，多另谋出路。

舰课完毕，我们又回到鱼雷枪炮班受训（原在南京下关海军水鱼雷营）。适七七事变发生，为避免空袭，乃迁至马尾和福州间之鼓山某间庙宇继续授课。一年后总算完全毕业，取得少尉官阶。全班二十七员（入学时为五十名，淘汰率很高）分派至各舰为见习官或候补附，至洞庭湖海军临时基地报到。

中山舰见习与沉没

廿七年六月我们与轮机班同学共约六十余人，由陆地经闽北往江西，至洞庭湖的岳阳向各舰报到。当时岳阳为海军新建基地，前在江阴被炸而仅存之中山、永绩、楚同、楚观、江元、江贞等舰，均停泊于洞庭湖。我和陈智海、周福增、康健乐四人，及轮机班陈鸣铮、张奇骏（今在美）同派在中山舰。陈智海在班上比我高一名，战斗部署位在舰首三寸主炮，我则分派在舰尾的二十厘米副炮。其余周、康二员都位在舰桥的二个机关炮。

登舰未及旬日，几乎每日均有空袭警报。七月十五日，日机来袭，因舰只集中，火力相互支援，幸无一舰受创。经此事件，海军当局认为舰只集中停泊，目标太过明显，故遇炸后不久，各舰即奉命疏泊于簰洲、嘉鱼、新堤等地。中山舰为支援汉口会战，于十月二十二日进驻金口，那时江面上由武汉后撤之船只不胜其数，迹征显示武汉即将撤离。

进驻金口未久，连日发布空袭警报。十月二十三日下午，亦即武汉撤退前两天，发现有一架敌侦察机正低空环绕中山舰飞行，时我舰早已备战，敌机第一圈距离较远，然后次第接近，至第三圈时，已近到可以目视敌之太阳旗。我舰奉命射击，敌机始行向东飞去。敌机敢单机低空独来独往，可见我空军已失去作战能力，也成为第二天海空战斗的局面。

十月二十四日清晨，我舰即开始备战。下午两点我舰起锚，在江面慢速航行，不久发现东方天际有六架编队飞行机群向我舰飞来，在舰炮射程内，舰长萨师俊下令射击，展开是日的海空战斗。

首两批敌机均采水平轰炸，我舰幸无损失。后来敌机改为轮番俯冲投弹兼机枪扫射，舰体有几次剧烈震动，舰首部位已被炸中，三寸主炮受损，同学陈智海殉国。日机继续俯冲投弹和扫射，不久舰体向左倾斜，此时舰长在指挥台已受重伤，同学周福增亦殉国。由于舰体向左倾斜得厉害，救

民国二十八年二月摄于重庆生生花园。左起：叶淥、池孟彬、叶梧（叶淥之兄）、杨熙龄、林鸿炳。

生艇已离水面很近，很容易松下舢舨。时舰体即将沉没，乃协助受伤官兵先行登上舢舨；当航海官魏行健欲将身受重伤之舰长扶上舢舨时，舰长以极其微弱的声音说："我这里痛，不要摸我，你们先将受伤官兵登上舢舨好了。"最后航海官等仍将舰长扶上小艇，但敌机终将救生艇击沉，舰长亦随着救生艇而沉没江中。舰长为国牺牲前，不忘照顾部属、不为已着想所说的几句话，迄今仍令人感动不已。

回想我舰集结岳阳遭敌机轰炸之际，因各舰火力集中，敌机不敢俯冲，故无一舰受创。后来当局认为舰只集中停泊，目标太大，容易被敌机发现，故疏泊于金口到宜昌一带。但我认为在毫无制空权下，敌机低空侦察，仍可一目了然，疏泊后各舰火力不能相互支援，反而为一大缺失。中山舰与敌机作战，失败似属必然。

我们在船上都穿工作服，或许因萨舰长比较注重身份，在船上一定都穿着舰长的军服，夏天是白制服，冬天就穿呢冬服。也许这样，日军以为此舰是将官座舰，乃集中轰炸，萨舰长不幸殉国。早先陈季良将军也在中山舰上，不知何故，此时他已不在舰上了。

此役同时见习的同学陈智海和周福增都为国牺牲。高一班的魏行健也为国捐躯，他甫自英国回来，担任航海员。其他为国牺牲同仁，因我登舰未久，未能全部认识，不过我于舰沉泅水登岸后，于岸边为殉国同仁默哀良久。

巴（东）万（县）要塞区第三总台部观测员

中山舰沉没后，我调至江元军舰代理航海员，不久又调至炮台当观测员。当时长江从三斗坪至万县共有四所总炮台，三总台下辖五、六、七三台。总台部在巫峡神女峰对面之青石洞，第五台在四川与湖北交界之万流，第六台在神女峰对面，第七台在巫山县。各台炮位均在山洞里，炮则由各舰拆卸下来，人员均由马尾海军派任。当时同在三总台服务之同学计有魏济民、何树铎、章国辅、张奇骏、李寿镛等，其余老海军均不认识。其中李寿镛和魏济民同学可能是做不惯，后来自行设法调往军事委员会任侍从参谋。

留美接收八舰

民国三十三年冬，我参加赴美接收八舰的考试，很容易就考上。布雷队的同学因为来不及参加，晚一年考赴英国接舰。出国时每人都降一级，那时我是上尉，不知何故，人家降一级，我却降两级，成为少尉。我并不计较薪水多寡，而是认为上级太不公平，迄今仍感不平。

一九四六年四月中国赴美接舰官兵行进在古巴首府哈瓦那街道上。

接收八舰人员系考选毕业于四所海校的海军军官，因那时派系观念很重，彼此之间难免有貌合神离之事。如马尾七期的甘敏，系考选八舰军官的第一名，派任太康舰枪炮员，无意中与同住一房的某轮机员闲谈，说起海军派系多，上级也应负责。此人问他上级为什么要负责？他说马尾海校归海总部管，电雷归军政部管，青岛、黄埔则归军事委员会管，你不觉得很奇怪吗？但后来他因此而遭人检举，要押送回国。然因接舰训练已经过了一半，再过几个月就要回国了，最后此事就不了了之。回国后，甘敏自行离开海军，问题总算解决。

接八舰时，八舰舰长马尾是梁序昭、高举；青岛是曹仲周、蒋谦；电雷是王恩华、齐鸿章；而黄埔则是徐亨和麦士尧。每校均为二人。但徐、麦两员回国后，不知何故即离开海军。而接舰士兵为大专知识青年从军，这些青年和考取接舰的士官，在回国后也有部分离开海军。

与桂老总的两段因缘

有很多人说桂老总不好，但我却认为他对部属很好。兹举二事说明。

民国三十七年封锁渤海湾，我是永胜舰长，护航第八军到葫芦岛至东北打仗，一度归东北“剿匪”总部作战管制。第八军军长李弥将军，和葫芦岛港口司令何世礼将军（从秦皇岛迁来），对我印象很好，他俩是桂老总的同期同学，可能向桂老总说过我的好话，因此桂老总就给我记上一笔。因为我虽没打沉任何敌舰，但却救回两艘船，一是海军北极一号破冰舰（原“大武”改装），营口失守时，此舰在营口搁浅，是我将之拖带出来；另一艘则是港务局的交通船。

获得这两艘船，桂老总大为欣赏，他说：“若敌人将之装上二十厘米炮，我青岛至大沽口之交通影响甚大，哪里来那么多军舰护航！”当时与永胜轮流出动的是长治军舰，我们发现搁浅的破冰船后，该舰来电说不能拖，我认为趁初三和十八两次最高潮的时候应可拖出，结果在某日夜里终被我舰拖出来了。当时搁浅处离岸仅四千公尺，确实很危险，但很奇怪的是，在营口的共军，竟然没有能打到四千公尺的大炮。故我们虽很顺利地将搁浅舰拖救出来，然迄今仍百思不解共军为何不开炮？

至于港务局的交通船，是在营口失守后某日，该船刚出港区，似乎往大连方向，途中即被我舰截获。我发现该船后，在一万公尺外发了两炮攻击，两弹均落在该船前方附近，都没有打中。稍后该船竟掉头向我驶来。我问船上人员：我发了两炮没打中你，为何你不逃跑而向我方驶来？他说在一万公尺外看不清楚，不知道我们是国军，后来知道是永胜军舰，以往在葫芦岛、营口撤退前都常见面，彼此都是熟人，故认为掉头回来没有关系。又说他们已经几个月没有领饷，要回来领饷的。到港后，我就把船交还葫芦岛港口司令部，也没有查问船上是否有中共人员。

因为这两件功劳，桂老总在青岛海军官校赞扬我，当时我已调第二军区作战组组长。后来魏济民校长对我说："桂老总对你印象很好，不过你做第二军区作战组组长，不如出国接舰。"我想自己在船上做惯了，遂写一份报告，表明仍愿回舰服务。报告呈上后，想不到桂老总当场就批"该员有优先权接长太昭"。我后来问魏校长为什么我有优先权呢？他说桂老总已经批了两位，一是胡敬端（电雷一期），另一位是陈在和（马尾八期，当过马纪壮的副长）。

那时官校校长的权力很大，可决定舰长人选。我们三人经评定都及格了，因为桂先生批了我有优先权，故魏校长就决定由我当太昭舰长。此时魏校长适因公往南京海军总部，顺道当面将我之报告面呈周宪章参谋长，周看了之后说："这怎么可以，人家太和、太仓副长都是中校，他是少校怎么可以当舰长？"魏说："这是桂总司令批的。他虽是你的学生，但公事上您既无签名也没盖章，怕些什么？何况美国 DE（Destroyer Escort，护航驱逐舰）舰长都是少校，他的副长蔡惠强也是少校，为何不可？"所以我才顺利过关，可见当官除了运气外，也要有人帮忙才成。

为什么我要讲运气好呢？三十七年底，我从青岛带领业经训练一年的一百二十名官兵，乘坐美国运输舰到美国东岸诺福克（Norfolk）接太昭舰。在美训练半年期间，除修船的二三个月外，其余三个月每天登舰出海操演。太和、太仓先行返国。太昭和太湖随后返回左营。记得当三十八年五月返抵左营时，我接奉桂总司令手谕："着该舰长即将马尾海校军官暨闽籍官兵一概调离，以策安全。"后来我当面向桂老总讨价还价，说明去接舰受训的只有一百二十人，回来要扩充为二百人，当时舰上官员十四人中，除副长蔡惠强（黄埔廿二期，脑筋很好，后任永修舰长）、舰务官胡嘉恒（原名胡德华，青岛五期，一九六五年八六海战时"殉国"）、轮机长柴敬业、轮机员谭如芬（以上两人均为青岛五轮甲）等四员，及补给官、医官外，其余八员均系马尾毕业者；士官中闽籍也约为二十人，如照总司令指令将他们都调走，航行安全会有问题。后来他要我尽量调，我唯唯允诺。临走时他交待我："你不能敷衍了事啊！绝对要调呀！"我说："不是福建人，调皮捣

一九四九年三月一日太昭、太湖、两舰接收典礼在美国维吉尼亚州Norfolk举行，由高如峰致词。

蛋的是否亦可调离？”他说：“当然可以。”我就趁机把船上人员调整一下。

被我调动的马尾军官，除枪炮官周正先（马尾九期），因是重庆舰执行官周方先的弟弟，上级指示要调外，另一位航海官陈国荣（马尾七期）回国后就跑了。通信官黄肇权（马尾十期）还在舰上，没调多少人。因为身为舰长，我有责任维持全舰的安全。桂老总那时很信任我，或许是因为他不晓得我也是马尾毕业的。因总司令的手令也包括我在内，因之我当面报告过王天池参谋长：“报告参谋长，我也是马尾毕业的，总司令要调人，连我也在里面了。”王说：“总司令没提到你，你就不管了嘛！”

一九四九年底广州撤退，桂老总在金门乘我舰至广州（原派太湖舰，但桂老总要乘太昭）。船到广州之后，因为撤退了没事，他就问我：“林鸿炳，你比冯启聪低几期，比陈庆堃高几期呀？”我说：“报告总司令，我是马尾毕业的。”他很吃惊地说：“喔，你是马尾毕业的？”我心想如果他晓得我是马尾毕业的，他就不会派我当太昭舰长了。因为太字号四舰，太和何乃诚、太湖江叔安都是福建人，太仓孙苏是电雷的，他以为我是黄埔的，这样四个学校就刚好了。结果我也是马尾毕业。桂老总接着问我："那你同班还有什么人？"我说："有池孟彬、邱仲明……"他又说："那你算最好了。"当时在场还有政工上校谢永炎，后来谢对我说："总司令晓得，却故意讲不晓得，你不要以为总司令晓得你是马尾的就对你不好。"后来桂老总的确还是对我很好。因为他从香港乘坐飞机到海口后，叫我舰在珠江口待命。第三天又来电要我舰即开海口，到达后我问总司令有什么事？他说："没有什么事，你是海南岛人，回家乡去看看。"后来他又很关心地问我太大、小孩住在哪里？我答：就在海口，他悄悄地对我讲："明天把你太太、小孩接上船，就开回左营。"桂老总知晓我是马尾毕业的，仍对我如此爱护，我想桂老总对马尾同学或闽籍人员，应该不会有什么坏印象或成见。

我猜想桂老总过去之所以对闽籍人员有偏见，可能是因为他耳朵软，因为三十六年班或三十七年班有位同学是共产党，不晓得谁告诉他说这两个年班可能都有问题，他就把他们都关起来。如罗锜先生（三十六年班）手臂上还被刺上"反共抗俄"几个字。不过后来还他清白，还担任过中船的董事长。总之我认为桂老总对海军还是有贡献的，从前海军四海分家，他来后至少名义上是四海一家了。

海军资历

抗战时期，我在中山舰担任见习官期间，与日空军作战两次，第一次双方均无损失；第二次被炸沉没，官兵死伤殆半，迄今仍未忘怀！三十六年起，担任永胜副长一年，直升舰长。一年后（三十七年冬）奉派赴美接长太昭军舰，回国后又做了四年太昭舰长，职阶也从少校升至上校。这是我海军生涯中最值得回忆的几件事。一九五六年调升巡逻舰队与扫布雷舰队司令，仍多在海上工作。我的海上资历算是最长的。比方我任四年太昭舰长，太湖就换了三任舰长。在受训方面，几乎所有训练班都受过，就我所知，受过训练最多，时间也最长的，亦唯我独尊。

（一）所受训练：在美国迈亚米接受反潜及护航训练，在诺福克受过水雷作战训练。在国内接受过的训练，则有国防大学（一期）、圆山军官团五期，及高级班第二期；石牌军官团第十期及兵学研究班第三期（受训期间一年四个月，时间最久），最后快退休了仍被指定参加国防研究院第十期受训。

（二）在海军生涯中，因服务忠诚勤敏，著有勋劳，累获宝鼎六等、云麾四、六等，及忠勇、忠勤等勋章共五座。陆海空甲种二等、光华甲种二等、干城甲种二等，及优绩奖章等三军用奖章四座。后荣获海光、海功、海勋、海风、海绩等海军专用奖章十四座。以上总计勋章五座，各种奖章十八座。

太湖军舰（DE-26）全貌。

林鸿炳先生。

（三）在职务方面：从舰上基层见习官做起。抗战期间任中山舰见习官。该舰于武汉撤离前夕被炸沉没后，调江元、民权两舰代理航海员。

三十年	调巴万要塞区第三总台部观测员。
三十四年	考取赴美接舰，任永胜舰航海官。
三十五年	接永胜舰返国，调升该舰少校副长。
三十六年七月	直升永胜舰舰长。
三十七年七月	调二军区作战组长。
三十七年十一月	调少校支中校薪，赴美接长太昭舰。
一九五三年二月	调舰训部上校参谋长。
一九五五年五月	调升巡逻舰队司令。
一九五七年	调升扫布雷舰队少将司令。
一九五九年五月	调舰队指挥部（后改称舰队司令部）少将副指挥

官（编阶中将）。

一九六一年五月　调“国防部”（受训学员）。

一九六二年　调参大副校长。

一九六三年十一月　赴美考察美海军训练，回国后任人事署长。

一九六五年七月　接任总部督察长。

一九六六年九月　调“国防联训部”委员，仍兼海总督察长职务。

一九六七年十月　调总部中将编阶作战副参谋长。

一九六八年八月　调国防研究院第十期受训，毕业后又调回原舰队司令部副司令（即原舰队指挥部，原职副指挥官）。

从一九五九年至一九六八年，前后十年间，我由副指挥官到副司令，一直在少将原阶踏步，是我在海军生涯中，永难释怀的一件事。幸好，自国防研究院毕业不久，一九七一年十月即升中将退役，结束我在海军中的职务，这才真正感觉到“无官一身轻”的滋味。

对海军制度的几点意见

（一）马尾海校的教育制度

回想当年在海校的教育，我最反对的是，以十四足岁的学生，入学后全部课程都用英文本，一般学生程度怎么能赶得上呢？后来我想，早期马尾海校旁有一所制造学校（等于海校的幼年班），他们的课本与海校相差无几，英文比较好，故考入海校后比较容易；但是全国招生后，有些学生英文程度较差，突然全念英文本，他怎么跟得上？因为我们除国文课程是中文外，其他如历史、地理、理化、数学等，全是英文课本。但厚厚的一本历史或地理课本，教官也都摘要讲解，就算教完了，学习效果也就有些打折。

（二）见习舰长制度

这是另一项令我不以为然的制度。普通商船船长的考选，必须要当过大副若干年资，并且要有船长执照等条件，才能担任。刚毕业的海军军官，没有上过船，只上舰见习三个月，就派任舰长，这是不合理的。还好现在已经取消这种见习舰长的制度。以往之所以有见习舰长制度，可能是总司令赏识某人才华，认为他是可造之材，经过见习舰长后，才能步步高升。但是我在太昭舰长任内，就碰到了陆军的见习舰长，这就太不合理了。此事得从头说起。

我当太昭舰长，是因为总司令知道我是马尾毕业的学生后，仍相信我，但是当年许多长官可能对我的忠贞仍有所怀疑。太昭等四舰由美归国后，总部开会，几乎每个人都主张将我调离，特别是黄震白再三说：林某人也要调，这是桂老总在广州撤退时说的。然而因为桂老总不晓得我是马尾毕业的，故最后讲了一句话："林舰长做得很好，不要调。"大家才没话说。不过大家以为我与桂老总有什么关系，其实我之深获总司令信任，是因为我俘获两艘船，总司令相信我是忠贞的。

但我当太昭舰长两年后，桂老总调"国防部"，一些老长官还是不信任我，碍于桂老总的面，不便即时调整我的舰长职，就派一位陆军中校刘某担任太昭的见习舰长，那时舰上官员如航海官等，建议我向总部抗议。我说我是军人，必须服从上级命令，我要等刘某三个月见习期满后，保他当太昭舰长，看总部如何处理。没想到刘某不到三个月就调走了，因为舰上其他人员频频向总部报告刘某并不适任，总部乃将之调走。

（三）选、训、用未能配合，浪费训练资源

"我国"之调训是以调整职务为目的，我认为应改为因职前训练而调

训。例如我在任职扫布雷舰队司令时，美国建议赴美接受三个月扫布雷训练；出任人事署长前，又赴美考察人员教育训练一个月；接八舰前，因接舰目的是参加盟军护航，故以护航反潜训练为重点。这些均是符合本职的训练。但我在石牌训练时，碰到东部某团管区司令，他年逾五十，即将届满退休年龄，仍派他到石牌兵学研究班三期接受一年三个月的长期训练。而我以少将五十三岁的年龄，竟然又赴国防研究院第十期训练，毕业后不久也届龄退休，故这种受训，真的浪费训练资源。

何树铎先生访问纪录

访问／张　力·吴守成

纪录／张　力·曾金兰

时间／一九九七年六月二十六日

地点／高雄市左营区明德新村何宅

家　世

我是浙江省瑞安县人，民国五年十二月二十二日出生。关于我的出生日期，必须作番说明。我报考马尾海校的时候，主考官问我哪一年出生？我只知道是阴历十二月二十二日。到重庆后，军事委员会规定出生日期都要改成新历，不要写旧历，但我仍旧写下旧历的生日。如果换算成新历，应该是民国六年一月十五日。

家父何浩然，是陆军少将，日本士官学校毕业，退役后曾在浙江省担任县长、行政专员等职。

我幼时就读家乡的瑞安小学，后考入瑞安中学就读。中学二年级时，得知海军部第二届全国招生，海校开始接受报名，均由各省政府考试保送。我遂到杭州省政府考试。报名者约有三四百名，应取十五名，但只取十四名，由省政府派人陪同到南京复试。

复试先检查身体，之后笔试。浙江十四人中只取三名，另两人分别是陈智海、周福增，毕业后分发在中山舰见习，于二十七年十月的抗日作战中壮烈牺牲了。

马尾海校

我们进校时，当时海校校长是杜锡珪海军上将。杜上将曾奉派至各国考察海军。他的年岁虽高，但精神却很好，我们都非常敬仰。他主持校务约两三年，在他的带领下，我们在各方面的教育都有很大的进步。那时海校的航海和轮机两科教官，都是由海军部聘请英国海军教官（instructor）担任，分别是上校和中校阶级。

海校五年毕业后，我们升为见习生（mid-shipman），需上船做一年的船艺实习，以及一年的枪炮鱼雷课程。我们派在通济舰上实习，该舰原是训练舰，专门训练学生海上技艺用的，出海后所有航海和轮机作业，均由学生亲自操作，以印证课本所学。

赴德留学

出国前，海军部在上海请了一位德文老师，教我们四个月的德文。民国二十六年四月二日，我们登上义大利邮轮赴欧。五月三十日，邮轮抵达义大利北部的杜仑（Turin），我们下船改搭火车，坐了一夜的车才抵达柏林。

抵达柏林后，我海军部在德国找了一位博士老师，在他家客厅开一个小型的德文班，教我们八到十个月的德文。那时我们年轻，吸收得很快，前后学了一年德文，不论讲话或写作都能运用自如。我觉得只要有英文的基础，学德文就比较容易些。

语文学毕，先做一个考核，测验我们说写德文的程度，以了解我们吸收的能力。之后开始学海军课程。先后在德国莱茵河的 Frieburg、Kiel 几个地方学习船艺、航海和枪炮各科。到德国半年后，电雷的同学王先登、晏海波和沙大鹏也来到柏林，他们在马尾时比我高一班，彼此熟识，遂代为寻找房舍，并带他们坐高架车（bound）上街购物或买书。有位老师的行李遗失，我还到火车站替他想办法找回来。

德国开始侵略欧洲各国后，驻柏林的大使馆也将撤退，武官乃安排我们回国。距我们初至，已过二载。

返国途中先在安南的西贡下船，然后坐火车到广西。海军有个站在那里，主司资讯、运输和水雷作战。日本打下南京后，我方即在江阴布下封锁线，实行水雷作战，令日敌非常头痛，日军也无法长趋直上汉口。

我回国后就向重庆海军部报到，总部先安排我受训，之后分派到长江要塞炮台服务。

要塞炮台与布雷大队

我奉派担任万流第六台台副，台长是一位非常资深的老长官，姓蒋。我们在此不断训练士兵，教他们如何使用炮弹。因为山势陡直，炮台设在山腰，日军无法侦知炮位，也就无从轰炸。而日舰只要敢于溯江而上，我们在长江上游的任何一段炮台对之瞄准，都能十分准确地命中，对护卫重庆发挥了一定的作用。因之敌舰不敢上行，遂由空军轮番对重庆进行轰炸。后来我调回重庆参加中央训练团高级班受训时，发现重庆被炸得满目疮痍。

中训团教育长是王东原，蒋委员长偶尔来训训话。我在此受训一个月，然后派到战区担任布雷工作。这也是当时海军除要塞炮台外，所能做的另一件任务。当时海军不能在海上打仗，在陆上也是苦差事。尤其在敌后，我被分派至第三战区，担任布雷队的副大队长，驻守在离厦门港入口不远处，敷设定雷。布雷队长是我们中训团高级班的长官，战前曾留学英国。布雷用的水雷在湖南制造后，雇人运到各战区。队长指挥我们在哪些地方布雷，我则带几位海军士兵坐木船，运雷到港口量潮差和时间，然后选定地方，某区布多少雷，相距多远都计划好后，然后请队长裁示，如果队长认可，我们就依此布放。

留学英国

抗战期间，我在国内的时间并不长，除留德二年之外，投入布雷工作不久，海军总部就派我到军事委员会报到，到重庆等候考留英。

在陈绍宽先生主持海军部时代，每年都派人出国留学，当时与英国关系密切，所有海军外购舰只或军火，大都向英国洽购，故英国也很乐意代为训练。我到德国时也是由海军部派遣，那时因向德国买潜艇，他们答应代为训练年轻军官，预备将来潜艇建成后，可以上艇操作，不过我们在德国并没有学潜艇方面的课程。

战时海军军官派赴英国留学，是由军事委员会主持考选。赴英时上尉降阶为中尉。先到 Brighton 接受初期的船艺训练，然后才到皇家海军学院以及鱼雷枪炮和航海通信等专科学校受训。除部分同学先行回国外，我与其他同学仍继续留英，完成上尉的进阶考试，前后约三年。回国时，抗战已经胜利了。

在英我主修鱼雷专科。就个人对鱼雷的研究，我认为鱼雷在水底下爆炸的威力非常惊人，两枚鱼雷即可炸沉一艘大军舰，但是发射距离短，必须近距离攻击，方克有功。当时船上装有“水面对水面”飞弹，在海上发现水面目标，即可用飞弹攻击。如今短程的飞弹均安装在船尾部分，由中山科学院自行研发，成果都很不错。

后来我任总部副参谋长，职司作战方面的事务，副总司令黎玉玺先生某日找我，谓蒋总统认为鱼雷功效很大，交办海军造鱼雷。当时我们在半屏山有鱼雷制造厂，里面还有不少旧的鱼雷和水雷，但是没有飞弹，就先花钱买飞弹，然后用技术转移方式，由我方学习制造。当时美国已经使用水面飞弹了，装在船尾部分。我乃找参谋和作战署署长三人商量，签注意见希望改装飞弹，不要鱼雷。因为我是学鱼雷的，知道鱼雷所费不赀，且需许多精细的工夫，但并不合用，应改装近距离水面飞弹以对付中共的船舰和鱼雷快艇。因为飞弹不但较鱼雷便宜，且效率较高。我加上一些技术方面的意见后呈副总司令签办。未几，我离开副参谋长职务，不知此事下文如何。但是后来各舰果然开始加装近距离飞弹，省不少钱。

摄于留学英国时期。

先行回国任士校教育处长

赴英接灵甫、重庆两舰受训的同学，前半段课程完全一样，后半段则分枪炮、鱼雷、航海、通信等专科教育。毕业后，除两舰舰长由我国军事委员会任命外，副长以下全由英国海军部指派适合的军官担任舰上职务。受训完毕，池孟彬同学派任灵甫舰枪炮官，刘耀璇同学任航海官，我则被指定任灵甫舰副长。指派完毕，忽然国内来电，要我先回去接任当时总部在台湾成立的海军士兵学校教育处处长一职，我乃先行回国，同学池孟彬就以枪炮官兼副长职。自英回国系到义大利坐邮轮回到上海。那时二哥在上海，内子就从家乡到上海来接我。

海军士兵学校由俞柏生担任校长，我参考美国的训练课程和方式，撰写教育训练计划。在此待了几个月，重庆、灵甫驶返国门时，总部参谋长周宪章来电通知，要我仍回灵甫接任副长，我就回到上海，与池孟彬同学对调职务。

灵甫副长

灵甫舰自从回国后，一直在长江活动，往来于上海、南京、汉口之间，主要任务是担任桂永清总司令的旗舰，巡视各港。桂先生虽贵为高阶将领，但对我们官兵都非常和善。重庆和灵甫虽然同时从英国回来，但舰上的士官兵情况完全不同。重庆舰出了很多事情，例如停泊上海时，很多士兵逃跑，甚且在不久后投共。记得某日我们在上海开会，总部长官问舰长郑天杰先生：“重庆舰有人跑，灵甫舰上官兵跑掉几个？”郑舰长问我，我说没有，都在。因为士兵要跑，你拦都拦不住，我也没特别留他们，但就是没人走，或许士兵觉得舰长、副长对他们都不错。

灵甫舰交还英国，一切按总部的指示执行。自上海南下广州，等待总部进一步指示，此时大家心里都很明白，大概要准备还英国了。稍后总部指示我们开往香港，准备移交还英国。总部指派广州军区司令杨元忠先生主持移交仪式，由灵甫舰长和英方一位军官相互签字，完成移交。

移交时有三四个兵来向我报告，表示他们离家太久了，想先回家去。我说我们先到香港移交，等到了台湾再走。但他们急着离开，我就先向舰长报告，要他们把所领的东西归还清楚，发饷发到某日为止就可离舰。舰长同意完全由我处理。我就让一位通信兵、一位轮机兵先行返乡。另外还有几位机舱上士离开，他们是海军在利物浦（Liverpoo1）聘请的华人商船老水手。因为在英国短期间要训练熟悉锅炉的士兵并不容易，如果返国途中锅炉出问题，将难以应付，这些老水手海上经验丰富，签约服务，期限一到，到香港他们就走了。

有人说我们自上海开广州，等候消息，再到香港时，英国曾派两艘船监视，怕我们又投共了，但并没这回事。在途中，确有英舰与我们通信号，后来又各走各的。但我觉得没有监视这件事。

那时局势已经很坏，英国要把船要回去，我们也不敢怎么要求，大家心里都很难过，但移交的时候还是照手续办。轮机部门由王姓轮机长负责，舱面由副长负责，故船坞派人来接洽时，我和轮机长一定要在场，以核对机器和器材。英国在很多方面还是很讲礼仪的，我们到香港后，他们在俱乐部供应我们食宿，并安排两架飞机载运舰长和官兵先回台北。我与轮机长以及两位士官长和一位兵，则仍留香港继续办理交接手续，前后约待了两个礼拜。

回到台湾的第二天，总部通知，桂总司令召见。我马上去见桂先生，我们在南京就已熟识，所以他一见我就问：“怎么样？跑光啦？”我说没有跑光，很多人都回来了，都不错。他就安心了。灵甫回国时，曾送他一样纪念品，此时他对我说：“副长，这个东西是你们灵甫的，我还给你。”我也把它带回来。

桂总司令对灵甫舰的士官兵甚为关心，并嘱善予安置，尽量让他们进军官班训练，其中有许多是西南联大的学生，他们知识高，程度好，在英受训时都能讲英语，但不容易带。我蛮喜欢他们。有些后来自军官队毕业后，成为正式军官，有时跑来看我，告诉我他们的状况。

历任舰队职务

我在海军，大部分时间均任舰职，以海上工作居多，曾任职位及时间详列如下：

灵甫舰副长	1948.9.1—1949.6.18
峨嵋舰副长	1951.6.1—1952.11.30
永顺舰舰长	1952.12.1—1954.4.1
太康舰舰长	1956.4.1—1957.6.1
咸阳舰舰长	1957.6.1—1959.3.1
舰队指挥部参谋长	1959.7.16—1962.8.16（1961.1.1 升海军少将）
海军第一巡防舰队少将司令	1963.8.26—1965.8.1
舰指部副指挥官	1966.12.1—1968.7.1

由上列资料可知，我在舰队服务，工作近二十个年头，堪称为“老水手”了。以下再将经历之职务，做一简单叙述。

卸下灵甫副长一职，我派任汾阳副长。本来我也不能做这个职务，后来汾阳要到日本修理，舰长是郑天杰，轮机长也是英国回来的，加上我，三个人又在一起。之后我调总部第三署（计划署）当副处长，署长是黄震白。一个月后，峨嵋舰舰长蒋谦到总部要求让我上峨嵋舰（修理补给舰，舰体很大），总部不得不答应。我开玩笑地对蒋谦说：“我不想上船，还要

咸阳军舰（DD-16）。

去你船上当副长，如果我要当舰长，你也不肯哪。”他说：“我是要开日本去修船，没有副长，希望你来带一下。”我们到日本停了几个礼拜，就开回来。

那时蒋“总统”以峨嵋舰为“总统”亲校时的旗舰，我任副长，很重视舰务及士兵管理。“总统”登船出海校阅太字号的演习，随行的官员约五六十人，同时顾问团团长也在，我遂将峨嵋后面官厅的房间都让出来给长官们住。“总统”就住在舰长房间，隔壁的副长官厅我也空出来。船到马公，“总统”下船稍事休息，再继续校阅夜间的演习。

之后升永顺舰长，自此我就一直在船上。时大陈情况不靖，永顺开到大陈，夜里都要站炮位（备战）。大陈撤退后，于一九五六年四月接任太康舰长。

太康舰一向很注重舰务，曾经当过“总统”的座舰。我接的时候，该舰一切情况都不错。此时"总统"已没再上来过，但其他长官来的倒不少。

我当太康舰长时，韩光渭是少尉电官，他出身机校，后来想赴美留学，必须由美军顾问团海军组组长签名同意，我与顾问团的组长很熟。韩光渭能力确实不错，他在太康舰，把所有电工仓库的零配件都拿出来，告诉我：舰长这些不行啊，应该怎么怎么做。他对机电下过很大的功夫。赴美后学电机，拿到博士学位。回台曾来看我这位老长官。后来离开海军到台北。

之后接咸阳舰，当时国内有三艘阳字号，咸阳、洛阳、汉阳。咸阳是最新的一艘，状况最好。是时任阳字号舰长一年两个月，最多一年半后就要换，但我在咸阳两年，总司令梁序昭还不让我下来，那时咸阳等于是台湾的"国宝舰"，必须让该舰充分发挥作战舰的功能，故对于舰长的遴选非常慎重。舰上年纪轻的军官都很不错，我在咸阳两年零两个月后，才调舰指部参谋长。

金门情势吃紧时，惟恐中共有所动静，那时三艘阳字号，其中一艘修船，另一艘可能出其他任务，咸阳必须经常至金、马前线和台湾海峡间巡逻，一出动均连续几天不停，然后才到马公抛锚加水。八二三炮战之后，金门一度很紧张，中共要塞炮打出来，曾击中我方的船。不过咸阳主要在台湾海峡巡逻，经常碰到美国军舰。

回来后黎先生调我任第一巡逻舰队司令。当时分第一、第二巡逻舰队，第一巡逻舰队巡逻台湾海峡中线以北，第二巡逻舰队负责中线以南，我负责第一巡逻舰队，包括马祖和浙江附近海域。有时中共小艇出来，我们过去巡逻，他们掉头就跑，所以并没有什么遭遇战。

留美学反潜作战

我在海军担任舰指部参谋长时，奉派赴美国 San Diego 的 Sonar School 学反潜作战。该班有二十四位海军军官，来自英国、德国、日本、韩国，

何树铎先生。

以及中南美洲国家，“中华民国”仅我一人，阶级都是上校、中校军官。训练为期两个半月。

其　他

我曾在台北海军总部担任通信处处长，那时梁总司令向美军顾问建议：我们的舰艇通信装备应予更新。美方对于我们需要哪些器材、更新后的用途，以及更新哪几艘船只，调查得非常仔细。顾问和海军之间，联系得非常良好。有关通信系统、装备、美援申请等换装计划，均在定期内完成，提高不少舰队通信的作战能力。记得当时“国防部长”俞大维先生，常驾临海总部，听取“海军舰队通信改进报告”。

刘定邦先生访问纪录

访问／张　力·曾金兰

纪录／张　力·曾金兰

时间／一九九六年九月五日

　　　一九九八年三月廿一日、四月六日

地点／台北市民权东路三段刘宅

家世与早年教育

我的先祖原籍江西南昌，曾祖父迁到广东广州市，至我已是第四代。叔公一家落籍在广东汕头。我在广州市的小北地区出生长大，像粤省一般外来族群一样，自填籍贯为“广东番禺”。广州市分番禺、南海两县，广州市改制特别市后，我就以广州市为籍贯，不愿被人笑称“老兄”（粤语发音为“捞松”）。直至现在为止，我从未公开说我原是一位“江西老表”。海军统一后以副总司令兼代总司令是江西籍的陆军将领，我更要回避，以免别人认为我是想要高攀。

先父名耀廷，字桂芳。他是一位受到同袍爱戴的带兵官；在其担任连长且正被擢升为营长之际，不幸在粤东作战阵亡，那时我才两岁多。母亲姚素贞，靠着微薄的抚恤金以及父亲旧同僚的接济，茹苦含辛，独力谋生，抚养我姊弟伶仃两人。姊姊嫣筠较我长四岁，毕业于广州市立师范。抗日战争期间逃难到广西，嫁给柳州人韦振义。姊夫曾在广州市留学，与姊为旧识。结婚时任职广西省政府，为技正工程师。抗战期间家母一直依附姊家。胜利后，母亲由姊护送至广州市团聚。尔后，母亲随我辗转移居青岛、黄埔，以至台湾。一九五二年在高雄左营仙逝。

我的出生日是阴历民国七年十月十八日，证件上则登记为十一月二十六日。那是我当时随便换算为国历所致。来台后我又换算为十二月三日，就私下以此作为我的母难之日。其实我并不重视这个日子，都是儿女们执意为我做生日。幼年时，母亲送我入私塾启蒙，不久即转入广州市立第二十八小学，毕业后考入广州市立师范就读。市立师范校址在市中心区汉民路，校旁有小吃食店以卖鸡名闻全市，称“市师鸡”。其后市师并入省立勷勤大学（勷勤为古应芬字）成为附中，我在该校经初中一直念到高中二年级，就投笔从戎，改变了“为人师表”的初衷，庶免误人子弟。

投身海军，放眼汪洋

民国二十二年五月间，姜西园（烟台海军学校十五期，原名姜炎钟）从青岛率领海圻、海琛、肇和等三艘我国当时最大的巡洋舰南下广东；广州的西南政务委员会将之收编成为第一集团军属下的粤海舰队，姜西园当即被封为少将司令。三舰阵容威武，舰上官兵多属齐鲁老乡和东北佬，体格魁梧奇伟；加上黄埔海校十八期新毕业的少壮军官，原为陈策将军（黄埔海校十五期）精挑细选的菁英，神气十足，风靡了当时学子。二十三年秋姜西园招考黄埔海军学校（简称埔校）第二十二期军事科学生，他亲自主持口试，共录取三十名（包括侨生保留名额五名）。是时我正就读于勷勤大学附中高二，与三千多名考生展开激烈竞争，竟然侥幸名登金榜。

坦白说，投考前我根本不了解海军，也没有救国救民的大志，只想到在海军当一名舰长，会有机会周游列国；所以，第一个愿望就是当舰长。

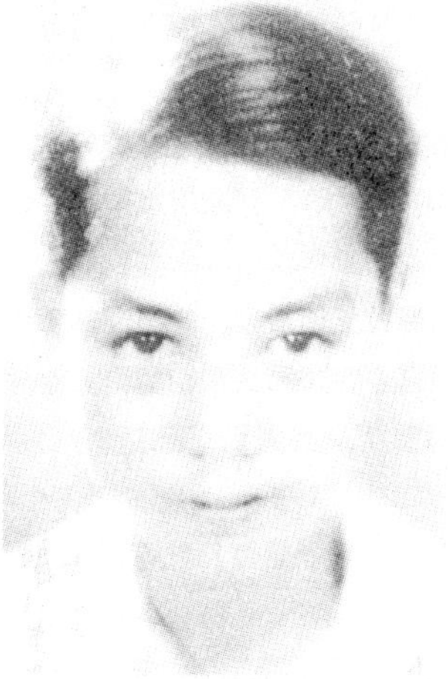

放眼汪洋的小子。

初试海式军装。

其次，我见到的海军军官似乎很洋化，一定常有机会到欧美深造，吸收进步的西洋文化；因此，第二个愿望就是到外国留学。后来才知道，外国青年投身海军，多半也是被“加入海军、参观世界”（Join the navy to see the world.）这句宣传口号所吸引去的。

是年九月踏入海军之后，并未像预期那样穿上拉风的海军服；却被送入广州市郊燕塘的军事政治学校，先学穿草鞋和打绑腿，要受扣足六个月（假日扣除不算）的入伍训练。一个月之后才有假期；进城时，腰间配挂一把刺刀，神圣不可侵犯的样子，也觉得蛮过瘾。

在陆军入伍训练，确是辛苦而受气，因为学生们都不习惯于“绝对服从”的军中生活。那些中队长、区队长的命令，没有甚么理由好讲。要学员挺胸就是对着胸膛一拳，要求站好就是往身后扫踢一腿；队长站在中央，让学生绕着圈子跑步，直到队长认为合格满意为止。所以几个月下来，陆续有人罚款退学。到入伍期满时，我班同学少了四位，只有二十六人被送回海军。

南天王陈济棠将军主办的燕塘军校归并中央之后，称为中央军校第四分校。和我班同学一齐入伍的陆军同学称为陆军官校十二期第三总队；我班入伍生也号称为陆官校十二期的同学。

入伍结业之后回到黄埔，还是未让我班同学进驻海军官校；又换上了海军士兵服，头上戴碟（海军士兵帽的形状），到海圻军舰上当练习生。捆吊铺、擦甲板、爬绳梯，从水兵的工作练起。幸好我班的队长是资深的李凤台（天一）上尉，青岛海校三期毕业，随粤海舰队到广东。他对待我们的方式远较陆军队职官客气，和大家相处得非常融洽，尔后我班同学一直对他非常尊敬和怀念。他以后官至海军少将军区司令。

粤海三舰的官兵大概和陈济棠将军手下的"老广"言语不通，话不投机。民国二十四年六月中，圻、琛二舰背弃了粤海舰队和司令姜西园，由唐静海率海圻、张凤仁（原海琛副长）率海琛，这两位青岛海校一期的资

黄埔海军学校二十二期军事科学生于民国二十二年三月中为海圻舰练习生时合影。图左起，后排：方富捌、谭祖德、阮绍霖、钟汉波、林乃荣、朱文清、李华干；三排：林永裕、黄思研、梁永煊、陈庆堃、赵慕西、李荣安、潘植梓；二排：区祥骅、李北洲、蔡惠强、黎宗原、刘定邦、冯翊志；前排：卢珠光、李镇静、容国材、谢炳烈、刘次乾。在此期间，本班应有二十六名同学，其中利锦忠同学可能担任拍照，不在本张照片内。

深学长带同二舰联袂离粤出走。肇和舰因“透平”主机损坏不能动，没有参与此次事件。我班同学在海圻舰上练习了三个月，行将期满之际，却被随舰带走；尤其我刚在海军医院动包皮手术后返舰，躬逢盛会，一尝战斗的滋味。

民国二十四年六月十五日下午四时许，圻、琛二舰突然升火、起锚、起航，像是要出海。我们练习生非常高兴，虽则事前并无预告，也不以为意。可是到了半夜，船停了，而且稳如泰山，全不摇晃，原来海圻舰到了珠江三角洲水道纵横交织的莲花山附近水域搁浅了。

第二天一早，西南政务军政府的飞机驾临上空，随后炸弹的呼啸和爆炸声，以及舰上的高射炮声和喊打声，喧闹了一个整天，黄昏前才告沉寂。

入夜后潮水高涨，搁浅的船浮了起来，幸运的两叛舰（就当地政府的立场言）又继续未竟的大志，起航了。那时，我们练习生和舰上官兵都不高兴了，因为要对付有准备的虎门要塞（Fort Tigress）似乎并非易事，甚至凶多吉少。军舰与要塞对抗，在过去没有巡航飞弹之时是绝对不合算的。但是，两舰官兵已势成骑虎，除了“冲”外，别无选择；我班练习生亦只有牵着虎尾巴跑，听天由命。舰上实施灯光管制，大家沉着气，只有舰船鼓起更大的气压，加速前进。

终于又听到炮声了。这次是本舰（海圻）八寸加农主炮的怒吼声。以往有人讥笑：“清朝宣统三年远航伦敦，庆贺英皇佐治五世加冕的德造海圻舰，主炮开炮之时，整条舰都会散掉。”这次我班同学证实，这些只是无稽的流言；当年率海圻舰首航欧美大洋的中国巡洋舰队统领程璧光如果地下有知，亦必欢呼一番。据海圻舰上人说，一炮就把虎门要塞的探照灯击灭了，尔后就顺利地冲出虎口。大家舒了口气之后，睡醒来，已到香港港内。

过去香港虽然是英国殖民地，中国军舰却随时都可以大摇大摆的进出港区。圻、琛二舰锚泊之后，两岸的西式高楼华丽在目；但我班练习生只能仰天长啸，凭栏远眺。正如广东俗语所谓：“蛋家鸡，见水无得饮”。只有同学蔡惠毅（原来学名，后改蔡惠强）请准离舰返广州，自告奋勇代表我同学向政府交涉，从事营救。

在香港港区水域就这样停泊了约二周之久。有一天，圻、琛二舰又起锚了；航行目的地不详。我班练习生想：“这回该不致再有中国人打中国人的戏上演吧？”其实不然；两舰驶出鲤鱼门（香港东水道出口）之后，香港的山形还隐若可见，晚餐已过，我班练习生正在舰艏前甲板谈笑自如地乘凉，忽然看到几排炮弹群（salvo）的水柱，落在艏前不远。马上听到舰上口笛声和“站炮位”的口令声，舰上官兵分头备战，我班练习生则被请到舱面下不挡路的所在。据舰上人说，在桅顶看到海军部的一艘新型轻巡洋舰“宁海”号（日造，民国二十一年完成），显然是要拦截我们两舰的去路。4,300 吨中国最大的巡洋舰海圻号的八寸炮虽较巨，但射程只有 8,000 码；而对方 2,600 吨的宁海轻巡洋舰则有双联五寸五炮，据说射程可达 21,000 码，且发射速度较快。圻、琛二舰在还手乏力的状况下，只能乖乖地掉头回航香港。这场海战就此匆匆结束，未伤和气，蔡惠毅同学则少了眼福观战。

圻、琛二舰重返香港后，大约又锚泊了半月之久。据说后来中央派陈策将军到香港接收二舰，收归军政部麾下而不归属海军部。至于圻、琛二舰是否自始即由中央派遣陈策将军策反，则不得而知。我班练习生看完了那几幕趣剧之后，就被遣回黄埔海校，自此始正式穿上海军学生制服上课。因而我班同学把“六一五”定为班庆日。我们这班小子甫踏入海军之门，就经历了“海对空”、“海对陆”（要塞）和“海对海”三次战斗；就海军学生来说，恐怕没有他校班同学有过这样的奇遇和战运。

我们回到黄埔海校时，刘永诰将军（烟台海校第一届）已卸校长职，并交由李庆文代将接任。李校长是陈策将军同班的埔校十五期同学，后来晋升了少将。他在人生哲学上有其特长之处。黄埔海校在民国二十八年夏奉令结束后，他就流落香港，也许那时他在海军已无立足之地吧！

民国二十五年放暑假前，我们听说有一些因马尾海校管理问题而遭开除的轮机班学生来到广州，希望能插班进入埔校就读；但因埔校规模小，且已有了第二十一期的轮机班学生，就无法接受他们。后来我知道他们是马尾海校轮四的学生，不过当时我并未亲眼目睹，只是听说有这么一回事。

我们在埔校的入学试中，黄思研同学是榜首，他就按规定成为我班首任（第一学期）的班长。他是香港侨生，在香港英文中学已届毕业，故英文特优，中文造诣亦佳，更是博学多才。他尤为人敬畏的是正直不阿的品格；我们称他“square”，亦和他的面貌相似，他就为自己取个别号“士夸”。抗战末期，他是我国考选到美国安那波利斯海军官校（U.S. Naval Academy，Anapolis）留学的海军四才子（另三人为黄锡麟、钱怀源、黄志洁）之一。他的确是才品双绝之士；接触过他的高级长官，如桂永清、宋子文、黄镇球、俞大维等都欣赏他，尤以“国防部”俞部长为最。因为他俩都是喜欢读书的人，俞部长把他留在身边当参谋主任；他也佩服俞部长的学问及为人，愿意长此随侍在侧，不求高职。一个要留，一个愿留。所以黄同学就这样被留到上校退休，后来则是留美养老的单身贵族。我深以这样的人才被弃置未能重用为叹，实在是国家的损失！（这四位才子因为在美进修，反而失去了舰职的经历，以后的发展也就此接舰的军官要落后。）在校的第一、二两学期都是蔡惠毅（原名）同学的天下，他功课名列前茅，就接替黄思研成为我班第二、三两学期的班长。

我入学时成绩平平，勉算中等人物。到了第二学期终，才侥幸占到第二位。第三学期终，我却以95.088总平均分（包括记功加两分在内）跃居首席。从此，班长一职由第四学期起与我结缘，一直虚占到毕业。可是同学李荣安、梁永煊、李华干等三员，却不幸在第三学期以成绩不及格被降至二十三期，我班人数就只剩二十三名。

第四学期后，日军发动侵华战争。暑假期中，广州市区初被日军连番轰炸。某日，我和黄思研同学及其兄嫂等正在西关金声戏院伫候救亡话剧“夜光杯”的上演， 日机把那附近市立第二中学繁华之区炸成平地。我初交二女友之一谭敦和小姐就在家中被塌屋压毙。我本想到她家邀请而来不及，算是第一度逃过一劫。此事迄今，黄思研尚无所知。那时，粤方军事机构和院校等逐步西迁。埔校亦初迁西江上游之罗定县连滩，寄校舍于公路旁的一所牙灰厂。原任教育长邹镇澜上校（烟台海校第十五届，人称“白面虎”）很受同学的敬畏，但他不惯广东乡村生活，就辞退返乡种花去了。接任的是温和的原航海教官陈祖达上校（烟台海校第十四届）。我班中的李镇静同学素来思想偏激，竟然投靠中共。从那时起至八学期终了，我班人数只剩二十二人，与我班的期别数相同。

在连滩期间，我最高兴的有三事。其一，每天晚饭后和黄思研爬上临时校舍的后山，那里有清凉的矿泉水和可作滑溜石板的小池；脱光后在山上如厕和冲凉（洗澡），确是生活中一大享受。其二，附近有马房、小操场和公路，可以租马儿练跑马，是南方人难得的机会。其三，周末的休闲活动，我和黄思研带着二位三至五岁的小小女朋友（校舍旁邻居陆军资深战术教官龚志鎏上校的最幼女儿们）在附近郊野间遨游半日，真是心旷神怡！老实说，那时起，大家对功课都不太起劲了，教官也一样，心理上准备着有一天会到战场参战。

抗日战区继续的扩大，埔校又随着其他军事机构再西迁广西柳州。在此之前，姐姐嫣筠正在广东江门担任世伯罗献祥少将的秘书。罗伯旧是先父的老上司，曾任陆军旅长和广东东区的保安司令。广州市被日机轰炸后，家母移居江门和家姐在一起。那时，国内通信都不太方便了。不过，我家人有默契，状况危急时大家往广西柳州跑，那里有后来的姊夫韦振义作联络。这一构想果然实现了。民国二十七年冬，埔校迁柳路经南岸车站戎马倥偬之际，我在行军队伍中却从一辆过路慢行的公路巴上（木炭车）窗口看到妈妈。那时，埔校要驻扎的地点我尚不明，但能确知妈妈会到的地方就放心了。我随校到三都安定之后，就借辆脚踏车连骑带徒步行了七十多里，到柳州市南方的乐山乡找到了妈妈，那时，姊姊已随姊夫到桂林上班了。其后，妈妈幸又经人介绍到三都墟朋友莫家小住，居然可以常常看到我。那真是不易得的奇遇！

抗日战斗在粤桂江防

民国二十八年夏，军事委员会命黄埔海军官校停办，很是突然，事前毫无消息，也没有和校方作过甚么协调，一纸命令就着所有学生拨到陆军炮兵学校去。我二十二期在民国二十八年五月已完成了八个学期的学业，也无任何考虑和处置。（教育部后以 71.4.8 台字 10810 函，比叙大专毕业同等学历，编号 21914 号。）倒是姜西园将军对我班同学有招考之谊，他以委员长桂林行营江防处少将高参地位，代我班向上陈情，乃得以毕业资格分发到行营江防处。老实说，我班同学对姜西园将军原甚敬仰。然而，我们对他的才能实在并不清楚，只是觉得他很有才气。此次他为我班陈情达成愿望，倍增我班同学对姜将军感激之情。但是，在我们尚未奉到分发命令之前，已有容国材、林乃荣、蔡惠毅、谭祖德、黎宗原、区祥骅等六同学不满高阶层和校方处置，就不辞而别。及至我层奉军事委员会民二十八年六月十六日诠二字第 12059 号训令以毕业生班长受命领队径赴桂林行营江防处报到时，同学只有十五位，因为钟汉波同学又被分发到青岛海校任教官去了。

事实上我班同学到桂林行营江防处报到之时，姜西园将军已经离开了。后来才知他到南京向汪精卫靠拢，摇身一变而为伪政府海军部的政务次长。他的口号是不问政治，只为海军培育人才。他的口号有其魅力，吸引了我班出走的容国材和林乃荣二位同学。可惜他的口号不为我政府所接受；战后他以汉奸名被处决。这也可以说不甘冷落的野心家的不幸下场。

至于我班出走的六位同学，海军都有资料，我不必为同学护短。其中谭、蔡、林、黎四员回军服役都有优异的贡献与表现，尤以谭祖德同学曾任海官校大队长多年，为尔后许多晋升高官的学生所崇敬。而容国材却被我班同学李北洲（曾任海军中将副总司令）在珠江游击布雷生擒伪海军广州要港司令萨福畴之役中所击毙（容为萨福畴的侍从官）。林乃荣则于抗战时期曾追随姜西园到伪海军任职（可能服务于伪海军官校），后转任渔船船长，对长江航道非常熟悉。战后海军亟需人才，林乃荣未经过补训，就重新派职。他的工作能力强，成绩极佳。宋长志任逸仙舰长时，他担任副长，至为宋将军所赏识。其余区祥骅一员则不知所终。

回头再谈我班同学十五人到桂林行营江防处报到之后，就以五人为一组，分三组分发。就记忆所及，分配桂林地区的一组有我本人、潘植梓、赵慕西、方富捌、刘次乾；分配柳州、梧州地区的一组有阮绍霖、黄思研、林永裕、利锦忠、冯翊志；分配广东肇庆及各江下游地区的一组有陈庆堃、李北洲、谢炳烈、卢珠光、朱文清。民国二十八年十月，我最早派职为处部的代中尉副官，其实就是现制所指的处长侍从官。处长徐祖善为江南水师学堂第五届轮机班毕业的资深少将，他对我并不熟悉，我之所以优先被派职为副官，系占了毕业班长的便宜。与徐处长来往者多为江浙人士。当时电雷一期的黎玉玺、赵汉良、李敦谦、杨维智，和二期的张仁耀、萧长

分发桂林行营江防处之部分同学。左起：赵慕西、刘定邦、方富捌、潘植梓、刘次乾。

李北洲同学。

黄思研同学。

濬、朱德邻也在那里，后来青岛五期的马忠汉等人也派职到此，我们相处得很好，徐处长也都一视同仁。

我班分发到桂林行营江防处之前，原来广东江防司令部分防务出海口（包括潭州口、横门、磨刀门、崖门等）的舰艇大部分都被日本空军炸沉。其布防于西江正面内河炮艇六艘亦于民国二十七年十月底，由执信舰长李锡熙率领，在西江、北江汇合处的三水河口，与日本陆海空进攻部队作最后的会战而全部壮烈牺牲。那一役虽败犹荣的战斗，阻延了日军的攻势，而有助于我陆上部队及时确保西江上游地区三水至肇庆之线。在对日抗战发起后二年才加入战斗行列的我班同学，已无用武的舰艇，所能担负的任务就是水雷作战，包括封锁和游击布雷。我很羡慕马上分发到水雷部队的同学，但却有人羡慕我能够留在江防处部主管身边那种虚荣。不过，那时姊姊已结婚，在桂林工作，并和母亲住在一起。我任职在桂林可以常常和母亲见面，母亲和我都觉得那是一段非常愉快的短暂日子！

民国二十九年初，徐处长祖善带我南下出巡。后来把我留在柳州，主持在车站附近的联络处。民国三十年初，我奉调为柳州雷械修造所中尉股员，但工作仍旧不变。后来母亲曾从桂林到我的联络处小住。

联络处是公路旁一栋木造二层楼的小房子，三边过（有三门房的正面），楼下堆放物资。从左侧的梯子上楼，经过骑楼转到正中央的会客厅，右侧两客房可供过路差假官员小住，左侧前房是我办公室，左后房是我寝室，母亲来了就让她用，我在办公室睡帆布床。楼前有个空院子，空袭时，常例是下楼越过空院和门外公路，跑到对面山边随便躲躲。我让人认识那幢公舍木楼的环境是为后述的报导：家母如何神话似地救了我和她自己。

大概是民国三十年春的某日中午，日机照例由南向北沿公路飞来，我和家母正在骑楼窗旁的小桌子用膳，紧急警报响了，我俩连忙照例下楼跑警报。甫踏到院子时，看到日机已空投下几条黑菜头般的炸弹。说时迟，那时快，家母一把拖我回转到木楼后；日本的轻型杀伤弹轰的一声，把木公舍前楼的骑楼全部铲去，公路两旁的电灯杆都斩断，震落的木窗子到处乱飞。我母子俩站在木楼后既没受一点伤，也不觉得惊惶，安然避过那场大难。官方也毋须给我甚么慰问或补偿，把公舍木楼修复后又让我母子二人进驻和办公就是了。

在柳州服役期间，民国三十年另有一次受日机空袭的遭遇。那天，当我骑脚踏车从联络处沿公路往羊角山后的雷械修造所途中，竟看到从未见过那么多的敌机，三十多架一字横队飞来、每机齐放四枚炸弹的壮观场面。那时，我只有蹲在工厂区的山边，观看四处炸弹起爆的情景，却无惊无险。

我的工作岗位尔后逐步南移。妈妈回桂林姊家。后来我又调到粤东的东江方面；直至抗日胜利结束，才由姊护送母亲回广州重聚。

民国三十年春，我被派任水雷大队部代上尉副官（委任状迟发数月）。大队长李芳（少亨）上校为桂籍的埔校十四期学长。那时，广西邕宁曾被日军入侵而又为我军克复。我随部队溯邕江西上，过伏波滩至横县驻扎。邕江是西江的上游。这条漫长的西江水线两端都曾被日军攻占；我们掌握着这条水线，它却像能翻江倒海的蛟龙一样，虽则首尾都有虎视眈眈的敌人，它仍能首尾兼顾，运动自如。桂南的宾阳会战，我水雷部队阻滞日军不致直下贵县。民国三十一年初，邕宁方面战事缓和后，我又随水雷大队部东下，进驻广东高要，控制西江的肇庆峡。水雷大队部驻肇庆厂排期间，有机会品尝到最负盛名的“文庆廊”鲤鱼。那种满腹油膏的水产佳肴，目前是否为人赞赏，却成问题了。

民国三十一年五月，我调任水雷大队属下一个代上尉中队附，随中队长谢祝年中校移防东江。行程则须绕大圈子，反向由广西梧州、柳州、桂林，北上湖南衡阳，再南下广东曲江，至龙川、博罗后，才到达国民革命军东征时的重镇惠州。对日抗战时曾经是重大兵燹伤亡之地，也是失而复得。我部队正驻扎在十五年前革命军浴血攻取县城大门之所在，残破不堪的营房却是富有历史价值的古迹。在那些营房里，我部队士兵们常设法用叉子活捉老鼠，用来红烧茄子加菜，我也尝过不少。

民国三十一年八月，我又调任谢中队属下水雷分队长。水雷部队建制以分队为会计单位，从那时起，我才是一个起码的单位主官。我的防区从惠州、博罗到东莞，包括惠阳的大田坝与龙河封锁线，以及东莞的企石与铁岗封锁线。此外，更伺机沿东江西下东莞沦陷区，执行游击布雷，袭击和扰乱日、伪军的工作。那年底，我结识了从香港偷渡归国服务的东莞籍莫绍真（别名莫静）小姐；在“双十二”的那天，草草举办了我俩最大的人生喜事。

民国三十四年，日本将投降之前，粤桂江防司令部奉令缩编为粤桂江防布雷总队，机构的形式缩小了，但谢中队长却升为两个大队之一的大队长，而我也升为谢大队长属下两个中队之一的中队长，算是下辖三个水雷分队的中级指挥官了。这个职务，我一直担任到抗战胜利。最后复员的时候，我还奉派执行东江暨北江（包括黄塘、石角、黄岗、长湾塘等）雷区清扫及航道打通，以及在珠江三角洲的县镇（沙湾）布防，负责河防绥靖工作。

到了民国三十五年初，我在抗日战争中服役了六年多的海军任务，就此平淡地结束。回想起来，自惭并无辉煌的战果，难于自我陶醉；最多只能说：为国家保存和领导好一个小部队，在艰苦的状况下，达成任务。自觉幸运之处：第一是三度有丧命的险况下，居然履险如夷。第二是和母亲有多次聚合，难得战时的天伦之乐。自感失意之处：第一是身在偏远地区

民国三十四年初冬抗战胜利返回广州与家人合影。后排左起：妻刘莫静、刘定邦、姐刘嫣筠，前排左起：女刘倾（仅一足岁）、母姚素真。

的部队，失却抗战末期投考出国留学或接收外舰的机会；而这些机会都让身处后方及离开军职之人占尽便宜。第二是战后部队编遣时，在国内（青岛）接收美赠登陆舰的机会，也因出发前突患急性盲肠炎而丧失。最后成为标准的“土包子”兼“旱鸭子”，远离我投身海军的两大愿望！

执役四海一家海官校

日本侵华不只是军事上的失败，尤其在政治上及国家体制上，让中国进步了两三个世纪，才是它侵华的败笔和真正的损失。“七七”后激起我国全民抗日的高潮，更使中国达成全民从未有过的大团结。虽则战祸使中国人民颠沛流离、妻离子散，但也让中国人认识到异乡异俗的同胞和内陆深广的环境。中国各地区族群的融合和文化交流固然是难得的机会，而中国能有一个四海一家的统一海军，完全是日本侵华造成的奇迹。抗日战争胜利结束后，海军彻底地从头做起。最初由军政部陈诚部长兼海军处长收拾残局，把中央海军部的海军和各地区的青岛海军、广东海军、电雷海军等收集起来，交由陆军出身奉准穿海军将宫制服的桂永清成立海军总司令部。外国人看到怪怪的，但这项人事政策不能说没有成效。海军有了一个统一的指挥机构，培育人材的摇篮也有了一个统一的海军官校。

我在抗战中坚守的那个粤桂江防水雷小庙被撤消之时，突然患盲肠炎之病而入院开刀。盲肠炎现在视为小手术，但在战后连“盘尼西林”都还没有之时，住院月余才能出院。同袍们被派往青岛接收美赠登陆舰，我就无缘参与；被广州区那些办接收的专员办公处，派任不知所谓的小参谋。那些办接收的人物都不明是哪里冒出来的，而我们在抗日部队中的人，却被视同草芥。那是我事业上感到最颓丧和最暗淡的时期。

历时半载才算康复之后，民国三十六年秋被派到青岛统一的海军官校任队职官。这个差事给我的感觉还不错。校长魏济民代将特具受人敬佩的新海军领导人风格（其实“代将”是海军舰队小编队指挥官的尊衔，不能算是官阶）。不幸的，他后来蒙受牢狱之灾，几至丧命，令人唏嘘不已！我的顶头上司是军官训练班主任宋长志上校，青岛海校四期毕业，留英绅士的风度，待人接物客气随和更是一流，注定了他后来的高官厚禄。我总算有幸，尔后又二度得他成为我的顶头上司。

我的职务是军官班的少校队长，管辖的对象主要是战时投笔从戎的青年军派往美英接舰的学子，让他们在校补受海军养成教育。另外一种是战前在海军各校受教未毕而转习陆军，此际又志愿回军补训的军官。如原埔校二十三、二十四期拨转陆军炮校或步校第十六期（也有转陆军步科的）的同学。这两种补受养成教育的军官，不只对海军人才的迅速补充收效甚巨，并对海勤任务执行上贡献良多。此外又有补给科班学生，以及海军养成教育授毕而在候派职的毕业生等。这些学生官已具军官的水准，充满朝气，相处极为愉快。而最愉快的事是我曾在全校水上运动会中，获得花式跳水的冠军。

民国三十七年暑期中，我申请带职受见习舰长训练。那是当时的一种体制，但必须有舰长接受我。幸而我的好同学中兴舰长李北洲中校接受我；魏校长对我的印象似乎还不错，批准和转报海总部备案。魏校长和李同学的栽培，让我达成到海上磨练的愿望。我不但获得好同学作老师，而且刚好他的中兴舰担负任务甚多，使我有机会从青岛航经台湾、澎湖、厦门、香港、广州，至海南岛、南海等各处的水域。

可是，中兴舰第二次航进广州时，我却有意想不到的遭遇。我的好友黄思研少校适随桂永清总司令出巡至广州。海军第四军区的第四炮舰队长唐涌根少校声誉不佳，桂总司令把他调差，派黄思研接长（黄自美返国后，曾任上海和青岛海军官校的通信教官）。黄思研到广州时，有机会让他遇见当时的广东省主席宋子文和广东省保安司令黄镇球上将，他也成为宋、黄二人的参谋，并不由分说地同时被委任为广东省的水警队长。这时的红人黄少校见到我，如获至宝。因为炮艇队在黄埔，水警队在广州，他分身乏术之下，也下由分说地拉我任炮艇队少校副队长，替他坐镇黄埔，全权代理。老同学如此信任，我当然无话可说了。我马上离开可爱的中兴舰，放弃我想在海上再多磨练的念头，把从广州搬到青岛未及一年的家属五口又搬回广州来。只是，这个差事的确麻烦，四年后竟又带给我无妄之灾。

说实话，广东的炮艇队在管理上很麻烦。第一因为珠江三角洲河川复杂交织，出海口多，派驻各区水域的炮艇分散远离，难于监控。第二是艇上人数少，艇上官员阶级低，军纪难于维持。而且待遇过于菲薄，更值大陆“沦陷”前“金圆券”“银圆券”的金融混乱溃败时期，任职的主官及一般官员都难得保持身家清白而不致弄到身败名裂。刚正如黄思研者，亦难为力。不到一年光景，民国三十八年初，海军派湖南籍轮机系的柳炳镕少校接替黄思研任第四炮艇队长，我总算幸而适时卸下那重担。

转进台澎，纵横东南海

民国三十八年春，黄思研随同海军总部自广州迁到台湾左营。七月，他替我安排到海总部三署（作战署）任少校参谋，这只是海总的起码官，但似乎也是很受重视的单位和职务。我能够挤进那个圈子并不容易。署长是资深且擅长案牍的王天池少将（烟台海校第十六届，一般人尊称他王天公，后来升任马纪壮总司令的参谋长），作战处长是电雷学校一期第一名毕业的黄震白上校。副处长级有朱德邻、萧长濬等中校，均为电雷二期，曾是粤桂江防司令部的参谋业务高手。科长级都是青岛海校五期，如王河肃等俊彦之士，但却较我资浅。我算是屈居那个职位，但最大的好处就是能在三十八年夏，较为从容地携老扶幼把一家七口全部迁移到宝岛台湾，不致到十月广州“沦陷”时才仓皇地逃命。

尤有幸者，我当了四个月的海总参谋之后，适巧在一九四九年十月二十四日，埔校十九期学长的太平舰舰长冯启聪上校受命率舰赶赴金门，支援古宁头作战，急于觅色副长。他在海总部大楼遇见我，征询我的意愿，我毫不考虑地答应。他就马上签报我任他的副长，随舰向金门出发；当晚急驶大、小金门间的水头泊地，以舰炮支援古宁头的陆上作战。

古宁头大捷之后，太平舰马不停蹄地直航长江口的舟山群岛驻防，旋即执行长江的“关闭”任务。“中华民国政府”虽然已撤离大陆，但仍拥有大陆的主权，联合国亦未承认中共的中华人民共和国。“我国”为了阻绝中共海外的补给，宣布“关闭”本国的长江，不准外国商轮驶进，那是合乎国际公法，而不必宣布“封锁”。然而见利忘义的战时盟友英国，硬要派舰公然护航英国商轮闯关，藐视我国主权，令人忿恨！太平舰长冯启聪上校为了执行国策，毅然对不服制止的英国商轮路易士摩拉号（Louis Morla）开炮，并由我率领临检小组乘本舰的鲸鱼小艇，在长江口的巨浪中驶登该英轮临检，并加以警告。在场的英驱逐舰居然装腔作势，褪下炮衣及炮口罩。在相互接近航行中，他们确见太平舰全舰人员备战，英舰终于不敢有所行动。不过经过一段时日之后，“外交部”受到国际压力，要海军解除“关闭”港口任务，我们才未继续执行。

大陆“沦陷”时，我海军主力就是太康、太平、太和、太昭、太湖、太仓六艘护航驱逐舰（DE）。太康舰被指定驻防杭州湾，担任“总统”蒋公的座舰，出巡长江口、舟山群岛，以至护驾台澎水域；其余五艘太字号要执行东海至南海绵长广大海域中的多项任务，确是疲于奔命。太平舰解除了长江口的“关闭”任务后，才有暇返左营进行大修补给，官兵也才有机会与亲友共聚。

冯启聪舰长在东海的劳绩获得上官肯定，回台后调升为澎湖要港（尔后改为军区）少将司令；进而好事成双，在三十七岁时娶了一位年轻美娇娘，传为海军中的一段佳话。我的长女刘倾，和同学方富捌的次子方仲强，有幸成为他俩婚礼中的一对花僮。

接替太平舰长的谢祝年上校，曾是抗战中我在粤桂江防司令部的顶头上司。一九五〇年初，太平舰大修后就驶往珠江口，保卫南山卫的几个小岛，也是执行珠江口的“关闭”任务。可是海南岛方面的情势危急，太平舰又被调派火速赶往海南岛。

中共在雷州半岛的部队曾经九度使用机帆船，向海南岛作试探性的突击，但因兵力有限，每次都被我驻防舰艇击溃。太平舰到达海口的第三晚，据说第四野战军在湛江至徐闻一带，已集结二三万人之众，要以人海及船海战术，对海南岛的海口至临高一带海岸作大规模夜间突击登陆。太平舰及时赶到并出动迎敌。中共征集了几百艘机帆船，在船首捆绑三十七厘米战防炮，来对付我们正规军舰。我军则以太平舰为主力，有雷达、快炮，更有机动力，对付那土货机帆船，当然占尽优势。它们以为在夜间就可以熙熙攘攘地冒死直冲，想不到我舰在外围绕着那些机帆船团，以照明弹配合，对它们作连番的快炮攻击；它们对我太平舰简直像对丈二金刚摸不着头脑，被我舰打得团团乱转，一定伤亡惨重，大部分中共机帆船只能回窜。

不过我舰也不幸被它们盲目乱射的战防炮弹一二发射穿舰身甲板，以致舰务官罗俊钧（原枪炮官）暨我的勤务兵黄克湘中弹阵亡，令我异常哀痛！我在青岛海校任队长时，黄克湘一直招呼我以至我的家属。分别二年之后，太平舰于三十八年初在左营大修时又复相见，他高兴地要随我到舰上当炊事兵。那晚战斗中，他在下舱间搬运炮弹时，被弹头击中弹药引爆而毙命。

连续几晚的夜战，我舰人员实在也是筋疲力尽；加以白昼我舰亦须在海峡中巡逻，随时备便邀击漏网的中共机帆船。巨料中共已将一五五厘米榴弹炮推进至雷州半岛南端滘尾角附近，其射程已超越过琼州海峡不及二十里宽的中线了。那天早上，我正是“四至八”（0400 至 0800）的值更官，我舰在海峡中线巡逻时，晨光微曦照耀下，突遭受到巨型空爆弹的连续攻击。我马上拉“战斗部署”的警号，唤醒全舰官兵备战：一面用“之”航（zigzag）操纵舰船离开海峡中线。是时驻在本舰的第三舰队司令王恩华少将、本舰舰长谢祝年，以及航海官翁国梁少尉等，都急速跑上驾驶台。不幸地王司令暨翁航海官一登驾驶台，立刻被破片击中；王司令伤颈部，翁航海官伤嘴部。不过二人均无生命危险，实为不幸中之大幸。桂总司令永清当日上午即偕同已退役之美军第七舰队司令柯克海军上将（Admiral Charles M. Cooke，Jr.）到海南岛莅本舰慰问。那是我初次见到桂总司令和柯克上将，十二年之后我在美国罗德岛州（Rhode Island）新港（New Port）美海军战争学院留学时，第二度见到已退休的柯克上将。

翁国梁、徐学海和宋炯都是海军三十八年班毕业的新秀。太平舰在一九五〇年初返回左营大修时，他们以“候补附”的官职分发到舰上来。以往海校毕业生都以相当于准尉级的“候补附”分发，候缺补实职，比不上现行官校毕业生马上以中尉分发的幸运。但他们三位有幸一登舰任职，就身历实战，对一名职业军人来说，确是难得的战争洗礼和磨练，在往后一辈子的军人生涯中都受用不尽。

中共每晚持续进行大规模的船海突击，虽然被我太平舰等将船团击得溃不成军，但在巨炮的掩护下，终有约八千余众登上海南岛北岸临高角附近。那些乌合之众在毫无组织的状况下，半数以上举械投降了。如果岸上防军继续“清剿”，一定可以全部俘虏。可是我军事当局可能基于战略考量，认为海南岛不易亦不宜久守。一是中共续在雷州半岛增兵，二是海南岛中央五指山区的土共游击队难于歼灭，三是我军从台湾伸展过来的补给线过于绵长，故而撤军弃守的决定恐怕已是计划中的方案。但我舰官兵在琼州海峡已与中共火拼多时，一旦闻知“国军”弃守，不免为之唏嘘叹息不已！

太平舰在海口方面掩护陆上部队撤离之后，继而至南方的榆林要港。那时南方并无战事，但榆林已成一座空港市。岸上遗留的工厂设施甚多，我军已无时间拆迁，实在可惜！我舰在榆林方面掩护的任务较轻松，为时不久，我舰又须转到琼西八所方面，掩护陆上部队登轮，迎接陆军第十军长登上本舰，并护送撤运的商轮返航台湾。我们眼睁睁地看着与台湾一样大的岛，垂手交给了中共。在返航台湾之前，本舰又奉令到汕头港外，掩护布雷舰的布设雷区作业。

海南岛战役中，谢舰长祝年当面向桂总司令永清以战功推荐我。一九五〇年九月，我奉派出任中胜舰长，实现了我投身海军的一个愿望。数月后，又晋升为头戴“大帽花”的海军中校。

我所接长的中胜军舰是4,080吨的战车登陆舰（LST），属于二级舰。原来是招商局在上海撤退时留置的一艘运输商船，海军把它驶回台湾就无条件地接收，再改装为正式的登陆舰。我的前任也是该舰首任舰长桂宗炎，原在黄埔海校晚我一期的同学，后转到青岛海校五期毕业。因为他是大陆撤守时在长江率舰突围的英雄，遂从他原来的永修舰调接中胜舰，继而很快又调接谢祝年上校的太平舰长。可是，他自己承认说不知怎的，他当时的中校官阶还是黑市的。他交给我的中胜舰航仪很差，连雷达都没有。航行时，还是像旧时代一样，要靠一双肉眼。这样也好，让我在航海技术上多一些磨练（后来补装了雷达）。在中胜舰任内，我得了不少操纵舰船的经验；而登陆抢滩，更是他型舰船所无的。

在中胜舰长任内，愉快地服役了将近二年，不愉快的事却突然降临。一九五二年六月间，我在大陈岛驻防，负责海军舰艇及陆上部队的补给支

任中胜舰中校舰长时的阖家欢。左起：次女刘莎，妻刘莫静，三女刘仙，子刘当，刘定邦先生，长女刘倾。

援。有一次我舰从大陈回到基隆办理补给之时，海总部派来二位较我低阶而又非海军出身的人士，请我随同他俩乘坐昼间平快火车，从基隆回左营，向当时的海总部报到。因为他们持有公文知会过基隆海军第三军区司令曹开谏，我只好跟他俩离开，但不知道是怎么一回事。火车开到台北站之时，上来了我的同班同学林乃荣；在火车上他和我相隔几排座位，就跑过来和我交谈，居然被随护我的人员阻止。于是我才明白我是被押解着，也就是现在人们称之为“白色恐怖”吧？事后我还知道，林乃荣曾被严重警告不得将见到我的事宣扬。

我是当时海军的一舰之长，居然没有正式命令就要我立即放下官兵和舰务，不必交代；又放下我私人所有的一切，孑然一身。这样的处置是否太过荒谬？更不让我家属和任何友人知道我的下落，是不是就报我失踪了事呢？

我任中胜舰长已近二年之久，我舰在左营整补训练的时机甚多，为何不就近向我查询，甚至扣押审讯，而要当我舰在远离基地服勤中，造成那样恐怖的气氛？那种恐怖的手法让人知道就不敢接近我，不知我犯什么天条？

其实，桂永清总司令对每舰官兵非常注意，尤其对一舰之长为甚。我虽以战功承他派任舰长，他不可能未经清查我的背景就贸然派职。而且，他曾逐舰调训官兵，加以考核。又曾召我详谈过我在广州黄埔任广东军区第四炮艇队副队长的情形，他已了解到我在黄埔代黄思研主持队务之时，被误为队长；而后来接任第四炮艇队长柳炳镕投共，却被误会与我同为一人，并早有通共的行为（因“柳”与“刘”发音相同）。如果他相信那种误会，还会让我在职二年之久吗？

那时，马纪壮已接长了海军总司令。我以为到了左营总部之后，马总司令会了解案情而立刻为我澄清。怎料回到左营，我却被直接送入凤山的海军先锋营，真是气煞我也！

负责那先锋营区的组长（姓名都气忘了，实在对不起他）对我极为客气，让我在他房间同住。在营区内我可以自由行动，但是不能出营门，也没人来问话。是否没有把我关进牢房就叫作“优待”，而不算对我有冤狱的加害呢？

有一天，马纪壮到营区来视察，也许他想来看看我。不过，我实在气不过，连外衣也不穿的在床上装睡。有人叫醒我，我不服气地向他敬礼。还好，他没有因此而加重我的罪！

我的胆量实在不小，不信也不怕那种无法无天的“恐怖”；但是，却难为了在家里的太太！她不知道我人在何方，随时又有官府的人来翻箱倒箧地抄家（也许办案人以为我很富有）。一个女人带着老婆婆和四个小孩，该是怎样的惊惶失措呢？

在营区里，没有人审问我，我也没看到其他与我有相同遭遇的人，但我知道有位接八舰回来的士兵补训为军官的人，也关在那里。也常可听到牢房里散发出来的叹息和苦喊声。后来组长叫我写一篇自白书，那实在很可笑！我没有做过甚么坏事，叫我自白甚么呢？我看在他待人和气的面子上，随便写了一篇，好让他去交差。

一个多月之后，他们总算查清楚，也发现我只不过是个穷光蛋，就叫我找海军朋友保释。那又是令人生气和可笑之事！如果认定我有罪，那就判我的罪；如果认定无辜，就该爽爽快快地送我回家。当时没有《国家赔偿法》，家里只好请同学（埔校十八期学长邝民光上校和奉颁青天白日勋章的同班同学陈庆堃中校）盖章保释。如果没有对我有信心且自己有勇气的同学肯出面担保，那我会“优待”到哪一天呢？

最后一件令我忿怒的是职务的调动，亦即事关我整个前程的问题。上级无端地把我最高兴担任的舰长职务拿掉，我亦忍受了；我只希望另派别型舰长，以还我清白。可是，此一请求未被赐准。据说因我发生过那样情形，就不宜再派任舰长。看来，我的事业前途就此报销了。我遭遇到“优待”这一事件，对我肉体并无伤害，对我基本人权的侵犯和对我家属的威胁，我也可以都不计较；但对我事业的打击，所造成心理上和精神上的创痛，却是无法补偿的！这段不幸、失意和辛酸事，除了营救我者外，甚少外人知道；这件冤案本无损于我的名誉，只是过去我不愿把不愉快的事与人共享。

创办海军两栖作战训练

老长官兼学长冯启聪少将当时担任登陆舰队司令。他看到我落难谋职不成，就要我到他舰队部任两栖训练主任教官。本来我不太想钻进熟人的窝里，因为另有海军士兵学校校长曹仲周少将要我去任办公室主任，舰队训练司令梁序昭少将也要我去任教官，到陌生的圈子里闯天下似乎较具挑战性。尤其同班同学赵慕西中校已在登陆舰队准备占那个主任缺，我一去就会把他挤开，觉得不好意思。可是，如果推辞冯学长的好意，未免太不识趣；而我对登陆舰艇操纵已有经验，只好遵命就任。好在赵同学是老友，对职务事不太为意，大家在一起更会欢乐相处。

是时美国海军陆战队派来了一个“TTT”（部队训练小组），协助训练我国陆战部队；我则训练海军登陆舰艇有关抢滩的技术，因此和美国海军暨陆战队的顾问接触较多，也增长了对美国两栖作战的认识和兴趣。适值我军第一次招考留美两栖训练科军官八名，由少尉至中校都可以报考（一般国外留学很少招考校级军官）。我和赵慕西中校（二十七年班）都一同考取；此外还有周槐文少校（二十九年班）、刘和谦上尉（三十六年班）、徐廉生中尉（三十八年班）、董坤载中尉（三十九年班）、李锡球少尉（四十年班）和刘丕颖少尉（四十一年班）等。我以资深中校被派为领队。一九五三年八月到美国西岸加州洛杉矶的圣第牙哥（San Diego）海军两栖训练司令部暨海军训练中心，接受为期九个月的两栖作战训练。

考取两栖训练是我第一次到美国留学，我投身海军的第二个愿望又实现了。出国前，马总司令纪壮召见我说：如果不是他替我把那件案子弄清楚的话，“他们”就可能不会让我出国了。

我们八人考前都不知学成后所负的任务。事实上，在老“总统”蒋公坚决要反攻大陆的意念下，海军已成立了两栖训练司令部，司令冯启聪少将，系由登陆舰队司令调任。部内组织大致仿照美国海军，包括三个单位：（一）海军两栖训练班：负责三军个人的全般训练，包括计划作为、火力支援与协调、情报、通信、小艇运用、两栖工程、水中爆破（蛙人）等训练，暨海军部队单位训练；（二）舰艇训练班：负责登陆舰艇有关抢滩登陆的战技训练；（三）部队训练班：负责陆战队暨陆军部队的突击登陆训练。第三个班依照美国陆战队派来的“TTT”课程，已经在部内设立，但第一、二两班尚付阙如，尤以第一班的训练，海军从未办过。

我们第一批留美受两栖训练八员，于一九五四年六月返国。但在三月一日我返国前，就被派任海军两栖训练班主任，而且晋升上校，其他各员也都要到两训部报到任教。开班的责任都落在我们身上，但我们这批多是年轻人，对马上开班的任务，大多缺乏信心。然而我既被委派为主任，就无法逃避责任了。我终于分配好每个人的职务和任务，幸得大家鼎力合作，把课程和课目计划编订好；尤其得到老同学赵慕西的协助，把训练设施，如训练舰炮支援的山地模型等设计建立起来，以致在半年内就开班招训了。有人建议我以创班成绩竞选克难英雄，但我不敢独自居功而予以拒绝。后来“国防部”以我办理两栖训练有功，主动颁发我奖章一枚，使我感到荣幸之至！

我们这批人员快要离美返国之前，第二批考取留美受两栖训练的海军人员也到了美国。我遂向美方建议，从第二批受训人员中，选一位授予水中爆破的专业训练。幸有四十年班的黄种雄少尉志愿接受该项训练，且以无比的勇气捱过了“地狱周”后，学成归国，成为我训练班中水中爆破组的主任教官。由他一位海军“蛙人”的种子，训练出和建立了海军的蛙人大队，其功实不可没。

我之另一项荣誉是梁总司令序昭带给我的。本来我和这位闽籍海军资深前辈毫无渊源，只有在他任舰队训练司令期间，才有机会接触。有一次他亲率幕僚群到我的中胜舰，随舰出海执行训练验收。返港靠泊时，我以“双俥进二”的速度，三两个口令之下，就在左营东码头预留的空档船席中把中胜船靠好。在美籍顾问与舰训部颇负盛名的训练组长陈在和中校同声赞赏之下，梁将军因而留下了良好的印象。后来他率领一个三军高级幕僚编成的小组，到圣第牙哥受美国海军两栖训练时，第二度见到我。他先返国组成两栖部队并任司令，后来更被“总统”蒋公特别擢升为海军总司令。一九五五年六月二日，他在海军主持第一次正规化的“胜利”两栖突击登陆演习，由“总统”蒋公亲校，特别派我为简报官，把我带在身边，随同老“总统”登上凤鼻头南侧的一座小山头，观看海军第一次舰炮支援陆上作战的实弹射击。海军以二艘新接收的美国驱逐舰（DD）汉阳与洛阳号，由当时的舰长俞柏生上校指挥，射击更偏南侧的另一红土山。“总统”侍卫均在山下，只有梁总司令带我到山顶对蒋公简报。炮科出身的蒋公对舰炮支援程序听来甚感兴趣。他也初次看到海军新生兵力“水中爆破队”的蛙人在水上作业的勇猛，更觉异常快意。

自从那次陆战队加强旅的演习之后，每年一次的“总统”亲校两栖突击登陆演习，无论我调职到哪里，对“总统”简报的专利几乎都留给我。

如一九五六年九月的“长胜”演习，我又随侍“总统”蒋公在桂宗炎上校任座舰峨嵋号舰长的舰桥上简报。一九六〇年九月的“襄阳”两栖突击登陆演习规模最大，那时我已调职到“国防部”，海军还是征调我回军在滩头作简报。“总统”蒋公在讲评时，曾当场嘉许我的广东腔国语简报，大概他在黄埔军校时听惯了那种腔调吧！

我在任海军两栖训练班主任的同时，因为第二批考选留美受两栖训练的海军人员尚未返国，两训部内舰艇训练班主任一职只好由我兼代，直至温可人上校返国，才由他接任。

此外，还有两栖作战计划与执行的任务，我也被征调兼任。一九五五年初，两栖部队司令刘广凯少将负责撤运大陈与南麂防军时，我就被派去参与工作。其中美国海军第七舰队协力的大陈地区全般撤运计划由“国防部”主持。海军负责第一阶段的大陈“国军”撤运，自二月八日开始执行。所余的大陈、渔山、披山等非正规军民，均由美海军主动策划实施。至于南麂方面军民撤运的“飞龙计划”，则派我主持策拟。巧得很，“国防部”令我们到台北作业的那晚，正是农历年的除夕，我带了一个作业组从左营赴台北，搭乘一列空荡荡的火车，初尝睡在头等卧铺车厢的滋味。在执行那次计划时，我还随旗舰太昭（舰长李北洲上校）当舰队值更官，到大陈、南亮作了最后一遭的巡礼。

后来冯启聪司令赴美受两栖训练，部务由上级的两栖部队司令刘广凯中将兼代。一九五五年七月中，两训部的参谋长出缺，刘司令就地提升我接充。官阶依旧，还是督导原有班队的工作，只是再兼管陆战部队训练暨海军舰艇训练两个班的工作。

一九五六年四月，老上司谢祝年自贺兰舰长调升新设立的两栖作战司令部少将司令，梁总司令调派我接任贺兰舰长。贺兰舰原是一艘 17,000 多吨的波兰大型油轮，经台湾海峡运油至大陆，我们将之拦截下来改成军舰，正好适于我海军油料运补之用。它虽不是作战舰，却因是庞然大物而被称为特级舰。由于梁总司令的二度栽培，让我能再次回到海上服勤，也恢复了我在海军服役的兴趣和信心。在贺兰舰长任内，经常的工作就是高雄至基隆间的油料运输。我对大船的操纵技术可以说获益不少，常常进出港都不待领港而自行操纵，也对油料管理增长了许多知识。

一年之后，奉调到革命实践研究院第十期，同时在实践学社第六期受训，对第二次世界大战及日本侵华战史方面获得较深的研究。该地主要为日籍教官，但多为陆军出身，海军人士很少，且所授之海军战术，与我们习自美国者相比，显然知识有些落后了。

一九五八年二月毕业派职时，我仍希望到海上服役。那时海军仅有三艘阳字号，其舰长又都是新任不久而未有空缺。不过我还是愿从太字号作起，就接任太昭（DE-26）舰长。在太字号服役，驾轻就熟，也很愉快。此期间，正好发生“八二三”炮战，我有幸全期担任副总司令兼六二特遣部队指挥官黎玉玺中将的旗舰。在“闪电”（运补金门）计划第一梯次，就护送黎兼六二指挥官转登美字号舰到料罗湾抢滩登陆，亲自参与运补作业。此后共护卫“闪电”计划八梯次暨“轰雷”计划（运送美援八寸自动推进榴弹炮）二梯次。及至两栖部队司令冯启聪中将接替执行“鸿运”（运补金门第二阶段）计划后，我舰改为担任“六五、一”两栖支队指挥官马炎衡少将之旗舰，执行护航任务。

中共于一九五八年十月六日至二十日宣布停火期间，本舰适于料罗湾滩头附近与蒋豪达同学担任舰长之中荣舰会合。二十日那天，除靠中荣舰补给本舰淡水外，并享受难得的“冲凉”（洗澡）之乐。讵料正涂得满身肥皂之际，中共借口美舰助我护航运补，于十五时许宣布恢复炮击，我军在滩头附近舰艇毫无所悉。中共于下午十六时即行开炮，致我军正在抢滩下卸的三艘中字号舰均有损伤。我当即取衣盖上皂泡之身，跃登指挥台，与中荣舰解缆起航，掩护各登陆舰艇撤离外驶。当时料罗湾内舰只众多，计有中字号舰六艘、合字号艇五艘。中字号舰虽有三艘在抢滩中受损，但均无碍航行。合字号艇已提前完成烈屿之运补，未受损伤。我舰殿后，一面“之”航（zigzag）掩护，一面清点舰艇数。均幸能全数在中共落弹水柱阵中，安全驶离料罗湾，达成我护航任务。

担当反攻复国作战计划

一九五八年“八二三”炮战结束之前，“国防部”计划次长室（联参第五部门）改组，新成立一个“反攻作战处”（第三处）。副总长兼联五次长余伯泉陆军上将说他看得起海军，要用海军人当处长。处长编阶少将，但海总部以现阶少将甚少，只能提供余上将一本上校名册圈选。余上将并不认识我这广东同乡后辈，却选中了我。八月一日就发布我的任职令。我曾晋见余上将请求改调别人，好让我在海上多待些时日，磨练磨练。但他坚持非要我不可，以我在海上已有相当资历；并以他自己为例，当师长不过半年就行，以此来安抚我。可是，天不留人炮留人，金门受到中共“八二三”炮击，而且一路延展下去。我舰一直在金门海域执行任务，离不了舰职。直至一九五八年底，金门运补恢复正常作业之后，我才能登陆，到最高军事单位报到。

我那个处可能是“国防部”人员最多的一个处；从上校的我算起，陆、空军上校副处长、上校参谋等，共超过三十员。我的经常工作当然就是反攻计划作业，于是我从各项参谋研究作起，进而至大陆地区的袭击及突击登陆计划。研拟好的计划案，提供作战部门用作模拟的两栖突击演习，成为老“总统”年度亲校的演习课目。

余副总长对下属的每项研究计划，必须亲听简报；在每次简报中，他必有无数的问题与评论，其用意是在发掘我们部属研究与计划的缺点与弱点。但我站在某些拟案主办人的立场，亦必须将我已有的考虑与依据加以剖析。因而，他想不到我这位被他征调来的部属常常和他抬杠。尤其他实在是博学多才，中英文的造诣均属上乘，但是脾气大，惯例无人敢在他面前大放厥词。在他调金门防卫部副司令兼军长临别之前，召见我赠言，用最粗俗的粤语戏骂我：“您真系个憨X仔，成日同大官（指他自己）抬杠；

你好彩碰到我，如果碰到别人，你非倒楣不可。”的确，他的忠告一点也不错；我亦有自知此缺点之明，只是本性难移而已。其实我对余上将的确很佩服，计划次长室的海军助理次长出缺时，海总部原要派资深的海军少将接充，但遭余上将拒绝，他竟主动向海总部提出，非要我这个杠子头坐升不可。其实，我仍是上校，而联五的其他处长，很多是现阶陆军少将。

可能是由于“国防部”余副总长对我的评价不坏，黎玉玺将军接任海军总司令的两年后（一九六一年），就派我到美国海军战争学院留学。在此之前，参谋总长赖名汤空军一级上将，也曾在一九六〇年初任“国防部”中将副参谋总长执行官时，特别圈派我到美国陆军防空学校学过短期的飞弹课程（“力士”与“鹰式”飞弹）。在我海军中，恐怕只有我一人到过美国陆军留学。想不到我调职到“国防部”那一段期间中，竟蒙陆、海、空三位上将栽培，满足了我投身海军所抱的留学愿望。

凡是自美国海军战争学院毕业的军官，回国后一定到海军指挥参谋大学任总教官（编阶少将）。一九六二年七月我回国未奉派职前，许多单位想争取我，但有些看上我的单位却令我感到难堪，也许它们不知道海军有上述的规定。老学长兼长官谢祝年少将向上级申请，派我到他两栖作战司令部，任编制上校的参谋长，事前也未征求我的意愿；那时我已占少将阶（升少将必须先占少将缺）四年多了，似乎要我降阶屈就。如果说黄埔海校的同学照顾自家人，这就是一个反证。幸而海总并未批准他的申请。

“国防部”联五在我到职之时，我军与美海军第七舰队的联盟防卫作战“乐成计划”（Rochester Plan），已由四处（防卫作战处）与美军协防司令部（TDC）进行研订。我到美国海军战争学院入学时，“国防部”作战次长室（联三部门）组设了自力反攻的“国光计划”作业室，各军种也都组设了次级阶层作业室，海军作业室主任由黎玉玺总司令的同班同学、海总部副参谋长赵汉良少将担任。赵将军思维缜密，为我早年在粤桂江防司令部敬仰的长辈之一，他主持海军“国光”作业，可谓适才适任。“国光计划”理论上是对美国人保密，但他们也一定会知道此事，了解老“总统”积极反攻的企图。那项作业本应交由我原任联五“反攻作战处”主办才对。及至我

一九五一年在美国罗德岛州接受深入细致军战争教育，前排中为刘定邦先生。

学成返国任海军指参大学总教官之时，联五却与美军协防司令部另行研订联盟反攻的“巨光计划”。那是由于余伯泉上将自金防部调返“国防部”重操旧业（副总长兼联五次长）而促成的。他要海军负责两栖突击登陆阶段的作战计划。当时海军黎总司令对“国光”与“巨光”两套计划如同时作业，感到难于应付。余上将却对黎总司令说，把“巨光计划”交给刘定邦办就行了。于是黎总司令就召我当面交办。

其实，当时我身为教育机构的总教官，手下的教官无法亦无暇担任实际作战业务的幕僚，我更无行政人员来支援配合。最后我想出妙计：签呈以当时舰队指挥部（在左营）兼六二部队（在基隆）指挥官崔之道中将作我的老板，请他抽调舰指部暨属下单位的幕僚，以及六二部队的行政人员，组成“巨光”案“六三两栖特遣部队指挥部”，我则任参谋长。国防部安置我的“巨光”作业室在台北碧潭附近一幢废置的营房，连抽水马桶都没有，大伙一齐蹲茅坑，真不是味道。我的“巨光”六三部队作业室就此开锣了。而我海军另一套“国光”作业室的人员还要吃味，笑说我反攻作战还要搅什么洋玩意。他们经费多多，却不同情我这边作业室的遭遇及所吃的苦头。我和作业人员均来自高雄，随带粮票及副食费，也没有什么补助。周末要返回南部，还得自筹部分火车票，或是讲情面搭乘空军的交通飞机。半年多作业结束之后，每人只领到数百元奖金。幸好碧潭近在咫尺，游泳不花钱，在炎热夏天，领略清风明月，算是一种享受。

和我相对阶层的登陆部队作业单位，是由陆战队第一师副师长马纪友少将主持。他随和、潇洒而幸运，与我在实践学社有同学之谊。我们住在同一破兵营里，有说有笑，天南地北无所不谈。陆战队对作业单位的支援比较优厚。他有专用的吉普车，常带女友到市区吃小馆，回到破兵营就向我报告，让我羡慕一番。

奉指派的后续登陆部队有三个陆军师：34D、81D、92D，他们平时作业就在各该师部，只有我召集会议协商作业有关问题，及向中美双方高级长官简报时，他们各师才派一位副师长率同幕僚到我的破兵营出席。和我稔熟的杜文芳陆军中将就是当时领导陆军部队作业的副师长之一。在事隔四十年后再会面时，他才对我戏说："你们海军真小气，我们（指陆军部队作业人员）到你的作业室开了多少次会，您从来就没有招待过一顿；好在我们领有旅费来的。"

海军作业人员可以说都是被逼而来的。生活环境既差又苦固为原因之一，尤其一经参与那种"绝对机密"四个字的作业，就被列入管制。本来那时的人事规则，海军军官到上校级就可以申请退役。海军军官都有"航海"或"轮机"一技之长，为了家庭，不少人一升上校，就退役转往商船服务，支领美金待遇（那时美汇对台币1∶40），马上改善生活，为人所羡。如被列管，就丧失了"退役"的权利。我在上校一级蹲了十年，一声不响，毫不在意晋升与否，也就是发穷恶想报退。但调任"国防部"联五那个涉及"反攻"的处长之后，就被列管，自然无话可说了。只有我的好同学蒋豪达上校（尔后晋升至海军中将两栖部队指挥官）以及三十九年班的"杠子头"海军中校杜福新（尔后官至海军花东基地指挥官）志愿前来协襄，是我全期工作中最得力的助手。

"巨光计划"的想法是只要我们登陆，建立了桥头堡，号召大陆人民响应，并争取美国支持。当时大陆难民潮涌向香港，局面很乱，对我们来说确实是个很好的机会。我只负责该计划的突击登陆部分，也就是如何建立桥头堡，整体计划则由余副总长负责。美国人为了配合我们的反攻计划，也自行拟定他们的计划；不过他们从不给我们看他们的计划，而我却必须向协防司令部做简报。

"巨光"案作业完成后，我回海参大执行总教官业务，一九六三年八月，就在原校升少将教育长。在同学与海军同辈合格晋任将官同仁中，我算是最迟晋任少将的人。至于我主持的"巨光计划"案，据说后来成为三军大学海军指挥参谋学院的战题作业参考文件。

承办海军作战业务

刘广凯中将担任了八年海军副总司令，及至当时海军总司令黎玉玺上将调任副参谋总长兼执行官（后继而轮任参谋总长），遗缺才由刘广凯将军接任。新上任的刘广凯总司令在“领导统御”上早具独特的修养，海参大的这门课就是由他任教。他更是一位企图心旺盛而勇于战斗的领导人，他的口头禅是“见敌必战”。他就职后，把我从教育机构的教育长调到舰队指挥部任参谋长。他说本来预备调我为登陆舰队司令（后改称舰队长），但因新任舰队指挥官俞柏生中将面报要我去帮忙，所以先让我到舰队指挥部。俞指挥官与我素昧平生，但我久仰其盛名，此番被他征调，让我极感荣幸。

一九六五年五月中向舰指挥部报到后，原任参谋长王廷篪（有“王老虎”之称）少将告知，他将外调基隆港务局任港务长，因要兼办“国光计划”次级阶层的“光明演习司令部”的业务，增设了一位专业的副参谋长；现在我来了，可能要兼办二项任务了。事后果如其言，我又兼任“光明演习司令部”的“六三联合两栖特遣部队”的参谋长，可是幕僚还是舰指部的一批人，都是三十九年班的新秀，如朱瑞庆、欧阳位、赵屿、贺海潮等，能力强而合作，业务推动毫无困难，工作甚感舒畅。

刘广凯总司令任职八个月之后，积极策动对大陆的突击，发生了“八六”海战。剑门、章江二舰被击沉毁，任务部队指挥官胡嘉恒（原名胡德华）少将阵亡，属舰舰长等官兵被俘。刘广凯总司令勇于负责因而调职，主办策划的作战助理参谋长（后复称作战署长）许承功少将可能撤职，还幸他曾任“总统”官邸的副侍卫长，被记两大过处分，算是从轻发落。副总司令冯启聪意想不到地迅速接长海军。他的首要之事，就是要物色一位作战助理参谋长。他意欲征调曾任舰队司令（后称舰队长）的人接任，可是，有资格接班的人大都谈虎变色，裹足不前。适值舰队指挥官俞柏生中将调升副总司令，因他推荐，我就跟他一齐被调到海军总部去。冯总司令原无意于我，避免有任用私人（后期同学）之嫌。

一九六五年十月底，我到海总报到。当时总部参谋长宋长志中将即请许助理参谋长和我到馆子吃中饭。餐后宋参谋长告以许将军要马上办交代，就离职返左营家。我原以为许将军可依规定和我职务重叠两周，让我熟悉业务后始行离职。宋参谋长虽然也垂询我的意见，但他又补充说：许将军被记两大过，士气尽失，留他也不可能对我有所帮忙。那时我只能说：听凭参座决定。

十一月十二日晚，我随军令副总司令崔之道中将到左营，视察舰队指挥部。半夜接到通知：南巡支队长麦炳坤上校率永泰、永昌二舰赴乌坵接运两名伤患途中，遭中共鱼雷快艇袭击，永昌舰被击沉，舰长陈德奎（三十九年班）落海后幸被美舰救回。旗舰永泰号无恙。崔副总司令马上漏夜率我赶返台北总部处理。我到差不及两周，就碰上海战出问题，难怪没人愿意接任作战助理参谋长之职。

该次海战虽非本署所策动，而是六二特遣部队的南巡支队长处置失当（如不宜在晚间接运两名伤患，以致中共以为我们有袭击行动，及战术和属舰管制上有欠妥当），但应付上级的检讨简报，我就不胜其烦。首先是参谋总长黎玉玺一级上将的检讨，跟着是“国防部”蒋经国部长的检讨，最后还得向“总统”蒋公作一九六五年三次海战的总检讨，包括东江巡防舰“五一”在东引海域与中共快艇的遭遇战、胡嘉恒少将率领的突击支队在铜山港南侧海域接送情报人员的“八六”海战，和此次南巡支队“十一・十三”的乌坵海战等。

第一轮是黎总长的检讨。他曾经两任海军副总司令以及兼六二特遣部队指挥官，对海军作战问题自是了如指掌。所以我对他简报时，他命不必检讨，只要提出改进的办法。但在我的立场，还是从海军建军政策、海军战力整备、指挥体制、兵力部署与运用，以及与海军作战有关各方面的问题，加以检讨，才能研提改进之道。我提出简单的检讨后，并建议后述的改进要项。

进行海上操演时摄。

第二轮是对“国防部”蒋部长的简报。内容只侧重在检讨十一月十三日南巡支队乌坵海战的缺失之处。那次战役的任务支队长麦炳坤上校暨旗舰舰长朱普华中校（四十年班），最后均受军法审判而撤职受刑。

第三轮是对“总统”蒋公提报一九六五年三次海战总检讨。头天“国防部”电话交办，第二天早上就要提报。当时的参谋长宋长志中将以我较为清楚，就指定由我报告。其实，先前二次的“五一”及“八六”海战时，我还未到作战部门任职；而且按规定我没有面报“总统”的资格（应为中将参谋长以上人员）。但既经长官指派，只好硬着头皮尽力而为。在短促的时间内，我搜集过去的战报资料，开夜车起草简报，找人缮写端正的大字报，我另自行绘制图表。通宵达旦地赶办到第二天清早上班时，宋参谋长看到我还在战情室忙得团团转，就把他的座车留给我用，他先行出发赴“国防部”。及至我狼狈地携同简报资料乘车至中山北路时，“总统”座车已由宪兵开路前进中。我幸能尾随车队及时赶到。连忙挂好图表之后，“总统”蒋公旋即进场。他在听取简报时，虽是一副严肃的长脸，却无当场指摘。我收敛一身大汗，私庆通通过关！

那三次海战中，“五一”东引海域东江巡防舰队的被袭击战，我舰虽有受损，但中共快艇损失更为惨重；然而“八六”及“十一·十三”两次海战，我舰受损较重。所有缺失可以一句简单的话来说，就是“不知己、不知彼”所致。我军方自高阶层的建军政策至战斗遂行的任务部队，都漠视中共年来“飞、潜、快”战力与海防设施的整建，又自傲于大陆初陷期我海军可以单舰转战大陆南北沿海，如入无人之境的优势与成就。

总结我的改进要项，包括：（一）改进舰队指挥部（负责舰艇整备、训练与行政管理）与六二特遣部队（负责台澎水域全面作战指挥）之间的关系及隶属问题。（二）将舰队指挥部属下的舰队行政编组与任务编组（指六二部队属下的任务支队）相结合。亦即舰队长兼任务支队长，改以舰队属下之“驱逐巡防部队”指挥官兼任六二部队指挥官。（三）改进兵力部署，以立即支援作战。（四）改进对外岛运补（尤其对金门防卫部）的舰艇行动规范与外岛相互支援协调。（五）改进影响舰队作战的通信问题等。在提报改进办法不久之后，我就率领作战部门人员访问金门，与金防部作战处作相互支援之协定。我当时的建议获得采纳，确实使海峡安定下来。

对海总部作战署本身之编组方面，我亦感有修订之必要。当时署内业务分设四组，即作战、训练、计划与陆战。其中“陆战组”名为专管陆战队业务，实质仅属联络性质，故我建议将该组改编为“港防组”，使对各军区之“港口防卫”及“基地防卫”有专责督导之单位。另外海军设有联络组，常驻空军作战司令部，担任空援申请事宜，而归本署督导。为求本署便于与空军作战部门沟通，且对该组督导容易，故改以本署增设副署长之一（原另有陆战队副署长一员），兼任该联络组组长。上述二案均获得总部通过实施。

为求扩增我国防基地，适应海军之需要，我曾提出参谋研究，建议将本岛东部之苏澳港扩建为军港。除在港湾工程方面协调后勤部门有关防台防浪之设计概念外，并曾协调空军派遣战机对停泊港内舰艇作俯冲轰炸之测试，以研考泊港舰艇之安全防护问题。此项研究在冯总司令启聪任内，即向“国防部”层报建议；至宋总司令长志任内，更大力向国防高阶层推动，并为空军所接受。及至宋上将高居参谋总长至“国防部长”时，此案更获优异成果。

担当作战业务，终日兢兢业业，行动不能自如，晚上亦经常难得安眠。只要海上发现不明目标或有海事发生，战情值更官就会第一个通报我，连带枕边人也被半夜电话烦扰。记得有一年的农历年除夕，我正在家里享天伦之乐，突然承办单位发觉在美国购买交拖船横渡太平洋拖返台湾的一艘快速人员运输舰（APD），应得而迄未取得电讯联络，我就得赶到战情室，苦等那艘无动力的旧舰消息。不久之后，自总司令以下的高级长官都来了，几个钟头之后，才知道是一场误算！

主办海军作战业务两年之后，冯总司令于一九六八年初派我为登陆第二舰队司令（后称舰队长），那也是三年前刘总司令广凯告知我要派任的职务。其实该项职务的主要任务就是执行对金门的运补。我任作战署长之后，除了一开头遇到中共海军在“十一·十三”给我下马威之外，其后并无海战发生，所有运补任务都幸能顺利达成。我不敢说是我在作战部门研提的“改进方案”获致效果，我只觉得我为海军和我自己带来一点运气。

调到舰队的时期，唯一不方便的就是住家的问题。我从南部北调到海军总部之后，把梁总司令序昭配给我在左营的较大眷舍退掉，冯总司令启聪在台北改配我一间较小的眷舍。此时又调职南返，就需在高雄赁屋而居了。

南太平洋睦交慰侨

一九六八年冬，长登陆舰队未及一年，冯总司令调我任两栖训练中心（即前两栖训练司令部）指挥官。那是我十五年前首创海军两栖训练，担任过班主任以至参谋长的老地方。景物依稀如旧，人面并未全非；各项训练设施与课程略有改进外，大致如前。我对任务执行，可以说是驾轻就熟。

本来那是一项极其愉快的工作，不幸的，在一次营级两栖突击演习中，陆战队一辆两栖运输车（LVT）在屏东枫港滩头遭暗涌打翻，因而有若干士兵惨遭溺毙。演习部队指挥官是登陆舰队一位上校战队长郭李殷，责任由他负；但因部队在我中心受训，令我极为难过。而且“国防部”派来的上校监察官，调查失事情形竟扩及本中心内部的行政。不过，他调查后不但没有批评我，反而因为我受到所有官兵的拥戴，而恭喜我。

兼差的任务又来了。一九六九年，海官校五十八年班学生即将毕业，毕业前有一个令大家高兴的国外远航训练。我被派任那年远航的敦睦舰队（实在为六二部队的一个支队）指挥官。除了担任应届毕业生的“远航训练”外，更要担负“敦睦邦交”和“宣慰侨胞”等繁重的任务。

各舰队长们所渴望的这项任务，竟落到我的身上，就有人说：冯启聪任总司令，刘定邦就三级跳。我是否适任这项职务呢？尔后从我的表现中足以评定。

其实有资格争取那项任务的，是当时的驱逐舰队长、我的老同学谢炳烈少将。他有丰富的海上经验，且为人忠诚负责。长官之所以派我，大概认为我较会讲点美语。而谢学长并没有表示半点的不满，令我非常感动！

“五八敦睦舰队”由“昆阳”（DD-19，我的旗舰）、“太原”（DE-27）、“华山”（PF-33）等三舰组成。三舰官兵650员，另载同160员可爱的海军生力军，包括学生们自己组成的鼓号乐队和仪队，阵容异常威武。“昆阳”号在美国是新型驱逐舰，航速高，有五门单管五寸炮，早一年（一九六八年）才由我海军启封。“太原”号是新型的护航驱逐舰，新接收返国。“华山”号是快速人员运输舰，适于搭载大批学生之用。

“五八敦睦舰队”的人员阵容非常整齐：旗舰昆阳黄忠能上校舰长是三十八年班最先任阳字号的舰长，可惜后来英年早逝；太原上校舰长欧阳位是三十九年班的首名高材生，后来升至海军副总司令；华山上校舰长许志杰是四十年班的菁英，后来转任商船船长。舰队部选调的干部包括：叶昌桐上校参谋长三十八年班，时为海官校总教官，后来升至海军总司令暨三军大学校长：政战主任薛佩琏上校，具学者风度；轮机长鲍威上校是工程学院的优秀教官；舰队值更官包括沈宗涛、杨旭奎、张东亚、徐湘生等四员少校，暨侍从官袁文干上尉，都是一时的彦秀。

我舰队计划在台湾本岛环岛执行两周航训之后，就到南太平洋作为期共三个月的远航训练。计划内预定访问的国家及港口市埠，包括泰国（Thailand）首府曼谷（Bangkok），澳洲（Australia）的达尔文（Darwin）、肯因兹（Cairns，或称凯恩斯或坚时）、雪梨（Sydney）、坎培拉（Canberra，首府）、墨尔本（Melbourne）、伯斯（Perth，华侨称波士）等六港市，纽西兰首府惠灵顿（Wellington），及菲律宾（Philippines）的马尼拉（Manila 或岷尼拉）等四国九港埠。其中泰国在明朝三保太监郑和到过之外，对日抗战前一年，电雷学校轻型训练舰“自由中国”号也曾访问过，但不为大多华侨所知。至于访问澳洲和纽西兰，则为中国舰队空前之举。而且翌年纽澳承认中共，故至目前为止，亦为“我国”舰队绝后之举。至于菲律宾，与“我国”有“邦交”之时，军舰交往频繁，但此次我舰队较为盛大。

我敦睦舰队环岛航训后，于一九六九年三月三十一日开始远航，经东、西、南沙附近水域，直驶暹罗湾。进入第一站泰国首都曼谷之前，必须溯航漫长的湄南河。泰国予我第一个印象，就是湄南河两岸的青葱美景，沿河慢驶，真是赏心悦目。而且，因宝岛台湾缺乏这样的一条大河，不免让人怀念三十年前在大陆河川游泳泛舟的快乐时光。

第二个印象就是泰国侨胞之多和对祖国之爱，真是令人感动。四月六日午间我舰队抵泰之后，翌日起开放参观。每天一大早在新港孔堤码头排长龙登舰参观的侨胞，据当地报纸估计，最少六七万人以上。八九十岁的华侨老太太率领四代儿孙踏上舰来，流连竟日不愿离去。泰国《京华日报》、《世界日报》、《中华日报》与《星暹日报》等四大中文日报，以及《曼谷英文邮报》，每日均以全版报导我敦睦舰队的活动盛况及有关资料图片，赞为“中华民国”“五百年来之创举”，或誉为“五世纪以来之盛事”。他们都知道和记得中国明朝永乐年间的三保太监郑和，曾经在一四〇五至一四三一年间七下西洋，较之哥伦布发现新大陆以及欧洲人绕过好望角（Cape of

敦睦舰队出访期间，分赠各地媒体与侨胞的戎装照片。

Good Hope）至印度洋之事，都早了半世纪之久。

我舰队到泰访问之日及该期间，适“我国”驻泰“大使”沈昌焕尚未到职；好在“我国”驻泰代办董宗山“公使”暨武官韩大志陆军少将，在各方面都安排得极为顺畅。泰国海军首长亦度假去了；“我国”韩武官暨泰海军训练署长春逢少将登我旗舰，代表其首长欢迎我舰队到泰国访问之外，并引导我到泰海军参谋总长官邸拜会其夫人。另我亦率同舰队军政幕僚长暨三舰长，拜会泰国防部副部长吉滴上将暨海军副参谋总长巴冲上将。

我国·“大使馆”暨泰海军均曾设酒会招待我舰队暨各舰主要干部。而与我同在美海军战争学院的泰国老同学杰特（Ket Santivejchakul）海军中将，则设宴以中菜招待我和舰队的主要干部暨各舰长，其盛情令人感动！

泰国侨胞社团极多。当地华侨总商会主席黄作明在安排侨团联合欢迎敦睦舰队的盛大餐会和晚会之外，四十多个中国大陆各地的同乡会和宗亲会等，每日都抢着邀请我舰队人员前往聚会。我曾会见较重要的泰侨包括：中华会馆理事长余鹤史、潮州会馆主席苏君谦、台湾会馆主席林炳煌等；更有龙冈总公会暨刘氏宗亲总会理事长刘天和，特别为我安排隆重的祭祖仪式，使我第一次领略到姓刘的那份荣誉。

舰队到港口的第二天晚上，五八年班学生鼓号乐队暨全体同学的仪队在曼谷国家大运动场，举行操枪表演，令侨胞大开眼界，至为轰动。一位当地化工厂老板跑上演讲台欢迎我，原来他是三十年前我在广州市的高中同学聂鋈华，彼此都有隔世重逢的快乐。后来他两度来台旅游，我俩得以畅叙离愫。

据说泰国官职至为人所敬重。不论高低职务，商店（尤其中国商人）都会延聘为顾问，以便获得卫护。故待遇极佳，而且役期甚长。以海军军官言，任何阶级均可服役至六十五岁。高阶官员一般都有公配官舍、私宅和别墅等三幢，闻之令人羡慕！

我舰队在泰京的第三天，适逢然那哇区发生火灾。我当即率同参谋长叶昌桐暨政战主任薛佩琏二位上校，由代办董宗山“公使”暨各侨团领导人陪同前往慰问；以官兵节食一天（托词）之款一万泰铢（当时折合台币二万元）捐赠受灾侨胞，以示带头作用，获得侨界好评。泰京四大中文报纸均以巨大篇幅披露我舰队人员到灾区情形，暨我与军政干部和各舰长之大张照片。

在泰京忙了四天之后，四月九日午后我舰队在侨团依依不舍的情况下，驶出湄南河。但在离泰话别的当午，舰上官兵，尤其五八年班学生们，服装上任何可以取下的配件，如名牌、领章甚至肩章等，都被热情洋溢的侨胞少女剥取一空。不用说，我舰队的小纪念章，已经分送出若干万枚了。但侨团也送给我舰队不少水果，如水果之王榴琏与特别美味的芒果等。那时我甚么都不想吃，只想好好地舒一口气大睡一顿。

离泰后，四月十三日穿越马来西亚与新加坡间水域，为第一次航跨赤道。当天昆阳旗舰上的官兵体力已告恢复，还在后甲板上主动排演了一幕跨赤道的喜剧，化装的龙宫虾兵蟹将在甲板上到处跑。然后，舰队驶入一万三千多个大小岛屿环抱的爪哇海（Java Sea）。这里宁静得像印尼（1ndonesia）的内湖一样，更是世界的好渔场之一。因印尼与我无“邦交”，我们并未把它列入访问计划之内。后来我离开海军外调“退除役官兵辅导委员会”服务时，却承雅加达（Jakarta）大富豪林家兄弟（绍荣、绍良、绍根）之邀，前往访问两次。

我舰队穿过世界有名的度假胜地巴里岛（Bali Island，即空有其名的峇厘岛）侧方航道之后，四月十九日到达澳洲北领地（Northern Territory）的唯一港口达尔文。该港是我舰队计划访问的第二站，因中途乏憩足之处，这两站间的航程约 2,800 里，是最长的一段。它处于澳洲西北角不毛之地，华侨过去偷渡入澳者多先经此处，曾有被当地白人以氰酸钾集体毒死的惨事。

舰队到港后，会见当地海军最高首长李熙（D.W.Leach）上校，以及代表北澳的国会议员狄恩（R.L.Dean）。那里也设有中华会馆，我会见其主席 Ray Yee 暨全为广东乡里的侨胞。

在达尔文停留一天半的光景，第二天午后，就绕澳洲北部，穿过约克角（Cape York），进入澳东珊瑚海（Coral Sea）的“大珊瑚礁堤”（Grear Barrier Reef）航道。四月二十五日一早到我舰队计划访问的第三站，昆士仑州（Queensland）的肯因兹，也是用作舰队整补的憩脚港。当地人极为友善，有接待海员的设施。我舰队到港口之日，适为当地举行“澳纽阵亡将士第五十四届纪念日”（ANZAC-DAY）。澳纽人士所指的 ANZAC 一词，含有“勇敢、坚毅、忍耐与爱自由”之意。我到达后第一件事，就是率主要干部暨各舰长前往阵亡将士纪念碑献花致敬；市长彭瑞治（Aid C.G.Penrige）以警察马队引导我学生鼓号乐队暨仪队，在市区冒雨游行表演。昆士仑英文报称“中国海军在肯因兹胜利”，使此“极单调”的纪念日转变成为“空前难忘”的日子！纪念大会后，肯因兹妇女会在同济会（Masonic）寺以早茶款待我舰队官兵。当地华侨虽不多，但侨团主席黄森号召侨胞于当晚在罗经（Compass）酒店以酒会招待我舰队。当地人士与侨胞盛情均值怀念！

在肯因兹停留整补一天半，四月二十六日午后我舰队离港南下，继续穿越闻名的“大珊瑚礁堤”航道。那条狭长的礁堤约从南纬九度半起，延伸到南纬二十四度止，有1,250里之长，具防海浪的作用。海底的珊瑚呈现着各式各样多彩多姿之美，是一项地理上的奇迹和海中的奇境。

我舰队于一九六九年四月三十日到达澳洲东海岸最负盛名的雪梨埠。“我国”驻当地“总领事”杨卓膺当日即引导我暨舰队军政幕僚长、三位舰长，拜会澳洲的纽修威州（New South Wales）总督卡特儿（R. Cutler）、州总理亚士坚（R.Askin）、澳海军舰队指挥官威尔斯（D. C. Wells）少将，暨州议员兼“自由中国协会”副会长德贝（Darby，他是诗人，后来常寄赠我英文诗，并到台湾相聚）。

翌日，杨“总领事”又引导我等搭机飞往偏南而距离不远的澳洲首都坎培拉，晋见我国“大使”沈锜。沈“大使”旋即带领我等一行会见澳国海军参谋长史密斯（V.A.I. Smith）海军中将，和代表西澳的国会议员卡脱（M.Cotter m.p）。其时，坎府正值冬季，以树叶演变色泽之美而闻名于世。其兵器博物馆中，陈列日本于二次世界大战时之自杀潜艇。

雪梨埠则是经过审慎的设计，利用海湾岩岸筑成美妙的港埠。最显著的标志就是那座跨港的大桥，和大桥东侧那张起几块大芭蕉叶似的歌剧院，一面筹款一面施工，好几年还未构建完成（若干年后已竣工了）。再有就是固定停靠在歌剧院旁码头的澳海军独一无二的航空母舰（现在是否如此，不得而知了）。

驻雪梨“总领事馆”一九六九年六月九日致“外交部”电副本有关海军五八敦睦舰队访问雪梨报告，略以：雪梨各电视台、广播电台暨报纸之记者等报导我海军于四月三十日来访消息，暨对指挥官刘定邦少将之访问情形，均获一致好评。纽修威州总督暨总理对我海军特别尊重，当面赞扬刘指挥官，并特别亲自迎送。我海军远航澳洲访问，在历史上衔属创举。侨胞对我军力之强大，官兵学生军容之严整，士气之壮伟，亲眼目睹，足以激励侨胞爱国情绪，并在澳洲海军中留下良好印象。

我舰队远航构想是环绕澳洲巨岛一周，但因又要访问纽西兰，最方便的航行计划就是从雪梨横渡塔斯曼海（Tasman Sea）。五月七日，我舰队就按计划离雪梨发航。途中天候变坏了，我舰队赶快在夜间驶进纽西兰南北两岛间的柯克海峡（Cook Strait），在南岛东北顶端的海湾选了个避风锚位，锚泊一宵。

第二天早上航向惠灵顿时，讵知遇到当地最恶劣的天候，风速已高达100里／时。纽西兰南北两岛从不停航的交通船也停航了，领港不敢出港。“我国”驻纽“大使”夏功权那时已在码头边，撑着伞率同一群侨领，冒雨伫候我舰队到临。当时中纽军民看到敦睦舰队自行进港的三舰在汹涌的波浪中，一会儿升到半空浪顶，一会儿又降到视线外的浪底，但都按照预报时程于一九六九年五月八日上午九时正，靠上了第五站惠灵顿港的海外终站码头（Overseas Terminal），大家热烈喝彩不已，当地报纸也大加赞扬，

一九六九年四月三十日与“五八敦睦舰队”之太原舰长欧阳位（左一）、许志杰（右一）、昆阳舰长黄忠能（右二）合影于澳洲纽修威州雪梨埠。

一九六九年五月八日与夏功权（左二）合影于惠灵顿港的海外终站码头。

我舰队官兵当然高兴异常。但最高兴的还是夏功权“大使”，空军出身的夏“大使”对中外人士说：“‘中华民国’海军不是风平浪静的海军，而是惯于在大风大浪里翻滚的海军。”我敦睦舰队官兵有面子，“中华民国”海军有面子，“国家”有面子，代表“国家”的“大使”当然神气啦！

夏功权一九六九年五月十九日致我海军冯总司令启聪函，略以：“五月八日‘五八敦睦舰队’抵惠灵顿港外，巨浪滔天，风速达百里，领海港船无法出海工作。我三舰为完成任务，破浪直前，依计划按时访问，博得友邦朝野之一致赞扬。我革命海军之无畏精神，于焉发挥无遗。访问期间，官兵纪律严明，态度大方，极得纽人及侨胞好感。侨界情绪之奋发高涨，为抗战胜利以还所仅见。用谨建议，对舰队官兵尤其负责人员，予以适当之奖励，用示嘉勉。”

纽西兰克利福普利默爵士致本人函（1969.5.11 录音英译中）：“贵舰队于强风骇浪下，驶进惠灵顿港，确已获得赞誉。余敢保证你们在纽西兰所接触过之人士，均已留下最为愉快之回忆。对余个人而言，此等回忆将永远不灭。你们确已替贵国执行了成功的敦睦邦交任务。”

我舰队在惠灵顿期间，曾拜会纽国防部长汤荪（D.S. Thomson，曾任陆军旅长，官至准将，现身兼观光宣传部长、总理助理部长，暨国会议员等职）、海军参谋长罗斯（J.O. Ross）少将、惠灵顿市长奇士（F.Kihs）、港务局主席哈特（E.M.Hodder）。侨界方面，则拜会华侨联合总会，以及四邑会馆、东增会馆、番禺会馆、华人圣公会，暨华人浸信会等。此外，并特别会见当地中文学校校长兼医师罗挺生伉俪。罗医师是当地第一位领有医师执照的侨领，由他主持侨团空前盛大的欢迎晚会，包括社交舞会及纽国毛利族土风舞表演等，官校五十八年班学生至感兴趣。罗医师后来到台湾旅游并探访我。我在“退除役官兵辅导会”服务期间，亦曾领导台湾渔业公会之鱿钓组到惠灵顿暨屋仑（Oakland）访问，纽国由外交部与我协商渔务，对我国鱿鱼业之发展协助至巨。

纽西兰在地理上可分成十一区，但主要是南、北两条细长的美丽山岩海岛构成的国家。南岛接近南极洲，具海岛岩壁之美；它拥有一个最靠近地球南端的城市印活卡照尔（Invercargill），可惜我们无暇游览。北岛则较为繁荣，尤以在北岛南端之惠灵顿港埠为最。它处于大海湾内，拥有美丽的长海滩，故亦为消暑胜地。纽国工业不发达，因它不像澳洲之开放、吸收有才艺之欧洲白人移民。而且纽国青年多外流，国内剩下老年人居多。在一九四〇年以前尚属蛮荒的此两长岛，至今还似西洋人养老之地。周末全民都往郊外作休闲活动，市区内静静的看不到几个人。就算是周日，下午五时之后情况也一样，要找地方解决“食”的问题也不太容易。我国人有被宣传所诱，移民到纽国去，结果青年谋职不易，老年人静得无聊，于是不少人又回流台湾。

纽西兰侨胞不多，大都是讲粤语的广东人。他们想不到远道而来的祖国舰队如此神气！尤其对五八年班的青年学子至为爱慕。当地青年侨胞也极活泼，彼此喜于交往活动，此为纽国侨团特有的情调。

两天之后，我舰队在五月十日下午五时在中纽人士的欢送下，挥别惠灵顿，西渡塔斯曼海并穿越巴斯海峡（Bass Strait），绕到澳洲南部，五月十六日晨到达最早开发的墨尔本埠。那是我舰队访问的第六站。我侨胞多居于此一称“新金山”的地区，故酬酢较多。结交了墨尔本中华总商会理事长赵乙科、龙冈亲义总会长刘谱云、华侨救国联合总会理事长曾积等。这群侨领后来与我保持一段很长时期的联系。而最令我感动的，就是九十九岁的侨领刘荪维老先生登上旗舰时就说：“回到祖国领土了！”

墨尔本“领事”刘幼峰五月二十八日致本人函，略以：“此次舰队访埠，各方均谓成功，尤其学生大队冒雨游行，最为感人，至今乐道。故家长（对本人尊称）此次来埠后所留影响极为深远。”

一九六九年五月十八日黄昏前，我舰队离墨尔本西航，绕过澳洲西南角，于五月二十四日到达第七站伯斯附近的佛利曼陀（Freman tle）港。那里是新发展的城埠，阳光普照，气候宜人。我舰队到此半年前，“外交部”始在此开设“领事馆”，陈家博任“领事”，但华侨尚少交往。此次陈“领事”开盛大酒会欢迎我敦睦舰队，澳西地区侨胞应邀都来了。有趣的是，与澳人联婚的先生把澳洲太太带来，女士也把澳洲丈夫带来，不像传说中的白种人对我们黄面孔那样歧视。陈“领事”体认到外交和海军的关系是多么密切。澳洲侨胞多属广东裔，故我演说时，除先用国语，再用英语外，还被要求说广东白话。

五月二十五日黄昏前，我舰队离伯斯埠，沿澳洲西岸的印度洋北上。六月一日晨，我舰队二度进入达尔文港，完成了环航澳洲大岛一个圈子。那虽也算我舰队访问的第八站，但完全为了补给。当然也再次会见当地澳海军与侨胞人士，对整个澳洲话别。尔后我离开海军，服务于“退除役官兵辅导委员会”期间，也重游澳洲一次。

一九六九年六月二日黄昏前，我舰队离开澳洲之后，取帝汶海（Timor Sea）航线经东帝汶（Eastern Timor）东侧进入佛罗勒斯海（Flores Sea），经新几内亚（New Guinea）北上西里伯斯海（Celebes Sea），穿越菲律宾南部的民塔那峨（Mindanao）与巴拉望（Palawan）两大岛间的苏禄海（Sulu Sea），驶进辽阔的马尼拉湾（Manila Bay）。

我敦睦舰队于六月九日上午到达访问的最后一站——菲律宾首府马尼

拉。我舰队到达岷港十五号码头后，菲侨领总会长高祖儒率各界侨领暨侨生代表等，随同我驻菲孙碧奇“大使”在码头迎接；并安排其女公子高瑞雅代表“商总”，施碧霞、林东青、许丽英三位小姐代表“血干团”，柯丽仁小姐代表“反总”，吴真真小姐代表“宗总”，向本人暨军政幕僚长与三位舰长等献花，并有乐队奏乐。凡此一切，显示菲侨具有完善之组织与计划。

菲国与台湾接近，历来我国军舰常接触交往，但这次我敦睦舰队阵容强大，欢迎暨参观人潮亦至为盛大，以致侨界之“善举公所”，每日特派医生二员及护士三员到码头照料。孙“大使”安排拜会的菲国军政高级领导人亦多。包括菲三军参谋长甄万雷陆军上将、海军总司令仑美卯（I.Lombio）准将，暨陆军总司令、警备总司令、陆战队司令，还有海军基地指挥官马利亚（A. Maria）上校。

本人举行记者招待会后，即执行已先安排之各方拜访。旋于当午以我五八年班学生鼓号乐队暨仪队在伦尼沓公园表演。菲方三军参谋总长、国防部代表、三军首长等暨侨领外，并特别邀请各国驻菲武官到场参观，可见其对我海军学生队之赏识。

我舰队抵菲后之第四天，适为菲国庆日（6月12日，亦即菲“独立节”）。菲总统马可仕（Ferdinand E.Marcos）暨菲国第一夫人在国庆大典上检阅三军部队暨人民社团表演。菲三军参谋总长甄万雷上将对我舰队至为尊崇，据说其原为韩姓华裔，特邀我五八学生鼓号乐队暨仪队参与国庆校阅，并邀我伴同，在阅兵台上站于菲总统之列。韩上将之情谊深重，殊值感佩，使我学生队之精彩表演，获致全菲侨胞热烈赞美，实为难得之机会。

此期间，侨商总会理事长高祖儒号召各界侨团联合以餐会及晚会对我舰队款待。此外，各同乡会、宗亲会等侨团，连日不断邀宴舰上官兵学生共聚，至为热烈。六月十一日晚，我舰队官兵学生等曾有一夕接受三宴会之事（晚七时三十分，刘杜家族联合总会在芳园酒家宴请二百余人。晚八时半，广东会馆记龙冈公所在联合国饭店宴请。晚十时，部分人受邀参加商总高理事长之私宅宴请）。

参加菲律宾国庆阅兵，与菲国参谋总长甄万雷陆军上将（左）合影。

菲华有“血干团”之爱国组织，在二次世界大战中对日作战。我曾率舰队主要干部暨三舰长专诚至其总部拜访，以示崇敬。菲华的义山坟场，楼阁嶙峋豪华。据说侨胞在墓园祭祖时可安排雀局竹战。坟区中矗立之“菲律宾华侨青年特别工作总队抗日阵亡烈士纪念碑”，永为侨胞崇敬与自傲；其旁更有“杨光泩总领事暨殉职馆员纪念碑”，我率舰队主要干部暨三舰长等前往一并献花致敬。

我舰队访菲期间，适逢其首府岷尼拉市议会开会；我率舰队主要干部暨三舰长拜访其市政府暨市议会。是时市长未礼牙示因公到外埠，由副市长兼市议长贾美爻接待，并宣布暂行休会，而请本人在其议会中致词。本人即以英语代表“中华民国”向菲国政府表达睦交诚意暨对菲国人民致虔诚之敬意，获得议场一片掌声。菲国《新闽》、《公理》、《大中华》三大中文日报除每日大幅报导我敦睦舰队之活动外，并特别表扬我舰队参加非国庆日之校阅表现，暨对本人在菲首都议会之演说，誉为外国军人史无前例之第一位！

访问马尼拉市议会，并成为在此议会中致词的第一位外国军人。

六月十二日黄昏前，我舰队离菲赋归。菲海、陆军与侨团侨生等代表，尤其侨团乐队，均在十五号码头热情送别，情谊感人，为别处所无。

为时二个半月，航程 16,760 里（国内环岛航训不计）的远行训练，于六月十五日晨返抵台湾左营而告结束。“五八敦睦舰队”任务编组之三舰、海官校五八年班应届毕业生、各征调干部，暨我本人，均满怀愉快心情归还原属行政建制。对南太平洋兼具睦交慰侨之远航训练，每一参与者将永留忆念。远航期中，中共每天不断对我喊话广播，直至我任务解除后始得而知，可见我军中保密工作之到家。我舰队所有人员获得实际远航的学益与经验外，为国家遂行“敦睦邦交”与“宣慰侨胞”任务上成效之大，及对中共心战上打击之广，固无法计量，但总可能为我政军高层长官所肯定，亦为我等身历其境者所感领。此外，其后若干年间，“五八敦睦舰队”南太平洋之行的纪录影片，无疑地已成为海官校每年招生时有效文宣法宝。

指挥、入幕、育才到引退

海军“五八敦陆舰队”到南太平洋的远航、睦交与慰侨，在国际上有所报导，让我在国外、香港甚至大陆上的同学和老友们，都知道我在台湾的一点活动消息；而海军六十一年班以前的新枝也知道海军中有我这样一个人。那种宣扬完全是国家带给我的光彩。但是，他们对我在海军和有关国防安全所做过的事，实在一无所知；即使是我的家人亦属如是。海军人有点文人习气，文章是自己的好，别人的成就都没有什么了不起。到今天为止，我从不敢对任何人表彰过我所做过的微不足道的工作。

有一次，海总部把我和好同学李北洲一齐签报为两栖部队指挥官的候选人；我俩当时都是少将，而李同学较我为资深。不期老“总统”先召见我。我对那件事前毫不知情的事，极为抱歉而难过，因为李同学对我提携照顾实在太多。好在老“总统”后来又召见他，而且随即发表他接任。那样我才感到舒服。后来，当时的侍卫长孔令晟中将又转下老“总统”的指示，要我等候另一机会。果然，海总部嗣又签报驱逐巡防部队（兼六二任务部队）指挥官候选人时，老“总统”就圈派了我。我真佩服老“总统”在人事上的细心安排，令部属们都感到愉快。

那时，海军总司令已由军政副总司令宋长志将军接任。他是我第三度的顶头上司。第一度在海军官校时，他任军官训练班主任，我是他属下的队长；第二度他任海总部参谋长时，我是他属下的作战署长。他夫人常在内子面前嘉许我，说他先生尔后有出头之日，一定要重用我。所以我对那最具挑战性职务（驱巡兼六二部队指挥官）的颁布，感到是宋总司令长志予我最大的提拔！

一九七〇年初，我奉调为“驱逐巡防部队”指挥官。在行政编制上，那是舰队指挥部属下两大部队之一（另一为“两栖部队”），统辖三个作战的主要舰队:“驱逐”、“巡防一”、“巡防二”;而在任务编组上,兼任“六二”特遣部队指挥官,负责台澎水域全面作战指挥任务,所有海上作战舰艇都纳入“六二”部队的任务编组。

行政编制上的舰艇部队要与任务编组的单位相结合,那本是我在作战署任内的改进建议之一,想不到却为我自己安排了此一直接指挥任务。在执行联盟防卫作战的“乐成计划”时,我“六二”部队与美海军部队,更为相对阶层。

在职务与官阶分离的体制下,我的中将级升来还是蛮意外的。一九七〇年冬,海总部签报晋升中将的名单中没有我。“国防部”人事行政局觉得我任部队长职务的重要性,向海总部质询,并把名单退下,认为我不该落在名单之外。后来宋总司令把告诉人事行政局的话转告我:因为海军那年能升中将的职缺仅有三名,按规定倍数签报,只能报六名;签报名单中又须含海军、陆战队和政战三方面的人。其中政战部主任李中非签报不可,而且要签列首位;陆战队要升一位,就签了二名;所余三名额除了签报一名部队长(两栖部队指挥官李北洲)之外,只能另签二位资深少将,所以我排不上榜。于是人事行政局姑准加签一名,也就是让我列入名单敬陪末座。哪晓得老“总统”似乎由后签起,圈上了我、李北洲和张镇远(陆战队副司令)等三名部队长。那确是我的侥幸之事。宋总司令还笑着对我说:“官运来了,挡也挡不住。”

不久,海总部又将我与白树绵少将并签为海总部参谋长的候选人。白将军是资深少将,多才多艺,学能均优,但当时他担任的联络局长已改为少将阶,以致他无法报升。那次签报的结果又圈中了我,却把我喜爱的指挥官职务圈掉了,成为宋总司令的入幕之宾。我的驱巡部队兼“六二”部队指挥官缺,由属下的驱逐舰队长邹坚少将升接。我就注定了要放离海军的命运。其后二至三年中,他调为“总统”侍卫长,继而副总司令,并一帆风顺升任海军总司令。其他我下属的巡防第一舰队长林蛰生,尔后升至海军副总司令;曾获颁“青天白日”勋章的巡防第二舰队长梁天价,尔后升任至联勤副总司令。我任海军总司令参谋长两年半,一言以蔽之,“乏善可陈”。

一九七三年冬，奉调至三军大学任海军指挥参谋学院院长，又第二度重回老单位（海军指挥参谋大学后身）。指参教育原是军中最高的学术机构，地位也不低。可是我的上任却较我资浅，并曾求任我中字号舰的副长，而他转任资序较高的战争学院院长。此外，我觉得离开了海军部队指挥系统，似乎已在安排养老的样子。

一九七六年夏，我任完三年最长的一个院长职务之后，虽则在现阶中将停年尚未届满二年之前，我感觉到官运已到尽头，就自动引退，毅然结束三十六年余的军旅生涯，申请外职停役。由当时的三军大学校长蒋纬国之推荐，为当时的红人“国军退除役官兵辅导委员会”主任委员赵聚钰所接受，到该会所属的“海洋渔业开发处”任处长。我之所以找该处为栖身之所，因为我了解海洋，懂得运用船舶，达成了我的意愿。从我后期的职务调动看来，并非得意。但那是官场不可避免的事。我早就觉得，在军中最有荣誉感是上校级的阶段，那是学验成熟而工作能力强的时期，无论所向何方，都极为人所需要。熬过这一关到了少将级，门路已较缩狭了，但还有适用之处所。到了中将级，就走到政治官路途上。用与不用，是政治的问题，与个人的才能无关。如果排不上用途，最好就知难而退。若干年后，我仍觉得自己的选择为适切而愉快！

论　定

人老了，想法会改变。我从来不想写的，写了；从来不想说的，说了。

少年不立志，老大无所成。幼小失怙，最可怜的就是欠缺指引的明灯。虽则从未入学的家慈，常常畅述不少古代圣贤豪杰的史事，但最大的收获是令我懂得“做人的道理”，而未能达到有“少怀大志”的抱负。在军中的微量经历，不过是时势予我的侥幸。

我总算承接了先父遗存的军人气质：忠义、豪爽、负责、忍耐、随和、谦让、淡泊、守份、亲力亲为、手到眼到。但是，却也自知许多没格失体之处：不羁、不专、不勤、无恒、自卑、倔强。我很会忙里偷闲，苦中作乐；但也会随遇而安，无求寡欲。总之，作为一个职业军人，我自认为没有入错行。

李长浩先生访问纪录

访问／张　力

纪录／张　力·曾金兰

时间／一九九七年二月三日

地点／台北市敦化南路二段李宅

黄埔海校

我原籍广东番禺，民国十年二月十二日生。家父原是公务员，抗战前先在财政厅服务，后来到航空学校当文官。日本人打到广东，他就跟着空军的运输总站到南宁、昆明，之后他就自军中退休。

我自小学毕业后，因家姊就读广州禺山中学，我也就进入该校，至廿五年毕业。同年考入黄埔海校，于八月十五日入学。此次招考两班，每班四十人，一班习航海科者称廿三期，另一班习轮机科则是廿四期，依照计划，两班同时入学，四年后同时毕业。我们和二十二期不同，入校前毋须到燕塘的陆军官校接受入伍训练半年，直接就进海校就读。课程仿照英国海军学校的制度，头一年都是普通的数理等一般课程，物理、化学用中文课本，其他如代数、几何、三角、航海科都用英文教本。在校期间，因医疗设备简陋，疟疾流行，同学之中竟有百分之八十感染，而药品缺乏，致使少数同学不幸病故。入学时并没有谁的英文特别好，会有差别是因为我们大多是初中毕业进去的，有些同学已经念高中一年或二年，而且念的学校比较好，如桂宗炎同学就是高中念了一年才进去，因此程度也好。

民国二十七年八月着海校制服摄于广西柳州。

入校一年左右，开始有消息说日军飞机即将监空，学校当局鉴于广东非久待之地，开始沿珠江、西江往上迁移，搬到连滩。此地属广东省郁南县，对外交通主要靠珠江，是邻县罗定县的出入门户。我们在此约待一年。之后又搬到广西柳州，这是一个非常偏僻的小村，差不多也待了一年，之后学校即告解散。

解散时学校发给每位同学一份志愿书，愿意留在海军者，送到四川万县的青岛海军学校再念一年，不愿者即到陆军学校，由军事委员会分发。我原先填了表要留在海军，但当天下午听说要到四川青岛海军学校继续就读，我想海军里面又是青岛，又是马尾，又是电雷学校去的，彼此都不大来往，学校和学校间隔膜得很，而我国海军实力也没办法和日本人对抗，如果想和日本人作战，还是到陆军好，遂打消留在海军的念头，把交出去的表拿回来改成陆军，之后就分发到贵州都匀，改念炮兵学校，时为民国二十八年八月。

改入陆军

在炮兵学校就读，我的正式学历是炮兵学校代训的中央军校第十六期第二十总队炮科，但我们这个总队根本没到成都本校，一直在都匀。入校时，第十六期的训练已近一年，我们插班进来时，他们都快开始教连教练了。我们训练了一年，于廿九年八月毕业。

毕业后，我和其他二三十位同学分发到四川万县要塞炮兵干部训练班，接受约一年的训练。在这里又和在青岛海校就读的同学碰面。之后分发到四个总队，驻守自湖北到四川的长江要塞，我在第四总队担任分队长，守备万县到奉节这一段区域，总队部在白帝城。

我们在此本来等着准备接收要塞炮，但实际上该要塞只有轻武器而没有炮，我们训练实习时，此地就只有老旧的义大利炮等外国火炮，所以没有接收到什么东西。我在这里也升到总队附（总队长为中校，之下有大、小两个总队附，阶级分别为少校与上尉，我以中尉占上尉缺）。后来突然间（可能在三十二年）上级命令我们带队飞到印度，四个要塞炮兵总队就解散了。

转战印缅边界

我们到印度蓝姆珈基地，四个总队已经打乱，改编成一个骡马辎重兵团，很多同学担任副连长。我不肯去，因为当初想到陆军的目的就是希望能随部队到前线打仗。骡马辎重兵团是运输队，团长原是我们第四总队队长曹开谏（也是海军出身），他很照顾部属，所以要我们都到骡马辎重兵团。因为我不愿去，变成编余军官，编在附员大队当附员。不久新成立一个新三十师，我通过考试，当上新三十师的炮兵军官。

新三十师部队改编自四川的第二十五补训处，辖八十八（杨毅）、八十九（曾琪）、九〇（项殿元）三个团，师长是黄埔一期的胡素，他原来可能是第二十五补训处处长，我在炮兵第一营当营观测员。在印度训练将近一年，胡师长把部队带到雷多（有雷多公路通往云南），原来师指挥所已有一位参谋（姓项，黄埔十五期），此时又把我从炮兵营调到他身边当随从参谋。他调我去的原因可能是因为我在海军学校念过，稍懂一些英文（事

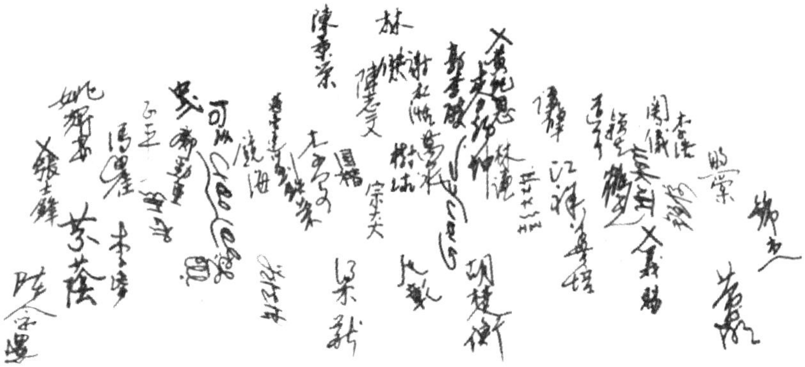

转入炮兵学校的原黄埔海校同学，在四川万县要塞干部训练班受训期间，与转入该地青岛海校就读的同学合影并签名于照片之后。照片上方之说明文字为李长浩先生亲题。

实上那时懂得很少)。当了参谋，但我的职缺还是营里的观测员。

在雷多不久，新三十师就从八十八团派出一个营，与美国的战斗工兵营合作（美军第五三〇七支队，兵力约一团，主要任务是开路)，从雷多翻过野人山，穿过浓密的森林摸到密支那（Myitkyina）边上，配合美国空军的空投补给，没几天就打下密支那飞机场（西机场)，时为民国三十三年五月十五日。

在野人山作战的主要困难是交通问题，故后勤补给的良窳变成制胜的主要关键。当时被服由英国人补给，野战粮秣也由英国供给，后来美国也补给一些，武器弹药则完全由美军空投补给，他们的空投和联络都非常快。没有他们的补给，仗很难打。

密支那城在缅甸北部，是通往印度及伊洛瓦底江上一个很重要的交通要点。风土环境非常像台湾屏东，日军在河边驻扎一个军营及建一个小型飞机场（有两处机场，西机场和北机场)，我们攻占飞机场，我和师长就坐飞机到那里，继续在河边和日军鏖战，真正打下密支那城共花了三个月的时间。这场仗打得非常痛苦，尤其最后要打下日军的兵营时特别难打，一方面因为日军死守，他们据守着练习靶场的壕沟，同时天天下雨，我们在地上挖掩体，用二层降落伞支撑起来权充帐篷，前后打了三个月，直到八月四日才攻克密支那城。

我想胡素师长可能没打过仗，如果换另一位指挥官，密支那可能不需要打三个月才攻下，因为当时密支那后面并没有地上交通线可供运用。我们占据了飞机场，配合开路的美国工兵和美军空投补给弹药，制空权由美军控制， 日军根本无法自缅甸（沿伊洛瓦底江）派兵支援。结果每次美军联络官（每个部队都派一位联络官，不直接参战，仅跟着部队一起走，有一位军官，一名兵，二匹马）来掩体内的师指挥所商议当面要打到哪里，胡师长对地图判读都搞不清楚。我的工作就是判别地图坐标，以前我在海军学校学过海图，转到陆军学炮兵，也学过地图判读。

我们打了三个月，师长几乎是束手无策，当时正逢雨季，我们天天在泥泞中作战，等于是一寸一寸土地地打，而日本人藏在地下，反正也绝望了，所以拼命抵抗，双方死伤惨重。

那时美国正在发展火箭筒，用一个三脚架，把筒挂在边上，拉两条线在后面发射，后来发展成火箭炮，是反战车的武器。因为我懂几句英文，他们拿火箭筒来要我训练，我学了一下子，操作非常简单，很快就学会了。我爬到第一线，架好瞄准，把很轻的电线拉到战壕里面，一按就发射出去，打出了第一个火箭筒，射程不到一百公尺。我们大概是第一个使用火箭筒的国军部队，打出去之后，第二天就把日本兵营攻下了。能攻下密支那或许不是因为有火箭筒的关系，因为已经打了那么久，日本人撤走和死伤得差不多了。

攻下密支那的第二天，胡师长就调回重庆，另有任用。

那时跟我们一起在旁边打的是廖耀湘的新二十二师，他和孙立人的新三十八师，都是从越南退到印缅边界的部队。民国三十三年，新三十师和新三十八师并为新一军，孙立人升任军长（李鸿升任新三十八师师长）；胡素在攻下密支那后被调走，新三十八师的副师长唐守治调升新三十师师

民国三十三年年中，李长浩先生（左三）与袍泽在缅甸密支那的伊洛瓦底江边合影。

长。第二十二师后与另一师编并为新六军，由原二十二师师长廖耀湘于三十三年八月升任新六军军长。

打下密支那后，我即报告唐师长，想回炮兵营，因为老当参谋，成天跟着师长，没机会在第一线打仗，缺少实战经验。唐同意，让我回到炮兵营，我乃回炮兵营观测员一职，晋升营附。

后来开始打滇缅路，从此往东往北打，打通到昆明，运国外物资回去。

民国三十四年一月，我们（新三十师第八十九团，及新三十八师之第一一四团）迂回攻袭南坎不远地方的一个高地，进行南坎作战。通常炮兵营辖有三个战炮连，在野人山作战时，因无法集中用很大的火力，所以一个炮兵连配属一个步兵团。打南坎亦复如此，第二连配属第八十八团，结果他们上阵地四五天后，日本人半夜派一个部队摸到炮阵地把连长打死了，打伤连附一只眼睛。我在营部用无线电和有线电联络，都无法接通，改和步兵联络，步兵和前面一个步兵营也联络不上，我晓得出了问题，乃向营长报告：第二连联络不上，连步兵也有问题，前方状况不好。营长想派人到前线去了解第二连的情况，问我派谁去？营长平日对我很好，我稍加思索，自愿前去。我从营部带了二十个人、几匹马和弹药、机枪、手榴弹，沿着电话线向前走，因为没有详细的地图，方位无法判断，只好这样做。结果走到炮阵地后面就进不去了，一上去，日本人的机枪就打过来。由于这条路下去就是师指挥所，我带着二十个人就堵在那条路上，守了一天一夜，后来步兵增援，击溃日军，一部分日军逃走，我们才进入阵地。上阵地发现连长已阵亡，伤八九匹马，死伤不大。我们把连长抬下来，师长就派我当连长。

接任第二连连长，我到连上集合人员，检点马匹，美军联络官帮助将受伤的人马送到后方医疗，四个被日军炸坏的炮管，美军很快就用空投补给上来。

甫任连长十天，又开始打仗。一直打到八莫，向上打通到腊戌我们就回昆明了。回国时副连长带着一部分兵和骡马长途行军，我则带着炮和一部分兵坐飞机回昆明。未几，又从云南出来到贵州，准备打南宁！

走到贵州安龙，就得知美国在日本投掷了原子弹。我记得很清楚，美国的联络官跟着部队行军到安龙，他在路上碰到我说："连长，我们要回家了。美国丢了两颗大炸弹在日本。"那时还不知道原子弹是什么东西。日本投降，我们接到命令，奉令急行军，连夜赶路，我骑在马上都打瞌睡，行经梧州、广州，到东莞等候。

开赴东北

民国三十五年春，新一军奉令在九龙上船开赴东北，我带着部队随军到秦皇岛登陆，然后坐火车经锦州到沈阳。抵达沈阳的头一天，营长就给我一个来自师部的命令，必须在第二天（三月廿七日）沿中长铁路（由新民经法库）往北打昌图。我们自沈阳往北走，头一仗打四平街，此役非常激烈（按：四月一日围攻，四月十五日进入，五月二十日克复，残余共军"窜"向永吉）。此后我们一直追击林彪的部队，从四平街到海澄、铁岭、辽阳，五月底打到吉林的永吉（按：五月廿八日收复），并进向梅河口。

此时中央发布公文考选留美学生，素以训练严格著称的美国炮兵学校亦有员额，东北区初试在沈阳。但营长压着考试公文不发，我们一直在阵地等待消息，几经催询，营长才同意我们去考试。赶抵沈阳，都已经放榜了，只好又回去打仗。我初到沈阳作战就奉派打第一仗，后来到美留学发现，美军通常也是用炮兵营的第二连当先锋部队。

因为头一次错过了考期，等第二次招考命令又来时，我就跟师部的参谋商量，下次正式公布考试日期时，请他先打个电话给我。他果然如约通知我，那时正是我打到梅河口占领阵地的同一天，自观测所回到连指挥部接了电话，立即向营长及步兵团团长报告，他们都不让我走，说："现在正在打仗，你怎么可以走呢？"我说："我从印度打仗一直打回来，现在有机会考试您都不让我走，非要我打死才行吗？"因为是老部队，长官也不好

民国三十五年三月新一军在九龙登上美舰，开赴东北。

意思再留我，我就到永吉师部报告师长唐守治，唐亦同意。因为前次错过考期，这一次无论如何不能再迟到，遂于当天星夜赶搭火车到长春，第二天天亮就去见军长孙立人将军，孙将军一听是考留美，他非常鼓励军官深造，一口就答应了。

大约在三十五年年底的时候，我在沈阳考取初试，随后坐飞机到北平换机，赶到南京参加复试。录取后，就到美国炮兵学校受训。

我到美国炮兵学校受训，曾写信回原部队，但他们在两个月后就开始打败仗。回想起来，我在部队时运气一直很好，一直都在追击林彪的部队（按：三十五年十一月十一日，共军在东北发动第一次南犯攻势），那时他的部队根本不堪一击，装备也不行，后来因为接收了关东军的武器和伪满军队；我们拒绝收编伪满军队，结果让共产党接收了，这是丢掉东北的主要原因之一。

在我的接触和个人印象，以及后来和许多人谈论当年在部队中的经验，我认为在东北牺牲的部队是非常可惜的。新一军和新六军是当时国内最优秀的部队，在印度打仗时，因为环境单纯，战争中没人怕死，不管到哪里都想着一定要打回来，而且一路打通滇缅路，士气很旺，所以是最好的队伍。在东北打败仗，当然原因很多，以我在部队当连长的经验，我认为和战术上有直接的关联。因为部队当初在印度训练，是用热带的作战方法，使用热带的武器，匆匆开赴东北，一点准备都没有，根本没考虑到适应的问题。以很简单的一件事为例，如我所辖的骡马炮兵，炮管发射后都有后座力，后座的炮管能退回去，是因为炮管内装有复进机，里头添加制退油，是一种除了弹簧之外，制止炮管后退并协助炮管退回去的主要原素。但制退油的密度很轻，到了东北，炮兵将炮弹发射出去后，在阵地就打电话回来说："报告连长，炮管退不回去！"我在电话中骂他们，要他们想办法把炮管退回去，但事实上所用的油就不对，不是寒带那种状况下使用的油。炮兵把炮管推回去，打热了之后，情况才好多了，后来慢慢才懂问题的关键。

另外在缅甸攻一个山头，因为山头区域很广，丛林密布，一班十个人散开不易联络，但只要在山顶上攻占一两个要点，用一个机枪连就能封锁交通及一部分地面，所以常常占领一个山头只要一二个班，不过战车和重火炮却很难运用到第一线。到东北之后，都是大片平原，放眼一望就望到天边，根本不是在印缅作战打丘陵战、丛林战的方法所能应付的，所以几乎完全没有习惯。不过部队作战久了，凭经验才能发展出新的战术应变。还有部队拉得太长也是很大的问题，那时我们打下一个地点后，就交给后面另外一个部队来守。我从连到师部开会，头一次不清楚，骑马飞奔而去，但实在相当的远，跑得人疲马竭，所以必须要靠火车。在东北和缅甸打法完全不一样，上头指挥部队调动，似乎也没想到这一点。结果共产党破坏了铁路，师部和团部的联络就非常困难，甚至有些团部和营部也联络不上。我想最主要的原因应该是这样。

马尾突围

美国的炮兵学校在奥克拉荷马州，第一次考上时，我不晓得到美国学的竟是基本班的内容。那时虽然英文懂得不多，初到美国也听不惯，不过炮兵的学术我可以不必听，因为我已经当了炮兵连连长，有关炮兵的知识大部分都懂，所以头一次去没学到什么东西。

民国三十八年七月，自美回国到南京报到，当时孙立人将军是训练司令，派我到台湾当参谋，后来担任陆军独立炮兵第三团第一营营长。这个炮兵团是在屏东新成立的部队，成立不到一年，层奉总统令，派一个步兵团及一个炮兵营到福州，支援“戡乱”作战。那时共产党已过长江，孙立人将军派一位闵姓指挥官带我们这支部队到福州，我带一个无线电台，步兵指挥官也带着二个无线电台，以供联络之用。这支部队归由福建省主席朱绍良指挥，后来把我们调到马尾，营指挥所就驻在马尾的山上。

我在马尾驻守约一个月，差不多在八月十四、十五日半夜，共军就围攻马尾，我们抵抗，打了两天，我用无线电和台北总司令部联络孙立人将军，希望台湾能派空军、海军支援。结果我们听到飞机的声音，也看到一艘军舰从闽江口一路打到马尾下面，后来又转头打出去。我看这个情形，觉得这个舰长胆子不小，闽江又窄又浅，有些地方只有一千多公尺宽，有时舢舨都会搁浅，他竟敢打进来又在江面上掉头转出去。同时觉得虽然空军、海军都来支援我们，但参谋作业并没有认真做这个事情，他们来之前，没有安排彼此的联络方式，而他们似乎也没弄清楚这个任务的目的，因此未与我们研拟作战计划，所以我就看着他们打进来又打出去，我们还是没得到真正的支援。

马尾原来也设有海军巡防处，我们从福州到马尾时，已知前面紧张，故我事前亲自拜访巡防处处长，约定若战事吃紧，彼此应联络协调，他们可告诉我们水路怎么走，有哪些交通工具可以利用。不料真正打起来时，巡防处的人先跑掉了。而步兵指挥官的两个电台，或许因为不清楚通讯的重要，在战况紧张时，联络竟然中断了。我深知作战时联络最为要紧，一直都很重视这个电台，盯着通信兵译电和发电；后来接到总司令电报，令我把火炮、车辆破坏，人员带回来，我赶紧把总司令的指示向指挥官报告。然而事实上根本无法突围，自福州往南到厦门，路很窄，又没桥梁，往来必须靠渡船，幸好那时正好有艘招商局的船停在马尾港，我在指挥所打电话给副营长，叫他把部队先带上船等候。指挥官因为我不走，他也不好意思走，乃叫我送个命令给步兵团长。结果我从山的这边下来，指挥官从山那边下来，还比我先上船。我是最后一个到岸边，找一艘老百姓打鱼的小艇渡到大船边上船的。我们一撤，整个福州就丢掉了。

后来我在圆山军官训练团受训，睡我旁边的是黄埔海校高一班的学长陈庆堃，我们聊大陆撤守前的作战，我无意中提到三十八年在马尾作战并突围的情形，他说："咦，您在山上面啊？"这时我才知道，原来打进来的是他的船。

自马尾突围先到厦门，司令调我回台湾，当中校炮兵大队长（占上校缺）。

孙案与延宕升迁

来台后我一直在孙立人的部队，一九五一年我第二次到美国炮兵学校高级班受训，回国后孙立人派我担任第二军炮兵指挥部副指挥官。到任几个月，美军顾问团的顾问表示反对，因为当初顾问团与"国军"有个协议，派往留美受训者，回国必须到学校当教官，不能派到部队。我当了几个月副指挥官，任命就被撤销，调回台南的炮兵学校担任主任教官。我心里很不舒服，一方面因为在炮兵学校的职务不如我原来的职务高，而且我也不愿意待在学校里面。后来于豪章将军向我以前的老团长商量，说陆战队没有留学的炮兵军官，是不是可以调我过去？老团长就问我愿不愿意到陆战队，他说：“以前你念的是海军学校，到陆战队和海军接近一点。”我当时随口就答应了，可是我知道顾问团一定会反对，我说：“若能办得通，我就去。”结果于将军到“国防部”协调，就将我调到陆战队。

我到陆战队系担任炮兵团副团长，同年陆战队送我到台北参加陆军指挥参谋学校第九期（或八期）考试，放榜后录取。我回南部拿行李准备报到受训，陆战队司令唐守治将军是我的老长官，把我叫去告诉我不要去了，我莫名其妙，问他为什么不要去。他说：“你不要问，好好干，也不要乱讲话。”所以陆军的指挥参谋训练我始终没有参加，但是没受这个训练不能升级。

后来罗友伦将军接任司令，他也是我的老长官，陆军官校在台复校时，他是校长，我则是大队长。他看到我，叫我到办公室谈话，询问部队情形，然后问我有没有问题。我说：“报告司令官，我有问题。”他问什么问题，我说：“我考取指挥参谋学校，但始终没让我去受训，我不知道是什么原因。”他反问我：“你想是什么原因？”我说：“我不知道。没有人告诉我什么原因，我想可能因为过去我的长官是孙立人将军的关系。”因为那时孙案的各种消息非常多，也牵连很广。罗将军大概以前参加过调查，他说：“好像没有你的份嘛！”我说：“我不知道。因为没参加指挥参谋训练，我就不能升级，我现在请求上级调查，若有犯什么错就办我，假如没犯什么错，又不让我受训，就没道理。”罗友伦就批交政战部调查，约半年后，有一天副官组长在司令部碰到我，他说：“你没学过两栖嘛！”我说：“对！”他说：“司令叫你考留美。”我知道美国的两栖学校（在 San Diego）训练是有名的，但我觉得这件事不太可能，乃道：“指挥参谋学校都不让我受训了，你让我留美吗？”他说：“我不管，司令叫你考。”我就参加两栖留美考试，第三度到美国留学。

受训回来我还是没能受指挥参谋训练，司令部安排我做留美考试委员会的委员。有一天开委员会，副司令把某些条文做些许修改，通过后散会，我留下来细读那些条文，发现美国陆战队的指挥参谋学校有一个名额，我想我可以利用这个机会。那时副司令还没走，我乃拿着条文对他说："报告副司令，我不能当本会的委员，我想考这个。"他看了一下说："你刚学两栖训练回来，怎么又要考这个？"我说："我没受过指挥参谋训练，台北的指挥参谋学校没让我去，到现在也没说理由。"副司令听后说："好，好，取消你的委员，你考留美好了。"我就又到美国参加指挥参谋训练，否则我军人也干不下去了。

海校同学近闻

黄埔海校二十三期的同学，转到青岛的有九人。梁芬荫后来没有留在军队，以后也没有联络，他在我们班考第一名。桂宗炎在海军升得很早，长江突围时，照说他的功劳是很大的，因为其他舰长几乎不大敢突围，而他率先主张冲出去。他曾受过军统局外交人员训练。我们二十三期中他在作战方面较出色，很聪明，学问好，能力强，自视甚高。我同他很好，我在海军陆战队当作战处长后到三军联参受训，训练完毕陆战队派我到计划署做副署长，他是署长。他在美国海军战争学院留学，原本派驻联合国，但刚接到派令，还没去，我们就退出联合国了。刘立根现在在香港，他留在海军没多久就到香港。周宏烈不大跟我们联络。黎国炘死了，没在舰上待过，一直当参谋，做到总司令办公室主任，升了少将，也在"国防部"待过，做过副处长或处长。高义赐很早就过去了。朱人章后来没在军中发展，在重庆就到海关做事。胡楚衡移民到加拿大，前几年死了。梁树猷在海军总部当参谋，没上什么船，也在台北死了。

廿四期轮机生，刘铁桑过世了。冯国楷很早离开海军到香港，后也移民加拿大，没在海军做什么职务。韩鹤光、刘鉴淙、王延彤、梁国锠、李学灵都在大陆。邓善培死了，也没在海军做什么。彭大雄在广州，不知道

一九七六年五月摄于“国防部”。

死了没有，最近好像听说不在了，不清楚。陈念愚在左营，也没干什么。叶锦杰在大陆，后来他改行搞音乐，做某某音专的院长；他在学校就一直喜欢唱歌，办读书会。我知道他很早就倾向共产主义，喜欢读他们的书，但当时还没有加入共产党。黄贤明、简国治都在大陆。

冯启聪先生当总司令，在他底下做事的黄埔同学，刘定邦先生是职务最高的了。刘定邦在他们班考第一，在校时也是好几个球队的队长，中英文俱佳。我们原以为他一定会升到总司令，但他不喜欢在官场上应酬，可是对同学、部属和朋友却好得没话讲。现在我们每个礼拜三的聚会，他是龙头，但他的期别不是最高的，林鸿容先生比他高一期。林先生是很杰出的一个人，不过他的个性也是不喜欢接近长官。两年前他太太没中风时，我们见面和他开玩笑，说他的样子完全是在学校时候的模样，保养得最好，但自从太太中风后去世，这半年来他苍老许多，记忆力也衰退，老化得非常快。不过当年他们那班到国外留学的最多，因为他们班素质最整齐。

王业钧先生访问纪录

访问／张　力·吴守成·曾金兰

纪录／张　力·曾金兰

时间／一九九七年八月三十一日、九月一日

地点／高雄市鼓山三路王宅

家世与早年教育

我是湖北黄陂人，此地非常“出秀”（出了不少人才）；黎元洪即其著例。黄陂之所以“出秀”，主要是因为环境太苦。一到夏天，县南一带即遭江水淹没，因而很多青年人出外发展，不少人日后颇有成就。

民国十四年十月十八日我出生于本省当阳县玉泉山（长阪坡），为家中的独生子。两年后，宁汉分裂，共产党占领本地。国民党的杨森、何成濬部队又将共产党赶走；因之兵荒马乱的过了一年多，才回到武汉。而后随父亲至北平，四五岁回到武汉时，仍是满口的京片子。

我也在此时发蒙。每天拿个小板凳到私塾，念《三字经》。一边背一边摇头晃脑，若背错一个字，先生一板子就打在头上。稍长，进汉口市立第六小学就读。二十六年七月抗战爆发，是年底南京陷落，第二年十月，日军进袭武汉，我们乃从武汉逃至四川。

当时的教育部长陈立夫先生为收容各省流亡学生，设立许多国立中学。我也在抗战中，进入国立第十二中学。十二中配属于湖北省，故从教师到学生，百分之九十都是湖北人。校址在四川省长寿县，距重庆下游一百八十华里（九十公里）。因为长江江流甚急，顺流布下约三小时可达，逆流而上却需一天。我的父母亲则都住在成都。

此时的中国，也因战争而有了不同的面貌。首先日军本欲以三个月亡华，以为打下南京，中国就会屈服，没想到估计错误，造成中国全民的八年抗战；因此，也造成中华民族的大迁徙，形成了现在的国家观念，与过去的“日出而作，日入而息，帝力于我何有哉？”的情况大不相同。我们刚到四川时，四川人骂我们：“你们尴脚人打国仗，把鬼子的飞机带来了，炸弹也带来了。”这也是中国人首次把民族与国家连在一起。其次是中国民生艰苦，百分之七十的人是文盲。很多穷人早晨起来，就背个米袋找零工，若找到工作，晚上回来米袋里就有米，手上也会提点菜，做饭吃；没找着工作，晚餐就没着落，大家就饿一晚。那时只要几块钱就可以娶个姨太太，只要你有饭给她吃，有衣给她穿；所以说：“嫁汉嫁汉，穿衣吃饭”。请个老妈子每个月也只要一两块钱。可谓民不聊生，生活非常困苦。经过八年抗战，更不得了，所以给予共产党很大的号召力，如“共产党来了，人人有饭吃。”

统一货币（法币）以前，还有外来的经济侵略，外国人在中国有搜刮民生物资的太古洋行、慎昌洋行、汇丰洋行，很多现在还存在。外国人来中国开银行，都是印纸币。但他们不会说中文，就靠买办为他们做事，这些买办拿着纸币到乡下，收集鸡蛋、猪鬃等民生用品。等搜刮够了，就宣布银行倒闭，无告的中国人民拿着这些废纸币投诉无门。这些经济侵略的手段，都是现在两岸的中国人民想象不到的。

由于当时的社会大部分人是文盲，故初（国）中毕业即可考银行当练习生，捧个金饭碗。大学毕业就更不得了。若出洋的话，回来马上就是省政府的厅长类的官，像胡适回来，马上就是教授；留学生都是不得了的。我们原来就是书香世家，我又是独子，在这种状况下，我的父母亲不管生活多么困苦，都要供我完成教育。

抗战时发生很多可歌可泣的事，比如空军对抗日机日舰，以机身当作炮弹，直冲日舰。空军的英雄很多；陆军也有不少将领，在弹尽援绝之后，饮弹自尽，张自忠就是最著名的一位。

我三四岁时就满聪明的，许多事仍记得清清楚楚。在武汉时就听过大人讲：日本海军的舰队要进入长江了，但他们根本还未动用到实际的舰队，是先以较差的船只拼凑成一个临时舰队，来对付中国。好的舰队则在太平洋上对付美国。日本旗舰出云号已经上溯过了江阴，海军只好实行沉塞策略，想堵住长江，让日舰无法出去。但是当时行政院秘书黄浚竟然将消息走漏，日军乃连夜撤出长江。

海军的传统，是有国无党。既然打的是国仗，故所有海军在战争开始后，均自沉或战沉于长江，虽然战前中央未必能直接指挥各海军，但不能否定各地海军的爱国心。战争开始后海军总司令部几经迁徙而至重庆，尽管存舰无几，总算维持一个局面；且在贵州桐梓的海校，仍是培养海军人才的摇篮。蒋委员长虽觉陈绍宽对他并不拳拳服膺，然陈却不失为爱国者，所领导的仍是中国的海军，海军总司令部仍有存在的价值。

知识青年从军

三十三年夏，日军发动一号作战，沿平汉铁路南下，打通粤汉路，直下广西柳州、桂林，再克贵州独山，距重庆已经不远，举国震动。另一方面，在滇缅的远征军虽获得美援新装备，然而无法立即驰援，何况中国士兵大都为农村子弟，率皆文盲，军队素质不高。故蒋主席乃于此时提出“一寸山河一寸血，十万青年十万军”的口号，号召知识青年从军。派罗卓英为训练总监，戴之奇、方先觉等为师长。方先觉为死守衡阳四十七天的名将，也是青年人心目中的英雄。

当时我在四川长寿就读国立十二中，每天第三节下课，重庆的报纸就

十八岁时穿着中学生制服摄于成都。

到了，所有学生即群集布告栏，看校方订阅的两份报纸；一份正面，一份反面，每个学生都非常关心国家大事。当时最吃香的是《大公报》，主笔王芸生先生，不管在文字、消息各方面，都写得很好。因此当我们得知中央的知识青年从军政策，均相偕从军。当时美国估计可拿下塞班岛、硫磺岛，准备开辟第二战场。但究系直接攻打日本本土或其他地方，美国亦正在考虑。设若登陆日本本土，依日本人的性格，一定会打到最后一兵一卒，美国才算胜利。但这种牺牲太大，美国大约会损失一百万名兵力。若在中国登陆，中国老百姓均会施予援手并掩护；故在中国登陆，美军损伤较小，而且中国军队尚控有许多据点，战事进行应较顺利。后来美人以胜利在望，将来召开和会，中国应有其地位，因此为了增加中国在会中的发言权，在登陆作战时，中国该有几艘军舰；所以借给中国八艘军舰，我就选择加入海军。

那时我就读高中三年级上学期，拿着学校的推荐函，到重庆军事委员会第二厅报名（由潘佑强中将主持），毋需考试，仅检查是否身有残疾。同时报名的也有我的远房兄弟王业菩、王业宝。报名完毕，第二厅发给一张报到函，我们即拿着报到函至重庆下游十五里唐家沱的江顺轮集合。八艘军舰所需兵员为一千人，原海军江防大队已有五百人，故招训的知识青年亦五百人。这五百名知青的背景各有不同，有大学毕业生，还有交通大学四年级的航海科、轮机科两班同学，以及西南联大和重庆沙坪坝的中央大学等校学生；我们这些中学生，则视同高中毕业。等我自美接舰返国，再回十二中领取的毕业证书上即注明："因响应知识青年从军，特予优待"等字。

初尝“天堂”滋味

江顺轮是艘很大的江轮，在江面上行驶非常平稳。船沿很低，上面则是一层一层的甲板，有点像古代的画舫。我们食宿都在船上。

一上江顺轮，每个人都发一套像中山装的斜纹布制服，吃的则是红烧肉，那时的感觉真的有如到了天堂。因为我们在中学时，穿的是平价布（一种当时政府配售，像面粉袋的直纹布），每天的早餐，菜是水煮胡豆（蚕豆），天天吃，几年下来，索然无味。饭则是稀饭，稀饭桶很高，吃饭时就必须有技巧，第一碗若盛满的话，因为很烫，等吃完一碗，再去盛就没有了；必须先盛半碗，第二次再盛一满碗，因为较凉，吃得快，等吃完后，大概稀饭桶也光了，不过刮一刮桶底，大约又可刮到半碗，这样就能吃两碗的量。中午是米汤煮空心菜，干饭还要过秤。等到月底，若米有剩余，就卖了换肉，打个牙祭。所以我们到江顺轮上竟能穿斜纹布，吃红烧肉，等于到了天堂。

两三个月后，我们准备上道。行前，蒋委员长还对我们训话，第一点是勉励我们，我记得他说过：“你们的生命就是我的生命，你们的事业就是我的事业。”第二点是骂共产党，要我们千万不要上共产党的当，并说明共产党的本质与恶行。我们那时只知道共产党不好，但对于共产主义则毫无印象，因为对青年学生，这方面是完全封锁的。几天后，我们分乘汽车到成都附近的新津飞机场，这个机场很大，可以降落 B-25。在此搭机到昆明，转加尔各答，再乘火车到孟买。是年我十九岁。

我们先集中在孟买郊区某处美军军营，等候船期。但在孟买的第一天，美军即要求我们脱光衣服，把斜纹布衣服丢到一个大坑中烧毁，我们裸身往前走，喷洒药粉杀菌后洗澡，美军再发给每人一条毛巾。我们看到毛巾，真是宝贝得不得了，因为我们在重庆念书，写笔记都只能用一面光的草纸，像毛巾这么好的纺织品，是我们不曾见到的。还有美国陆军的皮鞋、制服，尤其是毛毯，都令我们兴奋不已。

此时我染上感冒，发烧出汗，美军很紧张，怕我传染给别人。马上由宪兵开车送我到孟买市区，安置在一幢征收自当地土著的海滨豪华房舍，此地也是美军的战地医院。一进房舍，他们把我当菩萨一样款待，要我躺在床上不要动，为我做各种检查。吃饭则由美国护士喂食，一共喂了三天。初次与美军接触，我的英文还不够应付，只会一些基本的单字，比手画脚地与他们沟通。我在这里很快就好起来，也已经不发烧了，想回部队。但美军要我不用多想，只管休息养病，他们还要观察三天。所以我前后住了一个礼拜，这段经验我一生难忘。

在孟买军医院住了几天，因感冒好了很多，后来他们就让我自由走动，到餐厅吃东西。餐厅里的伙食，除了鸡鸭鱼肉，还有冰淇淋，都自行取用。在餐台上面，有个醒目的标语："Take what you eat，eat what you take." 食物之丰盛，使我宛如又进了天堂。

赴美受训与接舰

住了一个礼拜之后，船也来了，我们乃登船，启程往澳洲墨尔本，经纽西兰，到达美国。航行中的领队是许世钧上校。航行初期，船都以 zigzag（"之"字）方式航行，进入西半球美军的势力范围后，才采直线航行。我们在加州长堤登陆，然后坐火车到迈亚密。

迈亚密也是个好地方，我们住在一栋十三层楼的旅馆。新兵训练，打靶就是打一天，步枪有二十五发子弹，点四五手枪则是九十发。点四五枪很重，而且有后座力，打个五发之后，膀子就拿不住了。后来实在无力支撑，就连发随便打，让子弹打完就算了事。

基本训练后是学科训练，先举行考试，然后依考试成绩分班。同期的知识青年中，有几位英文比较好，分发担任文书工作，其中一位就是后来“我国”驻赖比瑞亚的“大使”邓权昌先生，从军前他就读于中央政治学校（政治大学前身）外交系。另一位是曾经做到海军中将参谋长的袁昌炎，他是西南联大外文系的学生。其余即按照程度分班。江防队的士兵学作帆缆等基本工作，我被分到雷达。当时雷达是机密里面的机密。其他同学上完课回旅馆后，还可以带笔记回去做练习，我们上课时，身上不能带任何纸张和笔，听多少算多少，若不懂就马上发问，出了教室，不准提雷达这个字。因此我们回旅馆后就没有功课，日子很舒服。约有二十人学雷达，在全部接舰士兵中，属于中等程度。

我们当中有一位电影明星黄宗江，他和妹妹黄宗瑛是当时在后方很有名的影星。还有原修音乐系的，在一千人中，谁的嗓子好，他们一听就听出来了；故合组了一个合唱团，穿着水兵服，指挥的人也很有水准。演唱后美军大为惊讶，以致我们时常获邀参加迈亚密市的各种集会。我们通常演唱的第一首歌就是抗战时极为流行，后来成为中共国歌的《义勇军进行曲》，然后作各种表演，不输现在任何一个表演团体。

在迈亚密还发生一件小插曲。负责办理赴美接舰官兵的考选工作者，是军事委员会第二厅的潘佑强，官兵领队为许世钧。因为一到迈亚密，所有官兵都发给美国海军的制服。我国政府是否付予美国海军这笔置装费，大家并不知道；只是听说官兵各有置装费若干。但也有人说仅官员有置装费，士兵没有，因而起了冲突。士兵在旅馆内把领队许世钧扣押起来，这等于是兵变了，美国海军出面，才把此事压下来。后来采取官员的说法，士兵也有置装费，但因美国海军发了军服，领队认为这笔钱就不需要了，乃将士兵的置装费退回重庆，军官的置装费则照发，因而引起士兵的不满，致起冲突。虽然士兵情有可原，但其行为却不足取，因此美国海军抓了一些人，过滤后遣送十人回国。

此事过后就再也没有发生事情。后来还有俄国海军，因为同是同盟国的关系，与我们一起受训，我已记不清他们是否与我们同住一栋旅馆，彼此言语不通，也互不往来。

训练完后即接八舰，我就上了太平舰，舰长是曹仲周，副长是陆维源。先到古巴东南方的关他那摩港（Guantanamo Bay）做为期数月的训练，然后回国。返国航程的第一站是古巴的哈瓦那（Havana），经过巴拿马运河到墨西哥的阿卡波可（Acapulco），此地是一处有名的度假胜地，我们几卡车的人到首都墨西哥城参加该国国庆。当时中国正是四强之一，国际地位很高，甚至有人举着"欢迎唐人到"的牌子，中华民国海军在这段时间是很风光的。经夏威夷回到上海，已是三十五年的夏天了。

我们出国时，原来的军官都降阶受训，回国后均恢复原阶。如黎玉玺先生恢复中校阶级，原是太康军舰的副长，升任永泰军舰舰长；马纪壮先生原是永顺军舰副长，升任舰长。徐亨先生则离开了海军，现在体育界很出名，也是香港、台北富都大饭店的老板。

回国后我被调到峨嵋舰，舰长是梁序昭先生，副长是陆维源先生。该舰担任青岛、上海间的油料运补任务。我也从士兵升任书记官（邓权昌）底下的司书，阶级是军委三阶。他们弄不清楚，就把我看成委任三级，薪水相当高。这段时间对我来讲，相当有意义。过去我们几乎没读什么书，在美国学雷达，离开教室就不能谈，因此在知识上无法满足。峨嵋舰往返于上海与青岛之间，冬季外面很冷，很多人跑出去跳舞。因为我是文书，所以乘机练就一手打字工夫，一分钟可以打五十个字。梁序昭先生拿教战守则之类的英文书，问我是否能将整本打出来。我说没问题，一整本打下来后，不但打字速度增快，同时又引起我对英文的兴趣。

接舰经过檀香山时，我认识了一位夏威夷大学二年级的女生。回国我就用英文与她通信，她则帮我订正错误再寄给我。我还每天都把《大公报》的社论翻成英文，其中印象最深刻的一篇社论是傅斯年先生写的《这样的宋子文还不走？》。因为孔祥熙先生在艰苦的抗战中，辛辛苦苦节余了九亿美金，但战后宋子文实施贸易自由化，竟然一下子就把这九亿美金花光，经济就崩溃了。因此傅斯年为文挞伐。所以冬季窗外大雪纷飞，很多人跑去跳舞，我就在办公室里读书、作功课。我能以高中毕业资格，到美国念书，获得两个硕士学位，一个博士学位，也是那时奠定的英文基础。

梁序昭先生真是一个标准的海军军官，一开船就不脱军服，在驾驶台后面的小房间内休息。每天晚上离开驾驶台前，他都会写夜令簿（night order），交代各个军官应注意事项，其中必定有一条："如雷达发现任何目标，立即唤本人起床。"如发现目标，他被唤醒后，就先喝杯咖啡，再研判目标物为何，下达适当的指令。这种身教，使我日后当舰长时，也按照这种方式作业。故我后来当了两年八个月舰长，没出过一点海事，这都是向梁舰长学的。去年（一九九六年）一艘运输舰在野柳出事的地点，我过去带舰大约经过几百次，从未出过事。从基隆出海航向应为330度，船尾一定要正好对着基隆灯塔，这样航线绝不会偏，就不会撞在山上面。最近又有人笑我，说今年四月军舰碰撞的两位舰长，都是我教的学生。过去我教他们航海，第一节课一定先教六个字"谨慎、谨慎、谨慎"。出海事的航海人员没有一个不懂航海，会出海事，不是因为他们不懂航海，而是因为他们不谨慎。

民国三十六年任峨嵋舰司书。

任职官校与就读军官班

三十六年八月我自峨嵋舰调到海军官校，担任少尉助教，教接舰班的新兵电子科课程。当时校长是魏济民上校，后来升为代（准）将。我初次见到他是在三十三年赴美接舰时的美国船上，当时他与士兵碰面，多问生活起居、晕不晕船等小问题。问到我时，我也回答他。但讲话时，手也跟着动了起来。魏先生就告诫我：与长官讲话时，手不要随便乱动。因此以后我讲话，或与长官谈话，都不会乱动。我与他讲话仅几分钟，但魏济民先生当时的面容与表情，却深深印在我的脑中。他个人所具有的领袖魅力，无法形容，但我一辈子都记得。

我认为魏济民是海军官校历年来最称职的校长之一。他平常没事即在校园四处巡视，察看学生上课情形，或是到青岛东镇的若鹤兵营看三十九年班、四十年班，并到教官休息室询问教官上课的情形，了解学生上课吸收的状况。有一次我正在讲解真空管原理，忽然发现他站在门口，我马上停下来，向全体学生喊“立正”，我本人则立正向校长敬个礼。魏校长说：“不要，不要打扰你上课。”他就进来坐在课堂上，要我继续讲。当时的八舰有雷达、声纳等装备，但在国内的船，只要有一个电官能发电报就够了，修理灯泡的是电灯匠，而不是电机军士。故他听过我上课后，我想在他的印象中，可能认为：一个接八舰回来的兵，居然也能讲真空管，故回去后数日，即发布命令，我以少尉晋级中尉薪。半年后军官队第四期招生，所谓招生是由总部调训，我并不在内，魏校长乃将我的名字加上去，让我参加考试。

三十七年三月我考进青岛海军官校成为学生后不久，因为鼻子开刀，需要借两亿法币，经魏校长批准，我乃拿着报告到学校的经理处，但经理处长说没钱，遂再回到校长室，向魏校长报告经理处长说没钱。魏校长要我把经理处长找来。处长来后，魏校长问他前两天不是还有一些余款吗？怎么会没钱呢？经理处长报告这些乃是他项经费。魏校长说：“我在上面批了，你就借，从哪个钱里面借，怎么还回去，都是你的事，你是经理嘛。你要晓得一点，什么事情都可以暂缓，但治病的钱不能拖延。”假如你是学生，在旁边听得这种话，病是不是会好了一半？

我因鼻子害病，故需请假，但当时的班主任宋长志先生不准，我就在周记上写：“害病请假不准，似乎不能明察秋毫。”宋主任看后未发一言，魏校长则在不定期的抽查中看到我写的这段话，大为光火，遂记我大过两次，留校察看。我被记过后，更是兢兢业业，小心谨慎。而我本就非常敬佩魏校长，此时益加感到魏校长治军之严明，带兵恩威并施。我的成绩并不坏，但毕业名次很后面，就是因为记过扣了分。

魏济民先生有一种令人慑服的魅力，他不会疾言厉色地指责，但他所说的每一句话，很容易就令人深印脑际。除此之外，他还是一位具有世界性眼光的职业海军军官，认为自己与英、美两国的海军军官相较，绝不逊色。他英语流利，思想灵活，海军军官应有的学识，更不在话下。我相信他一定曾向当局建议，八舰回国后，应该挑选一些士兵到海校，给予完整的军官教育。

魏济民是雄才大略，雄心万丈，眼中看的是中华民国，关心的是海军将来的发展。以我接受海军军官的教育，以及后来在芝加哥大学（University of Chicago）期间，接触过世界一流人物的经验，我认为当时的海军高级军官中，只有魏济民是个很像样的海军将官。

我们于三十七年底毕业，是时魏校长南下，拟将数百名海军官校学生自青岛迁到厦门，旋被扣押。被扣时他坚持要主持我们这一队的毕业典礼，故一直等到三十八年一月二十八日我们才毕业。当时是总部的政策，也是国家的政策，对于军官队毕业出来的学生，与正期班学生完全相同，毕业证书上写的是：查三十七年班学生某某某，没有任何“军官班”的字眼。

魏校长被关后，移送马公，我们也不敢去看他。据闻我们班上的彭广弗舰长去看他，被总司令喊去骂了一顿，问他还要不要在海军干？究竟中间发生什么事，魏校长犯了什么错，我们都不清楚。关于魏的内情，我们不知道，但因魏校长有他的一套，故不把一些将领放在眼里。据闻在总部与参谋长等高级军官闲暇时聊天，就谈起海军军官的资历还是很要紧，必须按部就班，一步一步地来。魏济民三十五岁就升到代将，此话显然是冲着他来的。因此魏校长回了一句话："明孝陵前面的那些石头人，他们的资历可深了。"换句话说，魏济民讲话不给人留余地，很得罪人。

再有一次，桂永清真除海军总司令后，穿上海军的军服，阶级是海军中将，魏济民好像也是没把他放在眼里。有一次在某船上，桂永清、魏济民与一位美国海军军官在一起，走到船尾时，看见深水炸弹，桂以为是汽油桶，说："把汽油桶摆在这里，不是很危险吗？"美军顾问团的军官乃问魏济民："怎么总司令连这个都不晓得？"魏就对他说："He is an army."这句话被桂永清听到了。这大概种下了魏海军生涯休止之因。当时，很多人都莫名其妙地不见了。在大撤退时，整军的人都丢掉了，大片山河也丢掉了，为了台湾的安全，为了部队的精纯，又怎么会在乎多杀几个人呢？现在台湾人攻击白色恐怖，但我觉得当时的台湾人，比我们外省人，不知要好多少。

长江突围

我毕业后，先派在太华舰，后于三十八年四月调永嘉舰，担任通信官。舰长是陈庆堃，是年二、三两个月，永嘉正在上海整补。此时重庆舰投共，还有一艘黄安舰也投共了。那些人看到国民党大势已去，就靠过去了。这就是我讲的：海军的传统只有国，没有党的观念。但是，我们就不同了。在官校念书时，每星期天的早晨，班主任宋长志中校就对我们讲三民主义、三信心等精神讲话，这就是为什么军官队的同学，不同于三十六、七年班，心中有国有党，日后为大撤退作出了伟大的贡献，为台湾安全提供了最好的保障。又如在广东，黄埔军校迁走后，陈济棠在原址成立黄埔海校，学生毕业后，没有船实习，遂利诱海圻、海琛自青岛南下，陈庆堃那一班就是在这两舰上实习。他告诉我，陈济棠把一篓一篓的银元拿到这两艘船上发，无论官、兵都是一人一瓢。陈的同学谭祖德说就是葫芦瓜那种瓢，等于一人半个葫芦的银子。这种经济上的诱因具有很大的吸引力，他们认为只要不叛国，仍在中华民国就行了。

（一）林遵逼宫

永嘉整补完毕，就奉命上驶南京，参加安庆下游的保卫战。江阴则有信阳和逸仙两舰。四月二十一日夜，司令林遵上船，我们又奉命到安庆，但船行至半夜，突然奉令停驶。此时共军已在荻港渡江了，我们就地锚泊待命，旋回头返回南京。二十三日凌晨抵京，海军码头上已空无一人，他们已于稍早撤退了。我们乃到南京下面的燕子矶，第二舰队全部十六艘船都在这里，抛锚后，舰队司令林遵就被接到海军总部去。

由于共军在荻港渡江，江阴要塞司令戴戎光又已叛变，南京陷于钳形攻势的夹击。在共军合围以前，国军大都已经撤离，因此，在海军总部，桂永清总司令要林遵带第二舰队回上海，但林遵不肯，一再推辞。桂总司令最后对林遵说："若你能把第二舰队带回上海，我马上向总统推荐你当副总司令。"他此话一出，原先在旁边一言不发的高级将领就说："既然总司令器重，你就勉为其难吧。"当下也有人拿来纸和笔，并说："请总司令下一个条子。"桂总司令乃勃然大怒地说："我身为总司令，讲的话就算，哪里需要下条子？你带就带，不带也要带，这是你的职责。"言毕拂袖而去，即回上海。

这是当时在场的总部作战处处长萧长濬上校（电雷二期），后来在太和军舰与舰长齐鸿章聊天时所说，我也亲耳听到的。

（二）状况延宕不明

二十三日我起了一个大早，立刻跑上驾驶台，看到林遵和陈庆堃都在那里哭，觉得很奇怪，司令怎么哭起来了？问舰长怎么回事？舰长说："回不去了，逸仙宋舰长已经叛变了。"我说："不管说哪个叛变，我都相信，但说逸仙叛变，我敢以人头作保，绝对不会叛变。"因为在三十七、八年间，没有一个人愿提三民主义，也没有人提国民革命，最好是与国民党划清界限，离得愈远愈好。但是宋长志中校担任军官班班主任时，每个礼拜天检阅完毕，即集合训话，他都讲总统训词之类的内容，每次都在半小时以上。我们当时常听他讲三民主义、三信心之类的训话，因此我相信他绝不会投共。

此时林遵拿出一份英文报纸，指着上面的照片，厉声对我说："你知道什么？看！英国的巡洋舰伦敦号，在三江营被北岸的大炮打得这样惨！"我仅是中尉，当然不敢再讲话。陈舰长示意我下去，并说有话待会儿再讲。（按：英舰伦敦号原名为 HMS *London*）

我是性情中人，只要有点刺激，就马上行动，绝不会迟疑不决，踌躇不定。听到林遵讲宋长志叛变，我第一个反应就是"不可能"，所以发表了以上的意见。但事后想想，若宋真要是叛变的话，我就会恼火了，因为共产党在岸上的炮兵瞄不准，也没有防御工事，与我们同样都暴露在外，情况并不如想象中可怕。但若是船打船，它（指逸仙舰）跟在后面，炮又比较大，那我们真是身处险境。但若真是如此，那也只好听天由命。

八点左右，永修、永定从安庆突过荻港冲下来。不久有十三位舰长到永嘉舰，在舰长室开会，我则在官厅思考突围的事。过了一会儿，舰长下来，低着头走过官厅，未发一言。过一会，有个士兵来报告，说司令走了。我赶出去看时，司令正带着舰队部的人上小艇，移驻惠安舰。我心里明白，林遵大概因为永嘉的官兵士气高昂，与其期待不符。这个时候，勤务兵报告说舰长请我到副长室。

（三）投票与决定突围

一进副长室，我即问开会的情形，司令是否已下达了突围的命令？舰长告诉我，开会时，舰长们各有意见，司令则是六神无主，拿不定主意，只是边哭边说："怎么办？怎么办？"有些舰长也哭，不知如何是好。良久，才有位舰长提议以投票决定。我听后很诧异地说："我以为你们开会是讨论如何冲呢！"并说我们曾在三江营三进三出，打得共军抬不起头，陈舰长可向大家说明下游的情形并不可怕。舰长未发一言，沉默一会儿，我又问投票结果如何？陈舰长说："司令宣布一共十三票，十张两个字，两张一个字，一张没有字。"所谓两个字是"不冲"，一个字是"冲"。我问舰长："那你投的是什么？"舰长说："我没有写字。"我问他为什么不写"冲"？他低头不语。我又问："司令是否根据投票结果下达了'不冲'的命令？"舰长说：的确有些舰长催司令根据投票结果下令不冲，但是这样的命令他也不敢随便下，仍旧喃喃自语"怎么办？怎么办？"我追问："现在舰长决定冲还是不冲？"舰长想了想才说："我们一条船也没办法突围呀！"我立即自告奋勇地说："我们刚毕业，各舰都有同学，愿意负起联络他们一起冲。"陈舰长乃写个条子，要我交给永修舰长桂宗炎。字条上面写："宗炎兄：我已 O.K.，细节请与来员王业钧商量。"突围决策就这样定了。

（四）奔走各舰联系

我拿了舰长的字条正要走，突然想，这样的立功机会，也应让朋友分享，乃向舰长报告，可否请邹弘达轮机长亲自驾小艇。舰长应允，遂请邹轮机长进来，当我把情况简单地告诉他时，他毫不犹豫地说："当然冲，当然冲。"我告诉他，当我登上他舰时，请他千万要守住小艇。邹轮机长爽快地允诺。

我们首先到永修，我把条子呈给桂舰长，桂舰长说："我一定冲的。既然敢从安庆冲下来，就敢冲下去。”其豪气干云，表现出十足的革命军人气概，很清楚军人该负的责任。他当日坚定的表情，至今我都记得很清楚。我遂与该舰的通信官曾守镐同学会面，作成以下六点约定：

（1）下午四点三十分，代表A字的信号旗半悬，随即起锚至锚点地。为避免惠安起疑，起锚尽量慢，工作人员尽量少。（2）五点正，A旗全悬，启航。这个启航时间，是我们预定到达仪征十二圄的第一个炮兵阵地时，天须全黑而定的。（3）永修随永嘉之后，相距五百码。（4）启航后，立即以最大的战速下驶，尽早脱离惠安舰四寸七主炮的射程。（5）无线电通信改用平常少用的超低周率。（6）战术方面，采取先发制人。如果已知敌炮阵地，或敌炮先发而暴露其位置，即使用最大火力压制，尽量不要让对方有从容瞄射的机会；因为各地所谓的炮兵阵地，都只是把炮搬到江边而已，并无掩体，如果弹如雨下，对敌人会构成很大的威胁，而不能充分发挥其威力。

离开永修，即到永定，舰长刘德凯中校说的话与桂舰长一样。这使我想起，两张一个字的票，大概就是桂、刘两位舰长投的吧！刘舰长并拜托我到吉安舰一趟，该舰舰长是他的好朋友，如果这位舰长不敢冲，就请他到永定，刘舰长可把他带回上海。随后我与永定副长杨西翰同学见面，告诉他各项约定，并决定永定随永修之后。

第三艘船是武陵。到船边，绳梯还未放下，副长万体道同学就到了船舷，不等我开口就说：“我们一定走的，我们一定走的，不要上来了，赶快到其他舰上去看看吧！”此时枪炮官李德裕同学突然一边穿衣服，一边跑到舷边，慌慌张张地大叫：“带我走！带我走！”跟着就向舷外爬。万体道忙把他拉住，对我说：“快走吧，我们一定走的。”我把各项约定说明后就离开了。这时才注意到，江面上各舰艇的舷边站满了至少千人以上，看着我们穿梭在各舰之间。

小舰驶向吉安时，中途必须经过惠安附近，突然听到有人大声喊我们过去，原来是同班同队的侯庆钧，在惠安上大叫。但我们不敢靠近惠安，只好装作没看到、没听见，直接驶向吉安舰。

吉安舰没有同学，见到舰长后，转达了刘德凯舰长的话，但吉安舰长竟然埋首呆坐，看来也似六神无主。我又重复刘舰长的话后，他终于开口说：“如果我弃舰随你们到上海，桂总司令即使不枪毙我，也不会重用我，我决定不走了。”我听后晓得他并没有吓糊涂，不过是贪生怕死，大概想学司令林遵一样，连船带人当作投共的筹码。此时我突感大事不妙，仅我一人在他船上，他如果把我扣留，陈舰长就不知道联络的结果，几艘舰就都走不成了。乃说几句温和的话，掉头出了舰长室，跑步回到小艇。

此时已快四点了，本想到兴安舰，该舰刚接回国不久，也有很多同学，然因舰体较大，又停得远，只好放弃，回驶永嘉。再经过惠安时，侯同学竟跳起来叫，我们本想去把他接下来，但想到如果到惠安，林遵喊我们上去，那怎么办？毕竟他还是司令，有权叫我们去问，那我们在舰队中穿梭了半天，为了什么呢？因此只好对侯同学招了招手。直至今日，我还记得他那惶恐无助的面容，同时心中也永存一份歉疚。

（五）备战突围

返舰向舰长报告了情况，并详细讨论应有的措施后，全舰立刻动员准备。

由于航道有时靠近北岸，全舰就不仅暴露在敌人的大炮下，而且也在机关枪的威胁中。我们的炮都没有掩体，遂以米袋当沙袋。在舰外，为了避免惠安注意，就把背着惠安的右舷重要部分先堆上米包；在舰内，我们也用米袋围住放在士兵餐厅中间的弹药。这样即使中弹，也可以先用米袋挡一挡。永嘉之所以有很多弹药，是因为永嘉过去都惯用先发制人战术，弹药的消耗量很大，因此在南京时，我们也领了远超过配备量的弹药，当时桂总司令还要我们省一点用。

至于人员部署，舰长在驾驶台，副长在舰尾炮，轮机官员都在机舱，航海官在舵房；枪炮官了解各种炮弹储存的位置，因此留在舱面下，负责弹药供应。舰务官率领损害管制小组在舱下，也协助枪炮官指挥搬运弹药。

我则在驾驶台，负责各舰联络及指挥炮火。此外还有两位非常重要的人，就是领江引水的两兄弟，他们刚过六十岁，我们问他们怕不怕，他们竟大笑着说："看到你们这些年轻小伙子都不怕死，我们这两副老骨头还怕什么？"乃分配他们一在驾驶台，一在舵房，并要他们先去睡，以养足精神。

四点半，我们的 A 旗半悬。永修、永定、武陵跟着也半悬 A 旗。然后全舰开始隐秘备战。所谓隐秘备战，就是人员若无其事地慢慢走到炮位后，即在炮围内坐下躲着，不让惠安看到。此时，主机发动。惠安来灯号，问 A 旗半悬是什么意思？我们乱打灯号，让它看不懂，问来问去，拖时间。同时我们也注视惠安，只要它一有备战迹象，我们就会轰击惠安，当然这也是原先约定的"先发制人"。

此时从惠安舰看，我们舱面大概只看见四个人：驾驶台一位信号兵与我，以及舰首的两位军士。这两位军士一面装得若无其事，一面却暗地起锚。

（六）起锚东下

大约四点五十分，舰长及领江上来了，其他人也已各就各位。舰首报告"锚着地"。五点正，A 字旗升到顶。舰长下了第一道命令："起锚！"此刻，炮位里的兵都跳上位置，立刻将所有的炮对准惠安。当"锚离地"的报告到达后，舰长即下令"All engine ahead flank，left full rudder."（战速前进，左满舵。）由于水流的关系，在江中抛锚的船，船首都朝上水，所以下行时要先转弯。永修、永定、武陵也都开始转向。

我瞄了舰长一眼，他已不再流泪和焦虑，眉目也松开了，嘴巴也不像刚才那么凸起来。从他的脸上，我领悟到《大学》中"定、静、安、虑、得"的道理——知止而后能定，定而后能静，静而后能安，安而后才能思虑如何应天下变，以至于得。我们是否能"得"（到上海），那要再过几小时才见分晓；不过，即使不能"得"，我们永嘉舰的全体官兵，至少可以心安理"得"，尽到了宋主任说的忠党爱国的革命军人应尽的责任了。

天色渐暗，永嘉一面破浪向前，官兵一面忙着搬米袋堆在原先没有堆的左舷，并搬一部分弹药到舱面朝江南的位置，因为在到江阴以前，右舷还是比较安全的。而过去作战的经验告诉我们，在靠岸很近的时候，机枪也是很有效的武器，故我们在驾驶台上加装了四挺机关枪，其他适当的部位也装了，旁边都备便弹药。同时将所有深水炸弹都投入江中，以免因中弹爆炸，危及舰体。当然，官兵都轮流饱食，轮流洗手，并避免饮水。

等各部门报告一切备便，舰长即对我说："以下就看你的了。"这是先商量好了的，舰长只是掌握全盘状况及处理突发事件，我则负责指挥炮火及通信。跟着，舰长递了一支 Lucky Strike 的烟给我，他自己也燃了一支。

天暗了，永修、永定、武陵鱼贯而行。其后，好像还有其他的船远远地跟上来，但他们不知道通信周率，也不能打灯号，我们无法联络。

（七）接敌

十二圌快到了，这里的炮兵阵地是新增加的。我左手紧抱着领江，替他壮胆，右手拿着全舰听得到的麦克风，静静地等敌人先行开火，而不是先发制人，因我们并不确知其阵地的位置。漆黑下见星光的天空，静静的江水，除了一点点机器声外，什么也听不见。全舰的官兵，都在自己的岗位上严阵以待。

突然左前方有火光一闪，了望跟着报告："三三〇，有火光。"抬头一看，一条炮弹的曳光已升起，划破夜空，向我们直飞过来，从桅顶上右边飞过去，并伴随着锥破大气的嘶嘶声。看到闪光后的数秒钟，我下了第一道炮令："方位三三〇，距离四千（码），舰首炮连放。"身边的传令兵，以声力电话复述了它。

舰首炮以最大的速度射击了，根据望远镜观测的结果，再调整新的方位距离。但这过程只使用了两次，因为左前方的江岸，闪光以及天上炮阵的曳光已经多得像台南县盐水镇的蜂炮。同时，北岸的闪光已慢慢向左移动，也就是更接近我们的船了。船上其他的小口径炮也已全部开火。最后，所有的机枪也开火了。我们既定的射击方式是各炮各自负责敌方炮火线的某一段，或万一指挥台中弹，无命令下达时，即由炮长或射手自行调整方向。这些措施在启航前即已对各炮人员作详细说明。作这样的安排，系假定军官即使全部阵亡，剩余的士兵就算仅剩一人，也能够继续战斗，不需指挥，直到上海。

北岸十二圌沿岸，火光一直闪个不停，永嘉完全被千百条曳光笼罩，极为壮观。这些光线交角并不很大，故判断敌炮火阵地正面并不宽。有时会听到一阵均匀的"嚏、嚏"声，这是机枪弹打中舰体的声音。由于这种声音只是一阵阵的，而每次只有几声，故可判定敌人除了看见我们发炮时的闪光外，看不到我们的舰体，仅作盲目的射击。

因为距离关系，听不到敌人的炮声，倒是我们自己的炮声不好受；不过这却有着意外的心理效果。由于完全听不到敌炮的声音，心理上就感觉到只是我们在打敌人，敌人则在挨打。更加上黑夜，即使有水花溅上驾驶台，因为看不见落在附近水面的炮弹，就更没有受攻击的感觉。这也许是使全舰官兵无惧于敌人猛烈炮火的因素之一。

天上的火线，来向逐渐转变，从左前方转至左舷，再转至后方。火线的交角也由小变大，再逐渐变小，最后都集中横过我们的后方，射击后面的船。这表示我们已驶出了敌炮的射程，但我们仍未停火，凡是能向左后方射击的炮，仍继续射击，以支援后面的舰。这时，我才有空用望远镜向后看永修舰。永修舰首炮发射时的闪光，使我看到该舰炮手们的忙碌，但仍然打得激烈。

当十二圌完全脱离我们的射程时，我下令停止射击。不久，永修也停火了。各舰联络后，知道大家都无损伤，真是奇迹。只有我舰人员在第一次接触后，因忙着把弹药搬到甲板上，把空弹壳往江中丢，有一位战士受了轻伤，据闻是一颗变形的机枪弹擦伤了他的小腿，这颗子弹大概是打在钢板墙上再掉下来时伤及他的，不过这点伤一点也不影响他的斗志及战力。

慢慢的，除了机器声外，"静"又笼罩了江面。

领江先生注视着隐隐约约的江岸，从容地下达舵令及航向。沿途经过好几处有炮火的地方，我们都安然渡过。终于，下一站便是使英国皇家海军受到重创的三江营。

（八）三江营火网

三江营在长江北岸，是一个江流急转弯的地方。由于江水的冲击，深水航道紧靠北岸，来往船只都必须靠近三江营，最近时还可看见碉堡的小洞口。同时由于水道弯曲，当船在弯道的中段时，前方、左方、后方就都面向北岸，以致陷于三面受敌的险境。

由于永嘉熟悉三江营的地形，而且我们的既定战术也是先发制人，故当我们接近三江营到某一距离时，我就问舰长是否可以下达指令，舰长说可以，我即下令各炮准备。当然，炮长们都知道，快到什么地方就该怎么打。再过几秒，开炮的命令就下达了。首先是舰首炮一连串的射击，接着，其他各炮也都齐放，尽快打，尽量打。黑暗的天空，被我们炮弹的曳光铺上一层编织紧密的火网，火网的下缘直落北岸三江营。不可否认，这是盲目的射击。对手当然不弱，前方北岸顿时有了闪光，一大堆有近有远的火光，而我们就要向这一大堆闪光里钻。随着舰船的前进，这一大堆闪光渐渐由舰首向左舷作水平伸展，最后成为一条水平火线，以钳形包围着永嘉的前方、左方及后方。永修、永定、武陵也早已开炮轰击，方式与我们一样，尽快打，尽量打。双方炮弹的曳光，也在天空铺上一层橘黄色的火布，而不是火网了。我想没有多少人看过色彩那么艳丽，而又千变万化的画面，而且，时间又是那么的长。

我一面下达炮令，一面瞄了领江一眼，看他两眼眨都不眨一下地注视前方，也看到他的嘴巴对着话筒，连声不停地动。当我听到他下右转的舵令时，我想我们就快脱离三面包围的最危险点。

炮声仍然很紧，也听到人员在搬运弹药，填装二十厘米的弹夹，以及丢空弹壳的声音，这些工作都是在朝江南的右舷，有掩护的地方进行。

炮火依然炽烈，某某炮偏右十度、某某炮偏左十度的炮令也不停地下达。慢慢的，火线往左移，飞来的炮弹渐渐少了，先是前方少，然后是左舷，再来是左后方，显然，敌人已把后面的船当主目标了。

（九）中弹与撞船

忽然，传令报告舰尾有剧烈的振动，似乎是中弹了。舰长下令详查，稍后舰务官报告舰尾舵机房中弹。这是一惊人的坏消息，舵的转动，是由舵机房的舵机控制高速转动的马达，再经几组减速滑轮，缓慢地转动笨重的舵。这些滑轮间，至少有二十余根绕来绕去的缆，只要打断一根，舵就不能动了。舰长下令试验舵机，报告却是“正常”。不久，舰务官又报告舰尾正中水线上，已被炮弹炸了一个直径约五尺的大洞，但缆一根也没有断。这才真是奇迹。大概中的是一触即炸的高爆弹，如果是穿甲弹，那就完了。

我们虽中了一弹，但仍安然的渡过了三江营。各舰互报情况，得知永修也中弹起火，但可控制。

在三江营以上的几场炮战里，我已有一个感觉，此即：在黑暗中，肉眼常会超估隐约可见的目标距离，因为大多数的炮弹都从我们头上飞过去。这个感觉，在三江营炮战里，似乎获得了证明。果尔，则永修所挨的炮弹，也许本来是要打我们的，而我们挨的一炮是打永修的。

舰首仍然以全速切破平静的江面，向前急驶。突然，舰身一震，好像撞上了什么东西。报告说是撞到了一艘小船，上面还有人。舰长随即调了几位带冲锋枪的士兵，几分钟后，我听到了枪声，接着是一阵冲锋枪的枪声，然后归于平静。下面的人报告：小船上的人都是渡江的，已经解决，我们有两位军士受了点轻伤。原来士兵本想救他们上来的，结果反倒挨了枪。

（十）冲出江阴

午夜过后，我们到达突围的最后一站江阴。

江阴是威胁最大的地方，江面狭窄，北岸有敌人的炮火，南岸则是专打军舰的大口径要塞炮。我们相信北岸的炮不会有什么掩体，至于要塞炮，那就完全没办法，只有赌一赌，因此我们商定，尽量靠近北岸至机枪能完全发挥威力的距离。我们下这个赌注，并不是百分之百的碰运气，因为我们曾分析：当时一般军队的叛变，都是上级长官叛变，而不是下级官兵的哗变。因为黄埔八期以前的军官素质并不整齐，很容易就受延安派来的女学生蛊惑而左倾；要塞炮的炮手们，数天前与我们还是一家人，现在虽然奉命叛变，帽子上的国徽，恐怕都还来不及摘除。因此他们对原来的海军袍泽，不会有什么敌忾心，或许那些炮手们会放我们一条生路。不过如果他们真要打的话，那也只好听天由命了。

在此我们也没发现信阳和逸仙舰的踪迹，不知两舰情况如何。

未几，领江警告我们江阴快到了，全舰上下立刻紧张地注视前面。我问舰长："可以打了吧？北岸已进入射程。"舰长回复："可以。"舰首炮旋即连发射击，跟着四十厘米炮、二十厘米炮，乃至机关枪，都一起向左前发射，战法与经过三江营时一样。北岸共军的炮也一样，曳光密集的笼罩我们。

突然，完全出乎意料的，一架探照灯打开了，正朝我们这个方向转过来。这一惊非同小可，我立即下令所有的炮都集中射击探照灯，一下就把灯打熄了。而在噼噼啪啪的炮声中，有一种声音与众不同，先是一声"鸧"的短声，然后是音量较大的"嗡"声，再来是一阵"哗"的悠长尾声，跟着就有种天摇地动的感觉，这就是要塞炮声，它终于开炮了。

这声音不仅山、水、舰齐感震动，连我们的心脏都好像振动了。但是，没有曳光，也不知炮弹飞向何方。舰长以望远镜凝神地扫描南岸江阴。我向舰长建议不要射击南岸，避免刺激要塞炮的炮兵。舰长说："O.K."

北岸的炮火仍很炽烈，以至它们的炮连续发射时的闪光，可使我们的肉眼很清楚地看到江边一连串的迫击炮和野战炮，还有密密麻麻的炮兵，不仅忙着打，还忙着抬人。我们的炮火也不停地放，尤其机枪手，扣着板机，由左向右，又由右向左地大幅转动，真的是用"扫"的一样。

要塞炮的轰声多了，但仍然不知道飞向何方。几乎可以确定他们是在“放水”。既然如此，舰长就告诉领江离北岸远一点，舰遂慢慢地偏向江中。

此时传令兵复述舰务官的报告：“右舷轮机长室中弹，无人受伤，不影响安全。”后续报告说弹孔并不大，故仍可判定不是要塞炮，而是小炮打的。慢慢的，炮声终于逐渐小了，北岸的炮也渐向后打，以后面的船为目标。当然，要塞炮仍继续发射，只是声音比较小，也比较少，恰似贝多芬田园交响曲中雷雨的尾声。最后，全部归于沉寂。

突然间，舰长疯狂似地跑过来，紧紧地抱着我，左边脸颊亲一下，右边脸颊亲一下，左边、右边地亲个不停。跟着，又是一支 Lucky Strike。我再往前一看，江面一片漆黑，宽如“太平”洋。

略有寒意，晨雾已笼罩江面了。我们后面没有船，也许是出了江阴后，江面开阔，就各奔前程，虽然殊途，但都同“得”，归回上海。我们没有太大的损伤，联络他舰，他们也是只听到要塞炮的炮声而已。要塞炮手确实在放水。我很为那些炮手们难过，当他们的司令叛变时，却不像我们能有抗命归队的工具。

副长和其他官员陆续到了驾驶台，没有欢呼，大家都倦了。在舰长的带头下，我们也跟着猛抽烟。

也许是精神松懈了，搁了浅，领江让船左摆右摆，很快地脱浅，继续前进。东方已出现鱼肚白，晨雾看来渐薄了些。左前方出现武陵舰，它已靠着另一艘永字号，这是第一舰队司令马纪壮的旗舰。右前方是吴淞口，天已大亮，各舰进吴淞口，我们终于“得”。

这时我们才发现，永嘉简直被打得不像样。米袋发挥了沙袋的效果，很多都被打破了，甲板上尽是米粒。人则东倒西歪地躺下来，很多都睡着了。黄浦江里的船，包括英国及美国的大巡洋舰及驱逐舰，都向我们敬礼。我看到了英国伦敦号巡洋舰，它确实被打得很惨，有一座 PON PON（四十厘米炮）连同炮座，整个被打飞掉了。该舰舰长很善意地打了个灯号问候我们。快到江南造船厂海军码头时，信号兵很高兴地大叫：“逸仙在那边！逸仙在那边！”时为三十八年四月二十四日晨九时三十分。

余波荡漾

事后我听宋长志先生说，当初他确实挂了白旗。因为当时是白天，他只要一动，岸上就开炮；只要中一炮，逸仙就受不了。所以他与信阳舰长白树绵另外用一个频道通话，说目前两舰舰首都朝上水，若想离开江阴，必须起锚掉头，在做这些动作之前，两舰有如标靶，景况危险，故约定暂时虚与委蛇，拖延时间，相机进行。乃打个电报给总部，请他们“善待官兵眷属”，意思就是他们要“投共”了。此举旨在欺敌，拖到晚上再起锚。但他们一起锚，共军就晓得了，就打灯号来问，两舰乃谓：江水的潮流改变，要移锚位。所以共军并没有发现。等两舰收好锚，就往下游冲了。有人虽不相信宋先生的解释，但逸仙舰出来是事实，我的头也保住了。

几年前我看中共所拍摄的《开国大典》电影，描述江阴“起义”这一段，有个片段是：一个小兵向毛泽东报告，说林遵率国民党整个第二舰队“起义”。毛听后大为高兴，马上下令成立东海舰队，派张爱萍指挥。我看后不禁失笑，林遵原以为自己会被当成英雄，结果中共还是派了别人来指挥他的舰队。

长江突围以前，海军多半“择明主而事之”，“西瓜靠大边”。在那个时候，谁都不相信谁，谁也不问谁如何。我们出来后，国际上对蒋介石的评价多少有点改观，柯克上将（Admiral Charles M.Cooke，Jr.）认为蒋还有一点 cracker fleet（鞭炮舰队），对人心有很大的鼓舞作用。我们出来后，就再也没有舰艇投共，只有永兴舰三十七年班的航海官陈万邦与文书官朱季刚筹划叛变，但叛变并没有成功。

永兴舰陆维源舰长是我在太平舰和峨嵋舰的副长，他个子不高，温文儒雅，从来不曾讲过重话，是一位非常好的长官。他的忠贞思想绝对没有问题。当时陈万邦控制了驾驶台，跑到舰长室要陆舰长表态，陆舰长严词斥责他们，随手拿了盘子向他们打去，打伤了文书官朱季刚，他们就把舰长打死，投入江中。又捆住副长彭广苐，关在锚链舱里。后来舰上其他官兵合作夺回主控权，陈投江欲逃，为舰上官兵打死。此舰出来后，舰名也改为维源。

当时各舰的航海官，除了家兄王业宝外，全部是三十六和三十七年班。永兴舰叛变没有成功，在航海官陈万邦以及文书官朱季刚的抽屉中找出文件，发现此事完全是由中共指挥的预谋事件。其中还有一份文件，是三十六年班和三十七年班在中训舰开会的纪录，上面有与会人员的签名。因此一夜之间，把这两个年班的人都抓起来，送到峨嵋舰。家兄王业宝是航海官，也被抓去了。当时曹仲周和梁序昭两人也在船上，看到家兄便问："王业宝啊，你跑来干什么呀？"家兄答称："我不晓得，你们把我抓来的呀！"他们又问家兄是做什么的，家兄答是永靖舰的航海官。他们忙说："哎，搞错了，搞错了，我们是抓航海官，但不是抓你这个航海官。"便把他放回来，还送了些水果压惊。

第二天，舰长陈庆堃当然也晓得了这件事。本舰航海官徐某，经历了长江突围，谨守岗位，并没有表现出怯懦的样子，因此舰长就去保他。舰长回来后，我问他怎么回事？他说："哎，别提了！我保他时，桂总司令问我还要不要脑袋？竟然敢保徐某。并把搜出的文件给我看。"陈舰长说徐在开会时说："永嘉舰只要舱面有王业钧，舱下有邹弘达，我一点办法都没有。"

据闻当时刘和谦在台湾，所以三十六年班只有他没有被抓。这些被抓的人后来都送到凤山工协新村那里的一个庭院。该地阴森森、凉飕飕，由阮成章主持他们思想上的再教育。

我现在以七十多岁的年纪来看此事，当年他们不过是二十多岁，刚毕业的小孩子，对共产主义又懂得多少？顶多是同学之间招呼，说有聚会，大家就去了。除了少数人外，若要说他们有多大的阴谋，这也未免太过言重了。或许当时也有人抱持我这种想法，而且海军也缺乏军官，这些人受过完整的海军军官教育，应予网开一面，所以他们在手臂上刺字后就放出来。但他们出来后，就比我们晚了，也有很长一段时间不能上船。因为长江突围后，抓了许多官校正期班的军官，因此到任何地方作战，都是军官队的人。透过我向马纪壮上将推荐，永嘉编入了第一舰队，在马司令的率领下，我们从上海打到舟山，打了很久。后来与八艇艇队长李连墀先生并肩作战，从舟山一路随同桂总司令打到台湾来。

军官队的际遇

我们从撤退、古宁头大捷，到防守马祖、金门，军官队都发挥了很大的作用。三十九年班毕业时，我已经升任副长，该班的贺海潮就是舰上的轮机员。当时尚无美援，本舰的淡水机坏了，我们两人就弄个小舢舨，划到金门山坡边上装一舢舨的水回舰。每人每天发一钢杯的水，洗脸、漱口、饮水，都由这一小杯中取用。生活非常苦。当时我是中尉，一月薪饷新台币七十八元，新乐园牌的香烟，一包就要三块五，所以我的薪水，一天抽一包新乐园都不够。

对于升迁的快慢，我认为若以长远与广阔的眼光来看，早两年和晚两年，并没有太大差异。我们军官队与正期生之间，私交也都不错，并没有隔阂。比如我与贺海潮、刘溢川、庄铭耀都很好。庄铭耀当总司令时，到官校巡视见到我，马上立正敬礼，并说他喊教授不习惯，还是喊我副长。旁边的人莫名其妙，怎么总司令对我如此尊敬？他请吃饭，宴席结束，一定先送我到门口，我离去后，他才与其他教官道别再离去。他很念旧，也很有分寸。

虽然军官队可谓撤退时的主力，但我们五百人素质并不整齐，因此，完成阶段性任务后就逐渐淡出。

今天官校以年班学生为正统，视军官队为旁门左道，我很为此抱屈。更抱屈的是，海军有史以来最优秀的三个年班，三十九、四十、四十一，除庄铭耀外，均不被重用。

马纪壮先生与黎玉玺先生的崛起

那段时间，海军中升得最快的，就是马纪壮先生和黎玉玺先生。桂永清调到海军来后，很多海军将领都不与他合作，老“总统”要海军北上，把大连、旅顺与烟台、威海卫这一线切断，以收复烟台和威海卫。桂永清与海军将领开会，问了好多位将领，都说没有办法，桂永清下不了台，只好宣布休息十分钟。出来后，马纪壮脑筋很灵活，和黎玉玺讲：“大家都不肯去，我们两个去好了。”黎玉玺附和他的意见，所以再开会时，马纪壮就向桂永清报告，说他和黎两人愿意去。桂很高兴，所以马、黎二人便到了渤海湾作战。桂先生偶尔喜欢舞文弄墨，写了一首海军军歌，颁行全军，但当时没人要唱，我在官校时，魏济民并没有理睬。但只要桂永清一上马纪壮的船，马事先得知了，一定准备几百斤肉，餐毕就要士兵集合演唱海军军歌。桂衷心大悦，临走时，马纪壮呈上膳食费的金额，桂因为愉悦无比，当场就批准，二者皆大欢喜。桂之所以能把海军总司令的位子坐下去，完全是靠他们二人。

到台湾后，桂永清因为林遵的叛离，对原海军总部，尤其是闽系的军官不再重用，令参谋长周宪章退职，王天池调到港务局。最后调马升副参谋长、参谋长、副总司令，然后接他总司令的位子，当时马年仅四十一岁。桂永清在辞职的呈文上面，推荐马纪壮继任总司令，以八个字形容马氏：“志虑忠纯，堪付大任”。黎则升副总司令，才三十九岁。

黎先生之起来，还有一层原因：三十八年，李宗仁逼老“总统”出国，桂先生即请老“总统”住在太康舰，舰长是黎玉玺，卧房让给老“总统”，黎先生则搬一把椅子坐在门口，老“总统”醒后即呼“玉玺”，黎则即答“玉玺在”。久之，老“总统”很高兴，想起虽在海上流浪，玉玺仍在身边。

来台后，某次在马公下船时，跟随的都是大官，老“总统”即向尚在舰上的舰长喊：“黎司令也来。”黎舰长就这样升了司令。

来台初期的际遇

我与陈庆堃先生也算是知遇了，他晓得我是个可用的人，便言听计从，我们也经常在官厅中聊天聊到半夜。等到突围出来后，他却没向上级报我的战功。但当我们突围出吴淞口时，因为搁了浅，后头的船便超过我们，第一舰队司令马纪壮的旗舰打信号要武陵靠拢，舰上的军官（李德裕）就向马先生报告我在突围中的表现。因此马先生对我有深刻的印象。等到保卫上海时，陈庆堃知道我与马纪壮曾同时赴美接八舰，彼此还熟，就要我向马先生推荐他到第一舰队。陈乃到了第一舰队。

保卫上海一役期间，因为黄浦江很窄，而且浦东江边都有楼房，其后就是荒野田地，因此，我们在江中看不到共军的踪影。那时我很勇敢，就爬到桅杆顶上了望，告诉下面朝哪个方向打。马先生的船来了，看到我，问身边的人：“那是什么人？爬这么高！”人家告诉他是王业钧。他晓得长江突围中，陈舰长报上去的有功人员中，并没有我的名字，他是第一舰队司令，也不好表示意见；而这次既然看到我这么勇敢，回去后马上由舰队部颁发一个云麾勋章给我。在作战中我根本不知道什么是“死”，我在桅杆顶上，子弹就在我身边咻咻地穿过，我感觉裤子稍微扯了一下，下来后一看，上面有两个洞。所以马纪壮认为：人家躲都来不及，他居然还敢爬上去，所以对我印象极佳。

到台湾后，我觉得很累了，请假到南部来，陈舰长准了假，却把船开走了。他并没有向上级报告我在突围中的功劳，那时我年轻，我想他没报就算了，以后机会多得很，也没把这件事放在心上，继续做我的事情。之后我们见了面，仍然很亲热，但彼此之间心里都有数。

赴美接“江字号”的十位舰长，于一九五四年年底合影于美国夏威夷。前排左起第二人为王业钧先生。

后来宋长志推荐我任宝应舰副长，于一九五〇年十一月到职。一九五二年六月再调中荣舰副长，舰长是蒋豪达（广东人）。或许陈庆堃和冯启聪（舰队司令）等都说过要把我压下去，因此我一上中荣舰，舰队司令就找我去，要我把脾气改一改，态度并不很友善，不过我始终没把这件事放在心上。这时政府开始有了“以党领军”的政策，舰、副长都要加入国民党，我乃申请入党。但我在中荣舰两年八个月时间，蒋豪达硬是不让我入党，每次小组会议都不通过。后来我被调下来，担任海军士校附属的术科班教官。一般来讲，这样的调任算是很惨的。但我想，上级要调我到哪里，我就在哪里做，对这件事好像从没什么感觉。

一九五四年，美国政府要送我们十艘军舰（三级舰），希望我们能从现有的三级舰长中选调去接。那时我可谓鸿运当头，正应了中国的俗语：“运气来了，连门板都挡不住。”我在术科班当教官，有天江维民主任找我，因为他看了我在报到时写的自传，提到长江突围一事，觉得很奇怪，问我：“你这么大的功劳，怎么不是党员？”我把整件事的来龙去脉告诉他。他说他会负责把这件事报告总部，应该吸收我入党。当时海军主管党务的海军政治部第六组上校组长刘伯钧先生（书法家），对我很有好感，所以江维民去说之后，他也很赞同，马上帮忙让我入党。总部政治部（主任赵龙文）立即开小组会议，第三天就开始受训。受训期间三个月，指定阅读书籍，然后写心得报告。平常我就满用心的，住在自立新村时，两户间路很窄，夏天家家户户都把门窗打开，我就常在窗边写东西，故受训期间如鱼得水。

在受训三个月的初期，并没有接舰的传闻。突然间有了接舰的消息，政治部就推荐我去。故于五月八日完成三个月受训，把心得报告交出去后，当天下午即开小组会议通过。第二天就把公文送到海军总部。总部也立即开小组会议，晚上派专人送到台北。五月十一日我就拿到党证。在办理党证期间，人事署接舰人选的签呈已经送出，我的名字也加上去了。我的党证未发，总司令马纪壮先生就把公事压着不发。等十三日，第六组的人来把公事抽出，签注“同意”，马总才批可。这项人事案就定了，发表我接湘江军舰。

湘江舰长

发表我接舰后，很多人就觉得很奇怪，因为都派现任的三级舰舰长，甚至是二级舰长，只有我是曾任二级舰的副长升舰长。一般从副长升舰长已是前进一大步，何况我还出国接舰。因此未被选上的舰长都觉得匪夷所思，不可置信。我想马纪壮先生批准，是对我过去功劳的补偿，所以提拔起来。当然我对自己相当有信心，并不输给他们之中的任何一人。

一九五四年五月赴美后，在西雅图接舰，过程很顺利。值得一记的是，有对英国武官夫妇，特别从华盛顿到西雅图来请我吃饭。我不知对方用意何在。当时军人都负有搜集情报任务，或许他想了解我舰的装备，遂提高警觉。那时我二十九岁，脑筋很灵光，英语根基也还可以，说一句话时，以下的两三句都已想好了。与他聊天很顺利，不过我还是不知道他请我吃饭的动机和目的。

当时还有一位法国舰长也在西雅图接舰，船靠在我舰后面，他请我到该舰吃饭。他们很有意思，下午三点钟开始吃饭，首先是喝啤酒，这只是饮料，稍有气氛时就开香槟吃饭。喝完香槟就喝红酒。吃完饭聊天，再以威士忌佐之，就这样一直喝到晚上十二点。我酒量还不错，在他船上时，我还没醉，但一回来，就吐了。法国人对酒类很有研究，酒都很好，故我第二天酒醒后，头一点都不昏。那位法国舰长准时八点钟上船，到我的官厅向我道歉，说："I am terribly sorry for I made you sick." 所以我觉得这些国际性礼节都是我在国内学不到的。

后来到了旧金山，当地因有"加州寒流"（California Current），故夏天

摄于湘江舰长任内。

“国防部”总政治部主任蒋经国（右）于一九五五年夏搭乘湘江舰赴马祖视察，与王业钧舰长合影。

相当凉爽。因为有寒流，故平流雾很大，伸手不见五指，我很顺利地把船开进港湾。船上的美国顾问还赞美我靠码头的技术非常漂亮，因而全部顾问撤离。

经圣地牙哥，然后自太平洋返国。从夏威夷到马绍尔群岛中的瓜加林岛，然后开关岛。瓜加林岛是中途港，当时十艘船在港口等待领港进港，但我的船因为滑油流泄，无法再等，获领队邹坚核准先行进港。瓜加林岛是个马蹄形的岛，进去后里面全是礁石，必须转十四次，才能到达码头。当年我廿九岁，脑筋很好，要航海官先把航线图画好，必须转弯的地方都有浮标，左转右转都有不同的处理方式，当时我都记得一清二楚。等他们的船进港时，我的船已经在码头靠好了。

一九五五年一月回国后不久，旋即参加大陈撤退。然后在马祖、金门驻防，前后做了两年多的舰长。有些任务是送特务，常在风雨交加的夜晚，我带着手都磨得很粗、伪装成渔民的特务，开到象山港附近，摸黑让他们上去。

担任湘江舰长期间，比起我在永嘉舰参与长江突围，当然不那么轰轰烈烈，与共军也没有遭遇战。不过我舰长职务交卸的第二年，就发生了“八二三炮战”。

数十年后，每次遇到王鹤楼（四十三年班，后来以中将退役），他就向他的同学说：“哎呀，我们王舰长从前以十五节进小港。”士兵也说我们舰长如何行。若舰长开船技术不好，连士兵都会恼火。因为他们必须用绳子猛拉，才能把船拉到码头边。

我任湘江舰长约两年多，宋长志中将担任官校校长，想找我到官校任通信系主任。当时我只是上尉，但系主任一职却是上校缺。总部认为我差三级，不能立即接任，等到第二年我升少校，才派我到官校当系主任。到官校后，我先看排了哪些课程，缺什么教材等，然后向宋先生提了一个详细报告，并附上一个计划，打算向美军申请设备。宋先生很支持我，当时官校一年经费只有七十万元，但他就给了我十一万元，鼓励我尽量做。我三月到官校，六月即考取美国海军研究院学气象，期限是两年，毕业后有硕士学位。宋先生很不高兴，好不容易把我请来，但我却做三个月就要走。我请宋先生放心，因为我做事向来很快，该申请、该办的事项都已做好，且完成了课程计划，全部都交代得清清楚楚，然后才离开。

离开官校，我的人生有了截然不同的改变，过去算是我的第一辈子，我的兵科军人、海上生涯也到此告一段落；自此开始了我的文人生涯。

赴美学气象

美国海军研究院（Naval Postgraduate School，简称 P.G. School）位在旧金山南部的 Monterey。海军却译成“美国海军专科学院”，这是因为过去的军人，陆海空三军皆同，都是带兵官制，带兵官为通才。非带兵官如补给官、气象官等，都是第二流军官，所以认为他们是训练专科人才。

因为我是去攻读硕士学位，故被认定是大学毕业资格，然而事实上我高中都没有毕业，所以不懂微积分。临走前，四十三年班的汪洋找了一位马大道同学帮我补习数学，我就学了几个礼拜的微积分，晓得一些观念。

一九五七年八月抵美后，课表一开始就是工程数学，表示每人都有微积分的基础。由于距开课尚有两个礼拜的时间，我就利用这段时间，恶补微积分。当时与我同去的还有三位机校毕业的军官——刘兆玄、杨矩宣和张礼国，我永远不会忘记他们对我的帮助。他们都学本行，除一位是攻读电机硕士外，其余两位都是学士 undergraduate 课程，等于是重学，故有时间轮流给我指导。由于只有两周的时间，我不做习题，像读小说一样，光看书。到了睡觉时间想睡了，硬撑着不睡。实在撑下下去了，就把闹钟拨在两个小时以后，睡在沙发上。等闹钟一响，我醒来就继续看。实在不行了，又把闹钟设定在两个小时之后。最后连睡两个小时都不行了，我就放热水，泡在澡盆里看。两个礼拜把微积分啃完。

我们这班美国同学，除两人外，其他都是安那波利斯海军官校（U. S. Naval Academy，Annapolis）毕业。他们毕业后都往飞行方面发展。到上尉阶段，队长缺就少了，因此有些人不能再飞。有些则是不想再飞，所以到 P.G.School 受训，再上船当通信官或其他舰职。第一学期，我的数学就拿 A，其他各种成绩也都是 A、B，A、B 的，毕业成绩为第三名。前两名都是 reserve officer：一位是 UCLA 气象系，另一位也是某大学的气象系，大学毕业后在军中服役，只有他俩人拼不过。所以我等于是打垮了同期所有美国海军官校毕业的同学。

那时的生活方面也不错。因为我是少校，美国海军认为校级军官是颇有地位的，故派了一位勤务兵招呼我的生活起居。至于国内待遇，仍旧保留。若人在国外，没有家眷，即等回国一并发给；但我有父母在台，故此份薪饷由父母代为领用。我在美国，每天五元美金，政府每月再津贴一百美金，所以我们每个月有二百五十元美金。但我们生活都很节省，有些短期留学的人，连可口可乐都舍不得喝，攒下钱带回国。这也可说是美国政府变相地资助我们年轻军官。

至于我头一年的活动圈子，没超过校区街道之外。第二年的某天，有位在研究院念另外一科的王耀埏同学到我房间来，看到我光着身子，跪在浴室里洗衣服，感觉很奇怪地问我怎么自己洗？我说不自己洗，谁帮我洗呢？他说有洗衣机呀！我不知道哪里有洗衣机。他告诉我在西厢有电视、洗衣机等娱乐室，我住在东厢，虽是同一栋大楼，却从来没到过那里，他就带我去了解一下，并说我对课业实在太用心。因为当时我每天看书都看到十二点才睡觉，身子变得瘦弱，他乃组了一个伙食团，吃中国米饭，这么一来，身子才日渐健康。

海军专科学院气象系

一九五九年六月毕业返国后，黎玉玺总司令告诉我，我国海军专科学院里的气象系，一直都只有空架子，徒具编制，但都没有训练一个人出来，要我去建立气象系。但只有他这一句话，没有经费，要如何建立？我遂找美军顾问团，说明美国政府花这么多钱让我赴美学气象，还拿了一个硕士学位，是不是也希望我能回国训练更多的气象人才呢？他们说这正是他们的目的。我乃说，我们总司令也要我训练人才，但“中华民国”海军并没有给我一分钱，我怎么办？只有请你们帮忙。如果你们认为我不行，也不希望我在这方面发展，那我就上船，你们过去所花的钱也都损失掉了。如果你们希望我能训练一批人出来，那么你们就必须继续支援。他们把我的意见向海军组组长报告，美方遂决定支援我三千美元。这在当时是一笔大数目。我乃开出必备的书籍，及少量的仪器采购单。

学气象需要一张画气象图的桌子，桌面是一整块玻璃，底下有灯，让气象图重叠，显示出各高度的气象状况。美军认为制作桌子所需的木材和玻璃，台湾都有，中国海军应该出这笔钱。我想一想，某天就跑到海军第一造船厂的木工厂，看到后面有好大一堆桧木，都是四四方方一条一条的，每条有一两丈长。我问员工此木材何用？答称修小艇用。我乃到台北找总部补给署的罗日贤科长，他与我很熟，我说木材这么多，小艇不一定天天要修，即使小艇损坏，也不需要这么多木材修理，是否可以拨一两根给我？他给我两根二尺见方、两丈长的木料，做二十五张桌子，但没有工钱。我又找一厂的周副厂长，请他想想办法。他说怎么办呢？我说，修舱动辄几十万美金，二十五张桌子不算什么，请他在每艘船上挂一张桌子的帐，这样就可以了。他勉为其难地答应了。

一厂按我画的图样把二十五张桌子做好了，但桌子上的玻璃，以及桌下的日光灯就没办法了，因为船上并不用这两样东西。我乃去找总司令，报告作业进度已进行到此，现在仅缺玻璃和日光灯，以及其他零碎的东西。

一九六〇年奉派丹麦哥本哈根，参加联合国教科文组织（UNESCO）举办的国际海洋会议。前排右一为台湾大学动物学系海洋学教授朱祖佑先生，右二为王业钧先生。

一九六一年一月一日获蒋中正“总统”（左）亲颁克难英雄纪念章。颁授过程尚有一插曲：纪念章佩挂时因未扣紧而掉落地面，蒋“总统”与王先生同时弯身捡拾，两人几乎头碰头，此时蒋“总统”说：“让我来！”拾起后重新为王先生佩挂。

总司令问我所需经费多少？我说大约需要三万五千元。他找来人事署署长，特别开了一个会，与会各单位首长都说没有钱。总司令乃决定：无论如何，先想办法支援此事。所以后来总部拨给我三万五千元，买齐各项物品，终于解决了此事。我招收两班学生，一班是官校毕业后的研究班，一班是程度好且对气象有兴趣的士兵班，进行得非常顺利。第二年，其他留美的军官亦陆续归国，气象系的师资阵容就颇为坚强了。

当时曾向黎先生建议：每个海军军官，除了本身航海的根基外，应该有第二专长。因为不可能每个人都当总司令，将来他们退役到民间，如果有个第二专长，马上就可以找到工作。所谓进可攻，退可守，生活也比较安定。黎先生很赞同我的意见，因此才有一班，专收官校毕业生。

后来黎先生只要碰到气象的问题都找我。有一次黎先生到左营海军专科学院（当时院长是杨珍），派一名士兵来找我。他找到我后，说总司令找我，并在学校等。这种知遇是少有的。我到总部去，总司令办公室主任是赵锦龙，他一看到我就说："啊，王业钧你来啦！啊，你们看啊，总司令的宝来啦！"第二天早晨，总司令同我一起吃早餐。那些时候，我常有机会陪总司令吃早餐。此外我的前妻是师大外文系毕业，总司令宴请顾问团及外宾，我们夫妇一定被请去作陪，非常器重我。

有一次陪黎先生早餐时，黎先生突然问我："你为什么不上船？"我答："任务还未完嘛，两班学生都还未毕业。"黎先生说："不，我马上派你二级舰。下来后，即接海道测量局。"海测局长是少将编阶，我才是中校，中校时即获长官承诺升少将，恐怕是前无古人吧。我当然立即向黎先生表示愿意及感谢。

有人说黎总司令喜欢用军官队的人，我讲个笑话，也是个故事，可以很生动地描述海军几位总司令用人的取向。海军有位军官王河肃，在宋长志先生担任总司令以后，于宋夫人面前讲了一个打麻将的故事。他说桂永清打麻将"缺一门"——意即不用福建人，缺了闽人这一门；马纪壮先生起先算不错，但后头只打了个"平胡"——因为到了台湾，没有什么特别的大事，做一任就下来了，被经国先生延揽为副部长；梁序昭先生不错，胡了个"清一色"——不管大大小小的官员，全部用福建人；黎玉玺先生是"十三烂"，不管哪个系统，哪一省人，只要肯做事就用；刘广凯先生做副总司令做了六年，好不容易胡了，升上总司令，结果却胡了个"诈胡"，半年就下来了；冯启聪先生也是猛做，胡了个"一条龙"——副总司令、参谋长到舰队司令，都用广东人，其他职务则不拘派系；宋先生则是"全带么"，所有军官队出身的人都不用，把刘和谦和叶昌桐、罗锜等人提起来。

再度赴美深造

由于我有海军军官应具备第二专长的想法，黎总司令也赞同我，我认为不妨由我本身做起。当时因为韩光渭刚取得博士学位归国，“国防部”乃有个构想，认为他念书并没花国家一分学费，而我们申请国外的奖学金也很容易，何不利用这种机会来培植军官？我不晓得黎先生是否向“国防部”提了海军军官应具备第二专长的建议，不过“国防部”已经形成这种气候，后来且形诸政策，故允许军官申请奖学金出国进修，我就在此情形下申请出国。

我申请了 MIT、UCLA、University of Chicago 等三所当时美国气象系最好的学校，都取得入学许可及助理奖学金（research assis tantship）。后来因为台大朱祖佑教授说芝加哥大学很难念，我的个性是愈不好念的学校就愈想挑战，所以就去了芝加哥大学，该校说我三年可拿到学位。这时舰长职务发表了，黎先生即派了江昌黎中校代理，以免我的海上资历中断。

一九六二年九月去了芝加哥大学之后，发现与当年我到美国海军研究

一九六三年摄于美国芝加哥大学。

院时的情况完全不同。若说芝加哥大学是第一流，美国海军研究院就是第二流、第三流的学校了。

我举个简单的例子。我们上课上了一段时间后，教授指定我们到讲台上讲， 有位美国同学说："Since ten thousand feet is much higher than three thousand meters，therefore……" 此时教授要他停下来，问他一英尺等于多少公尺？学生答不出来。教授告诉他："One foot equals 0.3048 meter." 一万英尺就等于 3,048 公尺，只相差 48 公尺，怎么能讲 much higher 呢？这次情况很令我震慑于大师级的教授，把度量衡换算表整个都背下来了，而且记到小数点以后好多位数。其后，我就把特别角函数等都以数字背下了，例如，我就可背圆周率（π）到小数点以后五十位。他们记数字，是因为只有数字才能明确的代表知识。

美国人念书研究都比较细微，例如：中国人念历史都注意大题目，比如研究唐朝，都研究唐太宗文治武功如何如何，但美国人不同。比方我们有位同学研究唐朝官吏的薪俸，这样做，是因为从中可以看出当时的社会状况，研究角度和我们很不一样。就像研究汪伪政权者，在中国认为不值一谈，也不可以以此题目拿到博士学位。但在国外注重的是研究方法，不论题目的大小与否。

我在芝加哥大学，也经常不期然地遇到世界一流的人物。某次连战同学与我并肩而立，前面走来一位白发长者，连战问我："上校，你可识此人？" 我答不识。他说此人乃世界三大有名神学家之一，名叫 Paul Tillich。待他走至我们面前，连战很恭敬地让道一旁，后面的学生亦是如此。我也遇过大师海耶克（F.A.Hayek），他是林毓生的老师，我与林毓生很熟，他说海耶克是当代的四大思想家之一，曾访台湾，但台湾好像没有什么人知道他是谁。又如芝加哥大学的英文系，是英国文学新古典学派（Neo classics）的大本营，在文学界有其一席之地。不像台湾，文章写得好，或是念过几篇文章，就可以当英语系教授。当然气象系的教授也是一样，都是某一方面的领导人物。例如我的第一个老师 Sam H.Petter son，是北欧派的首脑。

在芝加哥大学研究室中苦索愁肠（摄于一九六五年七月）。

我原来很有自信，认为只要自己很用功，一定可以成功。但到芝加哥大学后，我却渐渐地失去信心。因为我出国时已经是三十六岁了，一个人独自在美国奋斗八年，就四十四岁了。人一过了四十岁，脑筋吸收知识的速度，是进来得慢，出去得快，很多东西很快就忘记了。比如我们要修两门外国语文，我想赶快修完，选了法文及俄文，俄文中有个字是 останавливать（意指 stop，停掉了，不干了），但字这么长，我一口气背不下来，于是分音节记，前后起码背一百遍以上才记得，才念熟。俄文难是因为文法多，法文也是，规则都比英文严谨，但我认为一种语文的规则愈多愈好学。

挫折中的奋斗

后来我在学习方面发生一些挫折。因为我对气象中的云有兴趣，以云为题写了一篇论文，但我的老师郭晓岚（中研院院士）兴趣在另外一方面，他希望我跟着他走，所以我和老师之间，相处得并不很融洽，后来且产生冲突。首先他把我刷掉，我想你刷掉我，我还可以找别的老师，但其他老师在未获得原先老师的首肯下，都不好意思收。例如，有位日本老师 Kazuya Fujita，是中尺度气象学的鼻祖，对我说："Captain Wang，don't waste your life here." 后来有位新来的老师 Prof. D. Atlas，他是美国人，是雷达气象的鼻祖，在美国气象学界比郭老师更有名望。他看了我的论文，认为我做得很好，问我为什么郭老师不给我通过？我说郭老师说没有钱。他说他也没有钱，但是可以帮我想办法，不过必须先打电话问郭老师问题出在哪里。但他一问之后，郭老师说没有问题，他有钱，又把我拉回去了。这位外国老师也不好意思再问，而且他并未听到我有任何抱怨，大概也晓得是怎么回事了，劝我回去继续跟着郭老师。

现在我说一件很真实的事，而且类此状况不仅我一人。我回去继续跟随郭老师后，第二天，郭老师就说他希望和我一起发表我的论文，要我毕业论文随便写一篇就可以了（论文如果联名发表，即不能当博士论文）。那时我已经读了六年，他叫我另写一篇是可以的，但到时候若他不让我通过怎么办？所以婉拒，说我年纪大了，再写也不一定写得出更好的来。郭老师再说一些话，暗示我：如果我不与他一起发表这篇论文，就不给我学位。第三天我遇到一位同学，他年纪比我还大，听说在国内阶级是政工少将，或许他负有任务，所以从来不和我们来往；因为我年纪也较其他同学长一点，所以见了面还会彼此问候。他看到我满脸郁闷，问我何故闷闷不乐？我乃将此事讲给他听。他很慎重地告诉我："你千万不要再和任何人提到这件事情，因为如果你再说此事，辗转传到郭老师耳中，万一他恼羞成怒，学校为此事只会牺牲一位学生，绝不会为此牺牲一位老师；学生只不过是过路人，其他教授与他是同事，他们不会为你得罪同事。今天你告诉我了，我也不会讲给别人听，但你千万不能再讲。老师讲白的是白的，你要说 yes，他说白的是黑的，你也要说 yes。”在这种状况下，逼得我健康发生很大的问题。

后来老师终于和同情我的其他教授组成一个委员会，讨论我的论文。这样又拖了两年。在这两年中，我见了郭老师，就像老鼠见了猫，在精神上受了很大的创伤，身体也连带不好。1970 年 2 月，我通过了 final，毕业是没问题了。口试时，有五位老师共同考我，经过“五堂会审”，终于拿到学位。回到宿舍，我感觉胃很胀，想吐，遂赶快跑到厕所吐，结果吐出一马桶鲜血。回到客厅稍坐，又有呕吐的感觉，再去吐时，又是一马桶鲜血。此时我心灰意懒，拿到了学位，命却没有了。我没有告诉任何人，本来我买了保险，可以到医院住院，但也不去。我原先就有个神经胃（nervous stomach），只要一紧张或吃太多辣椒，胃就不舒服，但只要喝冰牛奶就好。所以此时我也喝冰牛奶，居然就止住了吐。我以为冰牛奶对我有好处，所以拼命喝牛奶，既不到学校，也不接电话，两礼拜后就好了。慢慢我开始吃冰淇淋，再慢慢吃稀饭，肠胃就渐渐复原。

三月底毕业，是日早上十点钟举行毕业典礼，我拿到证书后，请一位参加孩子毕业典礼的美国家长帮我照相，十二点我就开车走了。

世态炎凉

我这学位等于是拿命换来的，但回国后，海军的人根本不知道芝加哥大学的地位。由于第一次婚姻的失败，我出国后传出很多谣言，说我假离婚，拿了学位不回国等等，使我遭遇到很多困难。例如护照不准延期，我

一九七〇年三月取得美国芝加哥大学博士学位。

每三个月要跑一趟“领事馆”，办理紧急延期。后来又停了粮饷，使我父母生活无依。但是在芝大时，同学们却把我看成职业学生。有一次，一位谢善元同学请我饮啤酒时，突然把桌子一拍，说：“你原来是这么一个东西！”我愕然地说：“什么东西？”他说：“你是不是职业学生，派来打我们的小报告？”我说不是。他又说那为什么跟连战好，我说那与职业学生有何关系？他又说你是不是还在拿国家的钱，我说是呀，自古当兵吃粮，我还有父母在养。而且，你们都喊我上校，我从没隐瞒身份。良久，他才说，在芝大这么多年，能拿奖学金，即使是职业学生，也不错啦，同学都很佩服上校的毅力。

回国后，有人要把我法办，说我滞留国外八年，意图不归。幸有华绍武中将说：“是他自己回来的，还是你们把他押回来的？”我才没有坐牢。我这个人，去年和今年讲的话，绝对不会有矛盾的地方，因为事实只有一个，我不会讲假话，也不晓得怎么去讲假话。而且我这一生的真实故事已经够多了。这一段话，再过十年也是如此。

因为在芝加哥大学这八年来，我都在一栋四层大楼内的房间念书，每天下午四点钟，一名黑人来打扫房间，到晚上十二点下班。每天晚上，全栋楼他就只看到我一个人，他问我：“你每天就这样过呀？”我说：“是呀，学生生活嘛！”他说：“你不喜欢女人呀？”我说：“喜欢呀。”他又问我：“那你怎么不去找女人？”我说没有空。当时我认为这些事对我而言是一种干扰，我希望的是拿到学位回国。但回国后，虽然没坐牢，但宋先生认为我升级的时间已经过了，也不认识八个年班的军官，与海军已经脱节了。

那时我对海军总部的态度很难理解。如果当时总部对我好一点，八年上校之后，马上升我将官，让我休息几个月，娶个太太，可能一切都不一样了。三十六七岁到四十四岁的阶段，是男人一生中精力最旺盛的时候，但我当了八年的和尚，生理、心理已经很难过；回国后总部的态度居然很冷漠，所以后来我大病一场。

不过以后我就不在意了，因为在芝大这所有名的学府中，遇见生人，第一句话就是：“What are you interested in？”在美八年，受此风气熏陶，我的人生价值观也就改变了。美国空军有许多将领，到芝加哥大学来学气象，见到教授也同样要叫“Sir！”就连蒋中正先生，在学术殿堂评价中，也仅是个不成功的人。我因此等于完全被洗脑了。回国后，升不升将军，已经变得无所谓，专心教学，做我的研究。唯一的差别，是退休后只领上校九成薪，而不是将军的全俸。

当时国内一般长官，除黎先生外，多不了解我的为人。前面曾说过，黎玉玺先生在任时，我担任中校气象系主任，做了两年，黎先生问我怎么还不上船？我说任务还没完成。他说马上再派我二级舰长，下来后马上派我当测量局局长。我出国后，他还发表我为中训舰舰长，由江昌黎代任，让我有这个资历。这种难得的知遇，我有什么理由不回来呢？

我在芝加哥大学第六年，黎先生是参谋总长，赴美访问，到美国后在飞机上就先打电报给驻美武官邹坚，要他通知我到芝加哥机场等他。但我得知他访美的消息，前一天就到华盛顿，第二天早晨我去接机。隔日一早他召见我，问我经济有没有困难？婚姻有什么问题？对学习各方面等殷殷垂询。他说他很了解我的情况，要我不要太勉强，身体要紧。如果当时我跟他回国，不管我是否拿到学位，他马上派我当测量局局长。我认为还是先拿到学位再回去。因此他一直非常相信我。可是回来后，黎先生已经做完参谋总长，也没有权让我升将官，更不方便再去推荐、麻烦别人。

中科院执行长夏新中将赴美时，黎先生就交代他要与我联络。他透过“领事馆”的一位“领事”发个函给我。那时我知道夏新这个名字，但不认识他。不过我觉得海军有个人来看我，就像家里来的人一样，赶快打电话给他，与他约时间见面。我乃开车载他到处逛逛，也等于是自己散心和观光。他曾问我要不要回去？什么时候回去？我说拿到学位后，三个月之内回去。所以夏新回国后曾签报意见给黎先生。黎先生也曾写信给我，要我回国后先向海军总司令报到，派职何处届时再讨论。

我未回国前，台大曾写信至美邀聘，但我请他们先与海军总部联系。回到国内，当年的气象局局长刘大年先生要我当他的副局长，我也要他向总司令报告。因为我心中始终有个海军，但海军心里没有我，不过我还是忠于海军（那也是忠于我自己）。回来后，先于一九七〇年七月派职中山科学研究院，然后于一九七二年六月回海军官校服务，至退休为止。

一九七九年，我担任上校十八年后，正式自海军退役。一九九五年，自海军官校以教授身份退休。前后在海军中服役、服务五十一年。

至于学术方面，一九七〇年我在芝大的毕业论文中提出一个云模式（cloud model），并发现某种现象。然而，在当时，并没人在自然界发现这种现象，而我也不晓得到哪里找证据。这是我在论文论证上比较弱的一点。但是教授们也不能否认我的发现，所以有了争议。

一九七〇年我毕业后，有人观测到我在博士论文中所发表的现象，即云之发展不是很高，就是很低，很少有居于中间者。伊利诺大学及其他学校纷纷有人提出各种不同的解释，我看了这些文章，遂发表一篇论文：John Y. C. Wang，“A Quasi-One-Dimensional Time- Dependent and Non-Precipitating Cumulus Cloud Model：On the Bimodal Distribution of Cumulus Cloud Height”（*Journal of the Atmospheric Science*，March 1983），中文题目为“积云高度双层分布之研讨”，说我在十三年前于芝加哥大学即提出一种理论，很可以解释云层高度的这个现象，并把该理论重新解释一遍。此后，我的理论等于是定论了，“教育部”乃于一九八三年给我四十八万的奖金。现在很多科学论文，完成后必须立即发表，否则有让人捷足先登之机。但我的论文可以沉淀十三年后，还能发表在世界性权威杂志，得到学界明确的肯定，个人感到非常的骄傲。

然而“教育部”给我四十八万元后，却产生一些后遗症。因为在一九八三、一九八四年间，“教育部”设立一个学术研究奖项，给予台大很多名额，海军官校也有一个名额。海军官校以为这个名额是分配的，只要提报一人即可。官校教授乃提论文报请学校审核，最后仅剩我与政治部两篇论文，虽然政治部的人尽力争取，最后仍决定送我的论文给“教育部”，也得到了这份奖金。可是得到奖金后，官校认为是学校照顾我，外面的学校也批评“教育部”怎么可以凭分配给奖？

一九八四年三月我又在 *Journal of the Atmospheric Science* 上发表了“A

Preliminary Numer ial Simulation of a Shower”,（《一个阵雨的初步数字模拟》），但还是一直有别的学校质疑海军官校凭什么论文得“教育部”这个奖？“教育部”几次说明。其中一次根据世界学界评估，谓台湾发表论文篇数在世界上是第 33 名。再往下查证，发现这个世界第 33 名的成绩，就是因为我的论文与中正理工学院一位教授论文的关系。所以“教育部”声明，文学校的论文成绩，甚至赶不上军事学校。后来我又陆续发表一些零星的文章，但到六十五岁以后，脑力就不行了。等到我心脏开刀，就更无心力做深入的研究了。

有些教官说我很了不起，我问他是什么道理。他说：“有人干海军干一辈子，顶多就是上校退役，甚至有些人连上校都升不上。有人做学问做一辈子，也不过是一个博士教授。您这样等于是过了两辈子。”其实，如果说成：第一辈子干军人，我曾打过海军最激烈的仗。第二辈子干文人，以高中未毕业的程度，拿到两个硕士学位，一个博士学位；尤其是取得芝加哥大学博士，本身就是一种成就；更何况博士论文可以尘封十三年，还能发表。一九九三年我因为心脏开刀，身体很不好，后来我就常常打高尔夫球，锻炼身体，并自诩要打到职业水准，以此为生。现在我常开自己的玩笑，这就是我要过的“第三辈子”。

李恒彰先生访问纪录

访问／张　力·吴守成

纪录／张　力·曾金兰

时间／一九九七年六月二十五日

地点／高雄市左营区明德新村李宅

家世与早年教育

（一）家庭状况与小学教育

我的老家在山东省泰安县城南边大汶河附近，曾祖父搬到城里创业，自此家业兴隆，拥有良田百亩，以致在中共建政后，被定为地主阶级。曾祖有三个儿子，大祖父毕业于山东法政学堂，为地方闻人。每当丧家出殡，必请大祖父“点主”（神主牌位上的“主”只写个“王”，丧家请有学识者拿朱笔在“王”上面加上一点，这是中国传统殡葬礼俗）。小时候我常穿着长袍马褂，像个御用书僮一样，跟着大祖父出去“点主”，非常神气。因此在泰安这个小地方，大家都晓得我是什么人的孙子。先祖父排行第二，公学堂毕业。

先父中学毕业，因为家里有点钱，又是独子，所以有些公子哥儿的模样。他喜欢拉胡琴，常自拉自唱。我小时候有个印象，那时京戏班子是四处游走的，父亲有时请个京戏班子来家里，招待所有演员和文武场食宿，主要目的只是要请戏班的第一女主角配个戏，粉墨登场一番。父亲的为人就是这样，他一辈子也就这样过，因此共产党来他就惨了。不过他平时也喜欢读书，没事就读《本草纲目》，还用毛笔在十行纸上写，故而写得一手好字。

我生于民国十七年阴历七月十九日（国历九月二日）。从小在这种环境下成长，是相当不错的。当时泰安城外有座大庙，大庙向南走就是县城，县城当中有个双龙池，双龙池的下坡道是县城的主要道路中山街，街上有间中山街小学（后来改叫什么小学我就不晓得了），我在这间小学念到四年级， 日本人就打来了。日军轰炸泰安时，我们逃难到县城东南方的楼德镇外祖母家躲避数月，待局面平定，又回泰安城内。

因为我们家很大，有四个相连的四合院，就被日本人占住。我们回去后，因为兄弟姊妹众多（我有一个姊姊、三个妹妹、七个弟弟，一共十二个），他们才让出几间房给我们栖身。当时日本能打胜仗的原因之一是国内实行征兵制。住在我家的日军中，有一位田中平八郎与我很好，他留个胡子，个子不高，很壮，是标准的日本人。每当他喝了清酒，就会边唱歌边哭，还把我拉到一旁，拿出他儿子的相片，他的儿子年龄与我相仿，田中显然是想家了。后来听说他在台儿庄会战时阵亡。

日军占领后，地方慢慢走上轨道，设新民会，成立所谓的“汉奸政府”，派县长，恢复秩序，规定往来通行需良民证，见到日本人要鞠躬等等。我又开始上小学。我小时候天资不错，虽然耽误了一年，但又直接跳读六年级，学龄并没有耽误。姊姊比我大二岁，她就和我一起念，一块儿自小学毕业。

（二）齐鲁中学六年美日教育

泰安虽是个小地方，但泰安三中是山东全省会考第三名的好学校。因我们不愿念日本学校，也不愿穿日本的新民服，更不愿被日本教官管，所以小学毕业后，父亲就送我到济南，就读美国以美教会办的齐鲁中学。

刚到齐鲁中学念初中时很惨，我们的英文老师是位美国的女传教士，上第一堂英文课时，老师就发给每人一个字母牌子，如果她念到 This is a book，拿到这些字母的同学马上要举起来。但我从泰安到济南读书，土得很，济南的学生都认得英文字母，我却一个也不认识，所以刚开始的时候很辛苦。不过这种方式教育出来的学生，英文都很踏实，到初中三年级，都可以和美国教师、传教士会话。当时凡是实行美国教育制度者如清华、燕京、齐鲁等学校，都是这样教出来的。

学校课程和一般中学没什么分别，也用中文课本。但每个礼拜一早上有两堂课，从高中三年级到初中一年级的男女学生，全集合在楼上大礼堂，听牧师证道。另外每个礼拜也有四个小时修身课，一般学校的修身课讲的是格物、致知、诚意、正心、修身、齐家、治国、平天下的道理，但我们却是念耶稣略传、耶稣十二门徒事迹、旧约、新约，还要考试。不过学校并未要求我们信教。我本身是佛教家庭，小时候曾到天主堂去望弥撒，很喜欢天主堂那种肃穆的气氛。所以那时就想，将来我要信教的话，不信佛教就信天主教。因此在齐鲁中学，虽然每个礼拜有两小时的证道课和四小时的宗教课，但却没有强迫我们成为基督教徒。

初中二年级还没念完，就发生太平洋战争，美军参战，日军将占领区内所有美国人全关起来，学校也改成市立中学。我们继续就读，初中毕业直升高中。但学校由日本人接收后，修身课就没了，改成日语课。日语老师给我们列了奖励原则，他说：考到七十分赏一支铅笔。那时铅笔很贵，火柴、盐也全由日本人控制。如果考到八十分，就给一个好吃的日本羊羹。九十分以上，我们可到老师家，由他的三个女儿跪着请我们吃饭。我们也在那个时候了解了一些日本的民族性。不过日文考试的确很“难”考，虽然都是日翻汉、汉翻日，我们却不能不及格，不及格的话，日本的军曹教官就要找去讲话了，那是很可怕的，到日本宪兵队去常常是有进不出的；但也不能考到八十分，如果考到八十分以上，同学就说你是“汉奸”。所以我们都死背背好，看试卷评估，最好考到六十五分至七十五分之间。

那时没什么中文的爱国教育，但我们可以从矿石收音机偷听蒋委员长讲“中国之命运”，每次听到蒋委员长用浙江口音讲“全国的同胞们……”，既紧张、刺激又高兴。我们从小就听这个，那时大家都算是地下工作者。

在占领区有所谓的维新政府主持地方政务，我们管他们叫“汉奸”，但平心而论，要评论这种事很难。他们不出来，还是有人要出来，因为日本人以华治华。不过他们并没有做什么欺压的行为。那时我们最恨的是高丽棒子，是在东北长大的韩国人，会讲中文和日文，不是什么正派人物，多担任日本宪兵的翻译，也就是军属。他们最坏，欺压善良，看到漂亮的中学女孩子就把她们关起来，先强暴后再放出来。如果不顺他们的意，这些高丽棒子就和日本宪兵队讲她们有问题，把她们枪毙掉。

日本人还开设“阿芙蓉店”，鼓励人抽鸦片，有钱就可以进去躺在床上，呼噜呼噜地抽。祖父那一辈人的观念，如果家里有钱的话，就叫孩子抽大烟，如此他们的活动能力会减弱，就守在跟前，也造不了反，抽鸦片花这点钱不算什么。不过大家只是偷偷摸摸地抽，而且在抗战前政府是禁止的。我小时候住在南城门里面，曾跑到城墙上看人枪毙，那些人不是江洋大盗就是贩卖鸦片，他们先被绑着游街，出了城门，在护城河旁就枪毙了。但日本人来了则鼓励大家光明正大地抽，真正的实施毒化中华民族的政策。

这段时间生活不好过，火柴、盐都要配给。我们当学生，铅笔就很贵，有钱还买不到。战争末期，日本物资缺乏，叫我们要捐献，把家里面的铜铁都捐出来，拿去制造枪炮。另外就是金钱上的捐献。我父亲曾被日本宪兵队“请”进去一次，那时全家都以为我父亲出不来了，因为我们是地主，他们认为捐的钱太少了。其他制度大部分都没变，比方佃农向我们纳租，他们也不管，不过他们向地主抽。抽你的血，地主熬不下去，只好向佃农压榨了，非常狠。平常靠良民证通行，他不发良民证，你就没办法行动。

父亲有些同学、年轻的街坊邻居跑去干游击队，半夜里偷进城，在我们家住上几天又走了，年纪和我的双亲差不多。我们也知道某某伯伯是打游击的，比方胜利后山东的国大代表郑希冉，他就是王耀武司令官的兵站总监，他也曾偷跑回泰安过。可见日本人管制一个点，但出了城三十华里就不是他们的。他们压榨百姓，完全是帝国主义，我们生活就很苦。

民国三十四年八月抗战胜利，政府来接收，刚开始是附近过来的游击队，后来才是正规军。国军军官的服装是弹带腰带，佩挂小手枪，好神哪，是美式装备，纪律也还好。

（三）胜利初期

政府接收后，齐鲁中学仍叫市立中学，我们正念高二。此时政府的举措，让我了解日后四百万大军一夕消解是有道理的。因为当时政府规定："汉奸"学生要重新甄别试验，否则不能升班。但那时我们马上要升高三了，这样做实在不合道理。有些打游击队的学生功课很差，只因他们思想"忠贞"，就是头等学生，我们则是二等学生。甄别试验完后，有人就被开除，不晓得到哪儿去了。那时政府也抓人，学生多讲两句话的、思想有问题的，或家庭背景有问题的，以及真正的共产党都要抓起来，但你也不晓得谁真有问题，有些演话剧的同学也被抓去了。我在这种气氛下，还是完成了高中学业。

当时政府所能控制的国土，仅剩津浦铁路沿线各大城镇，济南也仅有城区，其他均已落入共军手中。我随姊夫的父母（他们经商）乘马拖大车（木板，汽车轮胎）由济南经鲁、苏交界地至徐州姊姊家。泰安城及家人均于三十五年春节后沦入共军之手，因此经济来源断绝。我想报考大学，姊夫的父亲慨允资助，他说："没有问题，我出钱让你考，假如你不念大学的话，我对不起你父亲。"但我觉得靠姊姊的裙带关系来花她家里的钱很丢脸，所以尽量省钱。我一共报

民国三十五年高中毕业照。

民国三十六年年初与姊姊、姊夫合影于徐州。

考三所大学，首先到南京考中央大学政经系，这是我从小就有兴趣的科系。然后到镇江考江苏教育学院。我为了省钱，跑到三民主义青年团说我是流亡学生，能否借住青年团呢？他们说："我们哪儿有地方给你住呀？你看乒乓球台怎么样？"我说可以，我不在乎蚊子咬，反正就只有几天。所以在镇江那几天都睡在青年团的乒乓球台上，早上起来就到镇江街上买个馒头吃，考了三天，回到徐州。后来再到南通考某实业家办的纺织学院。

那时我对国军也崇拜得不得了，希望国家强盛，急切地想报国。这也是当时一般的社会现象：年轻的男孩子要当军人，年轻的女孩要嫁军官。许多空军军官开着吉普车，带着最漂亮的女孩兜风，让我们衷心觉得神气、崇拜。

那时军官学校公开招生，我们在中学时，学校也宣导，同时局势也不对了，大家要找出路。我一心想投考军事学校，先是想考空军，体格检查说我脉搏跳太快，被刷下来，所以就由山东省政府驻京办事处审核，投考海军。考海军学校之前，没见过船，没见过海，更没见过军舰，就这样去考，完全是一股热忱。

此外，我也想不要花姊姊家里的钱读大学，但我姊夫的父亲坚决反对，他说："好铁不打钉，好男不当兵。你怎么去干军人哪？你们家世代也没有人当军人。"这是当时一般人的观念，尤其老一辈的人很瞧不起军人。他又说："为何不能花我的银子？你不念大学的话，我将来无脸见你父亲！"我说让我去考试一下。因为我打定主意不要花他家的钱读大学。

投考海校

（一）初试与复试

中央海军军官学校成立于民国三十五年，招考高中毕业或有同等学力之十七岁至二十岁青年，接受四年制仿美式教育。初试在各省政府举行，按各省籍人口比例分配录取名额，山东省可取七十二个名额赴南京复试。

当时因局势不靖，山东境内铁路柔肠寸断，政府只守住点及部分的县。是时王耀武将军担任绥靖区司令，以济南为省政府所在地，我们即在此参加初试。共三百多人报考，济南考区取五十名。另外鲁南靠河南东侧，因战争期间尚未复员，附近地区学生则在安徽蚌埠报考，取十二名。而潍县也因交通阻隔无法通到济南，此区也单独招考十名。

三地初试及格之七十二名，统统送至南京复试。复试第一关仍是体格检查，规定五十公斤方为合格。济南保送的第一名，因身体清瘦，拼命喝水以增加体重，然穿着短裤站在秤台上，仍未达标准，以 49.5 公斤铩羽而归。通过体格检查之后就是笔试，又淘汰掉一部分。参加复试的七十二名山东学生，最后只录取十四名，然而这个比例算是满高的。当然发榜后，失望与兴奋两相对比，因为济南的局面很坏，没考取又要另谋出路了。我也是在南京复试时，第一次看到军舰。那时自美返国的八舰正在长江上抛锚，我们老远就看见。

从是年起，海官校学生不分期，哪一年毕业就称哪一年班。我们是新制海军的第一届，三十九年班，隶属海军总司令部。

（二）入校初期

发榜后我们就在南京住下来，同时发了白军服。那时国防部参谋总长陈诚先生来对我们讲话，他说：本来你们是要到武汉，和笕桥的空军、成都的陆军三所官校合并的四年制国防军官学校受训，都是美式教育，念美国学校教材，吃美国学校伙食，穿美国学校的制服。但武汉那边来不及兴筑新校，你们现在先在上海找栋房子，暂且忍耐一下，一个学期或两个学期后，送你们到美国安那波利斯（Annapolis），去和美国海军官校学生一起受训。过去海军四分五裂，现在你们是中央的海军，是黄埔的子弟兵。不过我们那时对“是黄埔的子弟兵”没有多深切的印象，也没这个口号。后来局势不对，武汉没去成，美国当然更去不成，不过我们念的书还是美国海军官校的课本，没有差别。

我们穿上了白军服，从南京坐火车到上海海军官校报到。但一上火车印象就很恶劣，因为这班火车是南京、上海间运家畜、蔬菜的铁皮火车，我们的车厢与装鸡、猪、羊、蔬菜的车厢相连，一块儿坐到上海。不过那时我们心里面还是有远大的志向，丝毫没有影响到报效国家的热忱。

到上海下车后，美制的雪佛兰卡车来接我们到南市江南造船厂旁，原汪伪海军官校校址。进校一看，荒草遍野，比人还高，以及满地还没拆箱的活动房子器材，所以我们入伍后就天天剪草。对我们山东人来讲，这一时期生活最难过的就是早上吃稀饭配花生米，而且限制几分钟吃完，稀饭很烫，我两碗没吃完就集合。然后上两堂课，肚子就咕咕叫，又饿又困，

三、四堂就出陆操，简直是难过得不得了。下午剪草，也没有除草机，每人都拿支小剪剪草，剪得头昏眼花。

入伍训练还没期满，不放假，有些有来头的子弟，家人会客时开着小包车进来，他们就坐上车开小差走了，卫兵也不敢拦。在上海安定下来后，中队长陆锦韬（青岛航五甲）在某个礼拜六晚上集合讲话时就说："下个礼拜一，国防部长白崇禧先生要来学校点名，明天礼拜天放假，你们要开小差的就给我开光，明天晚点名后我要造册子，不要部长来了以后册子上名单又不一样，还得贴红条子说开小差了。"因为太苦了，而且和陈诚先生在南京时给我们讲的理想差得太远了，所以几乎每个礼拜都有人开小差。此时我也接到考取中央大学和教育学院的通知，纺织学院则没考取。表叔发电报要我立刻到南京中央大学报到，但我决心不花姊姊家里的钱，虽然很苦，但我不相信我就吃不了这个苦，也就念定海军军官学校。

三十九年班的学生因系胜利后第一次全国招生，按各省比例录取，考生均具有高中以上程度（只有夏甸只读完高中二年，以同等学力报考，他

上海海军军官学校校门。

的英文奇佳，表现杰出，后来升到海军上将)。同学之间，还有不少在公私立大学就读者也来报考，故而一般认为三十九年班素质最为整齐，但这也不意味着领导统御能力就必然高人一等。由台湾省保送的同学郭宗清，他的学习精神我最为钦佩，因为他过去受日制教育，故国文、英文根基较差。到上海念书后，晚上很苦，大家就寝后，他还站在路灯底下念和英字典、汉和字典，其认真态度由此可见。

我们入校时由蒋中正总统兼任校长，教育长最初是杨元忠上校，等于是执行官。杨先生在上海带了我们一年，三十六年将近暑假，学校改制，总统不再兼三军官校校长，军政分开，校长就换魏济民上校。魏校长在上海接任以后就到青岛，筹办将中央海训团、接舰班合并为海军军官学校的事宜。

(三)青岛时期的黄金岁月

过了暑假，我们先坐商船到青岛，结果船员整我们，拿海水煮饭给我们吃。两天后到青岛，把队分好，东西带好，三十九年班就分乘“中训”、“中练”两艘中字号进行舰训。我上中练舰，舰长是林溥中校。从青岛出来第一站是嵊泗列岛，然后是普陀山、厦门、高雄，然后回厦门，南下汕头再回青岛，前后约三个月。

在舰上我们的身份是士兵，学把舵、敲铁锈、爬桅杆，很苦。刚开始爬桅杆，因为船摇摇摆摆，爬的时候吓得要死。有位同学晕船晕得很厉害，吐了又不能吃，叫他爬桅杆，由两名同学架着他在船上甲板上跑，弄得他狼狈不堪，所以毕业后他就当个旱鸭子不上船。那时我的心态是，我就是要干海军，没有第二条路要走，所以我很有兴趣，也不大晕船。在学生时期不太晕船，毕业后当军官就更不晕船了。所以开船后别人晕船退伙，我就吃两份，拣好的吃。

以我在海军官校这几年教育来说，青岛的这段时光是最好的状况，人文学科教授都是青岛山东大学(后迁至济南)的教授，军职教官都是海军官校出身。祝榻先生今仍健在，那时在山东大学还是位讲师。教微积分的赵良五先生，后来到陆军官校当教务长。还有一位山东大学历史系教授，眼睛大大的，很有学问，是个思想家，我对他印象很深。因为局势很乱，我问他对当前的局势看法如何？他说：只有八个字，“退守台湾，苦撑待战”。那时我一听，心想：天哪！多远呀，台湾在哪里也没有概念。但他都看出来了。而这八个字，每个字都有学问。因为退到台湾后，守很重要，如果守不住，就没有希望了。

这段期间我们也和美国海军操演过，上 APA（Auxilary Personel Attack，人员运输舰，现在称作 AP）做爬网、抢滩登陆及两栖部队演习。我们对美国海军的看法一直都很好，他们国家大，军队强，膳食好，住得好，船上设备也好，什么东西都按规矩来。他们的 SOP（Standard Operation Pamphlet，标准作业规程）都做得很仔细，一条一条来，看起来好像很笨。比方爬网，第一，救生衣要先穿好，之后点一个名字检查一个人，检查完了问你到下一个梯口怎么上、怎么下？脸要朝船舷不能朝外；下头有小艇，若有风浪状况，你怎么跳下去？学会了没有？学会了再去。然后问下一位。每一个都按这个次序问。中国人都是看一下，然后问：检查好了吗？检查好了举手。这样就完了。他们是一个人一个人看，似乎很呆板，但很确实，把训练水准摆在最笨的标准，一般智商的人都会做，聪明人也不吃亏。这是以安全为要，拿血拿汗来换人命的准则，非常好。

我第一次看到学长是三十六年到青岛以后。因为在上海海军官校时，校本部就是校本部，没别的房子，教职员宿舍在教室大楼后面，我们则住在中国公学校的宿舍，这是一栋大红楼，原为汪伪海校的房舍，容纳我们两个中队的同学，就没别的空间。

在海军官校的队职官中，中队长以上是海军官校毕业的，他们都是二十八、二十九年班，抗战期间在后方毕业的。到青岛后，三十六年班已经毕业，有六位海军少尉当我们的区队长。他们是郑本基、黄文枢、廖厚泽、刘和谦、邱奇和罗锜。

魏校长在马尾海校毕业后曾至英国留学，具有英国的绅士风度，所以青岛新闻界对其推崇备至。三十几岁就当海军上校，后来又升了代将。在交际场合不苟言笑，英文比中文流利，会说福州话。他属于社会贤达，和山东大学校长、美军第七舰队司令的交往都非常好，社会地位很高。他升代将时有个庆祝晚会，同学就起哄说对校长有个要求："请校长笑一笑好不好？"他每个礼拜邀学生到小青岛校本部吃晚饭，吃饭前讲解西餐礼仪，说明甚么东西该怎么吃，我们就如坐针毡。他满脸威仪，告诉我们："人要学，没有什么学不成的，当年我念海军学校的时候，他们用福州话骂我，我一句也听不懂，我就好好地学呀，然后我也会用福州话骂他们，也会讲福州话了，没什么了不起。"他多少照顾马尾的学生，但并未特别偏爱山东人。

从三十六年秋天到三十七年一整年都很安定，三十八年二月政局动荡，被中共军队攻势所迫，学校就迁到厦门。到厦门住在小学里面，这几个月是最动荡的时候，等于没念什么书，而我也在三十八年五月被关起来了。

多言贾祸，厦门入狱

（一）祸从口出

海军官校只念四年，我却念了五年。三十八年政局正处于风雨飘摇之际，大家都了解此时局势非常悲惨，四百万大军一夕之间即告消解。到处都是"匪"谍，许多高级长官的姨太太、舅爷、勤务、副官等最亲近的人都是中共的工作人员，因此谁都不敢相信谁不是"匪"谍。

我们在上海海军官校念一年级的时候，白崇禧先生担任国防部长，我们的阅览室里面有《大公报》、《文汇报》、《扫荡报》，社会主义的书籍也都有，我自己也是储安平主编的《观察》周刊的长期订户。在那个时候是抓贪污不抓思想，公开看左翼的书也没什么不对。但二年级到青岛以后就什么都不对了，政策开始紧缩，币制也很不稳，早上领了钱，下午就买不到东西，政权摇摇摆摆，老是听到共产党打下这里，又打下那里，我们都很气，国军怎么这个样子，开始发牢骚。我因为个性的关系，尤其好发议论，常批评政府，恨铁不成钢。但也因此被同学打小报告，以“思想不良”的名义，于三十八年五月关入厦门监牢。

当时我们发牢骚是在黑板上写下来的，而且不只我一个人。可是先前我得罪了人，人家就趁机打我小报告。此人是同年班的人，在上海时我当伙委，他去买菜的时候贪污，但我们不晓得。第二个月帐要烧了，伙夫向菜商要求拿回扣，被发现后处以体罚，一打他就叫：上个月你们有同学贪污。当时贪污是很严重的行为。我们问伙夫哪个贪污？他说：上个月几号采买，第几中队哪个人，他买十块报十二块，买五斤报七斤。在上海就只有一个年班，两个中队，不到二百人，这位同学大概贪了一个十七钻游泳表的钱，那时游泳表是很时髦的东西，我们一天的伙食费大概值二十个游泳表。此事被告发后，他就心存芥蒂，而他原本就是走政治路线专打小报告的狗腿子，所以告了我，给我一个绊脚石。

我们这一批有二三十个被抓，分三个梯次。这个时候魏济民校长已经被抓，当时任区队长的三十七年班学长郭志海、虞泽淞等也已失踪。放假日人员校阅后，首先是代校长郭发鳌上校点名，同学出列。校长说：“我们要训练一批反情报部队的地下工作人员。各位同学都很优秀，你们马上拿简单行李坐上车到一个不知名的地方受训，不要跟同学讲话，二十分钟后穿着白军服集合。”因为当天是礼拜天，放假，我想这还不错。结果车开到厦门监狱，大家下车，就由上刺刀的士兵押入牢房。

先关两个礼拜，然后宣布“白名单”，念一个开门出来一个，也有我的名字。我带着行李走到前面，有三个人坐在桌前，其中一位山渣胡的人对我问东问西。因为我是山东人，魏校长也是山东人，遂把我们的资料连在一起。他说：“我们查你是好学生哪，魏校长有没说海军是技术兵种，谁来是要给谁干的？”我说我没听说过。他说：“那不对呀！你是好学生哪！”我说：“我是好学生，你也可以查资料，我当过伙委，也是军乐队、合唱团，我演过话剧，参加过很多团体活动，有公假，校长讲话我可能不在。”但他说：“据我们所晓得，校长讲话全体都要在呀！所以你是不愿出卖你老乡，你不讲实话。”我说：“你弄错了，他是山东历城人我晓得，你看他的干部有没一个山东人？都是马尾海校毕业的。”

最后他说：“你们学校当中，教职员、队职官、勤务兵、同学当中，有没有‘匪’谍呀？”我说：“当然可能有呀！”他就说：“好，你说可能有，那一定是有征兆，讲出几个来。”我告诉他我的逻辑是根据报上登载夏楚中司令官的侄子、姨太太都是“匪”谍，什么人的参谋也是“匪”谍的这种可能性而来，但我并不知道谁是。他不信，说：“你这个人就是不愿出卖同党。”我一听，气得往桌上一拍，我说：“你怎么可以这个样子，怎么扣帽子说我是‘匪’谍？我不是‘匪’谍！”所以这样就闹僵了，三个家伙对我很恼火。其中一个说：“这样好啦，你只要讲一个嫌疑的。”我说：“我不能讲，我就是觉得有嫌疑也不能讲，今天我就是因为‘嫌疑’在这里被关了两个礼拜，我怎么能讲别人呢？你们是专门管‘匪’谍的，我不是管‘匪’谍的，我有什么资格讲人家？”

这样他们下不了台啦，就叫我到国父遗像前面罚站，什么时候“想通”，什么时候告诉他们，就什么时候放我走。问完最后一位同学，他对十轮大卡车的司机说：“老解，你把车子发动！”然后对我说：“你赶快讲一个，车子马上要开了。你讲一个就上车。”我腿都发麻了，但我一声也不吭。他没办法了，只好对着司机说：“好啦！”车子就开回学校了，我又提着行李回去关起来。

后来我问过早我出狱的其他人，他们都只是被问：你效不效忠三民主义？你为什么投考海军哪？你要不要入党？在这里盖个手印就可以走了。我才晓得问别人就这么简单，问我却那么复杂，专门找我的麻烦嘛！

回想起来，第一个礼拜关魏校长，第二个礼拜关区队长，第三个礼拜就关我们。谁也想不到，假如我是“匪”谍，老早就跑掉了。我们都没有这个警觉心。像魏校长接电报要他到上海报到后就没回来，教育长何希锟（烟台十七期）一看不对，就赶快跑掉了。他们抓区队长时，我们还想区队长怎么不见了，结果第三个礼拜我们被关进监狱，就看见三十七年班的区队长在对面的牢房里露个头。

入狱后，我的信、日记、所看的书籍全被搜去。那时我有一个念头：“不自由，毋宁死。”想一头朝监狱的墙上撞死。因为入伍时我已经考上南京中央大学，姊夫的父亲打电报给我，要我立即到南京中央大学报到，我置之不理，执意念海军官校。但现在被关，我就想天堂有路我不走，为什么不去念中央大学呢？为什么要自投罗网？如果我开小差的话，也不会有这个结果，很想一头撞死。但回头一想：若我撞死了，那父亲和祖父的冤枉就更无洗清之日，共产党到山东后，他们以地主、国特、善霸的名义被斗争，现在我们的政府又以思想有问题将我下狱，若我就此死去，那我们家的冤枉就永远也洗不清了，所以才打消自杀的念头。

狱中每间牢房除容下一张床外，四周就是小窄道。我有时间就围着床跑步，跑到头，倒回来再跑，我想我一定要锻炼身体，一定不能病死。虽然营养不良，一天放封两次，但我决心要清白出狱！在徐州姊姊家时，山东就有消息传来，说父亲每天挨响板，但没被打死，共产党存心折磨。所以我要是死了，祖父和父亲多冤枉！大约一个月后有人找我谈话，我就把个人的想法讲给他听。

当时找我面谈的人员有两位，可能来自保密局，很令我佩服。在学校时我就很爱看书，薪饷不多，书籍又贵，我都节省下来买书，比方俄国小说《安娜卡列尼娜》、大仲马的《基度山恩仇记》等。我被抓后，所有信件书籍都被搜去，用来研判我的为人。负责与我谈话的人不像一般的主审官把我当犯人，对我很客气，我进去坐下，他就请我抽三五牌香烟，还有清茶一杯。他说：“哎，老弟，杜斯妥也夫斯基的小说你看过没有？”我说看过。他就问我对书中的男（女）主人翁所讲的话、所做的事情，及他们的遭遇和结局有什么观感？同不同意他们的反应？对作者有什么评论？诸如此类的问题。和我谈话的这两人学术修养都很好，他们对我看的书都有很深入的见解，透过我对学术的看法来了解我的为人。他们不但有三民主义的信仰，受国父遗教的陶冶，在国学、哲学方面都有很高的素养，如果中国国民党录用的干部都是那样的话，就很了不起了，这是思想上的人才。但我一直不知道他们的名字，到台湾后也没再见过这两人。他们大概一个月来找我谈一次，谈完后就给我一本书，像国父的《建国大纲》、《实业计划》等。不给笔、不给纸，过两个礼拜以后，到专设的房间去写心得给他们。

据说三十七年班的学长、区队长曾遭到刑求，我不晓得是谁，但我是没受过折磨。当时担任卫兵班长的庄班长（来台后住在果贸），我到台湾后重回官校读书，某天到中山堂外边吃煎包碰到他，他跟我讲："哎哟，李先生，您又戴起锚啦！（官校学生制服）你祖宗风水好，积了八辈子的德哦！被关的人中，有些人都被活埋了。"他告诉我有三位区队长、一位三十八年班的学生，及三位四十年班的学生都被活埋。但这些我都没看到，因为后来就一人一个房间，一同被关的四十年班有三个学生，我有一天早晨起来，看见他们的房门敞开，蚊帐都没收，皮鞋也在床底下，穿着拖鞋就不见了，下午卫兵就把他们的行李收走。我问卫兵他们干什么去了？卫兵说："到台湾去，给魏校长作证去了。"而在此之前，大白天的，看到副大队长梁寿鑫（海军陆战队中校）及军官队毕业的朱国枢，以及三十七年班的谢中望（魏校长的副官）三人，戴着手铐，由上着刺刀的卫兵押走，也说是到台湾和魏济民校长对质。

在厦门狱中待了四个月，听其他犯人讲，福州已被共产党攻陷，我们觉得自己的生命岌岌可危，但没办法，关进来就是铁牢，也无计可施。后来有人找我谈话，我问："我到底犯了什么错嘛，而且现在听说福州都沦陷了，到底怎么处置我们啊？"他说："咦，你怎么知道福州沦陷了？"我说外面扫地的、监狱里其他老百姓的犯人都在讲共产党打到福州了。他就翻我的资料，问我某年某月某日几点钟在教室发牢骚。我说："哎呀，这些牢骚我一定发过，而且比这个严重的都有。"他说："我现在了解你，老弟呀，你们年轻人不懂事，你是恨铁不成钢，但是你在大庭广众下发牢骚会影响士气，在战线上你要发牢骚，队伍一下就散掉了，所以要把你关起来教训一下，我保证你自由。"

由于上级了解我是因为年轻气盛，不知轻重地随便讲话，就把我们几个较没问题的同学，跟着教职员的撤退军舰，于三十八年九月押解到台湾。原本要送我们回学校读书，不必接受讲习即随三十九年班毕业，但船到左营港时，有一位被关的同学却躲在机舱里不出来。与我们同行的指导员无奈地说：“噢，有问题了，我不敢保你们了。”于是把我们送到凤山的海军来宾招待所。

（二）海军凤山来宾招待所

这里原是日本海军移交给我们的电台，日据时期怕美军轰炸，外面筑有很高的掩体。我们被送到这里下车时，我看到门边的牌子写着“海军凤山来宾招待所”。我们进去后，分配房间，每个房间最多住八个人，非常拥挤，要翻身得喊“一、二、三”。据说此地杀了不少人，因为建筑体后面就是荒草野坡，可以枪毙人；就是不枪毙人，有问题者被带到那边就不见了，也没再出来过。当时美颂舰舰长毛却非（青岛五航甲）即因叛变羁押在此。与我们同时扣押的人很多，也有女士，关在楼下，但其中有多少人是共产党，有多少人是蒙冤，我都不了解。在此又关了四个月。四个月期间，无人闻问，到一九五〇年一月我们就被送到马公。

（三）马公羁留

在马公我们被关在测天岛和马公镇当中一间破烂不堪的孔子庙里。也有些在前线作战的舰只收到电报，奉命到马公抛锚后，小火轮就前去接人，整艘船的人，从舰长到军眷全部都关起来。所以此时我们就编成三个中队，第一中队成员包括军官、官校学生、军士长（士官长）。第二中队是士官，第三中队是士兵。当局给我们一个名义，叫集训队，一天供应两餐饭，没薪水，也没任何训练活动。

在马公我碰见魏济民校长，那时他也在马公关着，他的后面跟着随员，也就是监视他的人。他正好出来散步，仍是腰杆挺直。我们看见他赶快立正，叫声：校长好。他转过头看一看，不动声色，头也不点，仍旧迈着不疾不徐的步伐散步。但由他的眼神，马上可以解读：他晓得我们跟他一样。

后来桂永清将军来巡视之后，他认为我们这些人吃国家的粮食，不做事情，也没具体犯罪事实，故于一九五〇年五月在南投名间乡名间国小成立一个“海军反共先锋训练营”安置整训，所以我们又从马公回台湾左营，转搭火车到南投。

（四）南投“海军反共先锋训练营”

“海军反共先锋训练营”大约办过四期，营主任是鼎鼎大名的阮成章先生，据说他二十八岁就升少将，担任武汉战区情报处处长，负责特务与情报工作。桂总司令要他接这个任务，责任很重，海军这些“有问题”的人物集中在此训练四个月，他必须做一次彻底的过滤，没问题的发交原单位，有问题的再做处置。如果不小心让一个真正的“匪”谍成为漏网之鱼，他就有责任了。虽然有些人对他的评论不好，但我觉得他很有魄力，忠于党国，也很佩服他。

那时我们有三个中队，不到一千人，清一色是海军，不管军官、学生，都穿水兵制服。和在马公一样，第一中队是军官、学生、军士长，第二中队是士官，第三中队是士兵。晚间大家都睡在地上，一顶蚊帐内六个人。我那班里面有罗绮，排头是李正佑，政战中尉，隔壁有个个头比我小的叫李明东，他们两人都是武汉人。那时我年轻浮躁，脑筋很简单，浑然不知二李的背景。当时第一中队长姓赵，很海派的一个人，会自拉自唱，属于情报人员中洒脱的类型，后来我就没再见过他。第二中队长是张濯清先生，现住自助新村，以上校退役。

我们在先锋营的课程完全是思想教育，比较枯燥。师资不错，大多是军中的文职人员，理论修养都很好，但没有大学教授。队职官也不错，为政工官科（后来为保防官科）出身。上课后也要出壁报，写文章。我做过一次编辑，还写过新诗，反正昏天昏地凭直觉在做。开检讨会、研究，有话就说，和共产党讲的“大鸣大放”差不多。后来有人提议要如何显示我们的反共决心？有人就说刻在脸上（可能是职业学生提的），有人提刻在手臂上。阮主任说：在脸上刻字不成了古代的黥面？遂裁示刻在手上比较好，而且台湾一年四季很少穿长袖，这样就行了。故每个人在手臂（手肘到手腕中间）刻“誓死反共”四个字，上面两个铁锚。等第二期开始，改刻在肩部，因此我们号称是“黄埔一期”。我手上的“誓死反共”四个字就是李明东帮我刻的，字很漂亮。一结业，我回学校当学生，李正佑和李明东就派中尉保防官，我这才晓得原来他们是职业学官，我们刻字，他们也刻，每天二十四小时在一起，受训四个月，他们就把你的底细摸得一清二楚了，可见当局谨慎的态度。

刚出来的时候，有人手上刻字而不好意思。当时大家都年轻，要追女朋友，不管怎么样，手上刺青让人家看到就觉得有问题，因而很多人穿长袖衬衫。我说我不穿，反攻大陆以后，我马上举起手臂，这样子才是忠贞之士。交女朋友嘛，如果她认为我这个刺青有问题，不交也罢。我既不偷又不抢，这不是我个人人格的问题。所以先锋营这四个月对我也很有帮助。

在此期间，据说第二、第三中队的士官、兵有人失踪，也有人没有毕业。我在三十九年班的同学刘国元（山东青岛人），他不是“黄埔一期”的学员，到台湾后才被关起来，进入先锋营第二期。四个月后他没毕业，降班到第三期，仍没有毕业，一直降到第四期才毕业，出来念四十一年班，耽误了两年。他在海军中服务，也有航海年资，当过二级舰舰长，之后退伍跑商船，后来移民。

四个月后，我终于重返学校读书，总计耽误了十六个月。

重返官校继续学业

那时我并不愿回学校，因为学校认为我思想不良，随便就把我送去关起来，我对学校觉得很伤心。事后回想当时的情况确实是很可怕的，那时杀一个人就像踩死一只蚂蚁，在兵荒马乱的时候，脑袋随时可以搬家。所以经历这些事情之后，我实在不愿回校。

当时与我同时被安排回校读书的还有一位三十九年班的同学，及一位四十年班的同学。我们的事情归左营海军总部情报处管辖，当时处长是杨大和，他是所谓的桂永清“十三太保”之一，脑筋很好。由于那时海军官校政战主任曹培隆不在，他要我们找科长曹寿和中校。曹寿和是山东人，日本某大学毕业，抗战期间对国家贡献很大。我们到官校找到他之后，曹科长对我说：“李恒彰，我们山东人有句话叫‘嫁出去的女儿泼出去的水’，下面那句话怎么说？”我说：“覆水难收。”他说：“对呀，你们回来我们不收。”我说：“我也不愿意回来，我看到这个地方就伤心，你们随便搞、随便抓人！”那位三十九年班的同学就拉我的手，叫我讲话不要这么不客气。我说：“老曹，你不要这样对待我们。你弄清楚，我原本不愿意回来，是总司令让我们回来的。”

接洽不成，我们就从学校走回总部，向杨处长报告。杨处长非常光火，在电话中把曹寿和骂了一顿，说我们是总司令交代要送回去的。我们跑了三趟，几经沟通，最后让我们各降一班试读，分别进入四十年班、四十一年班。那时我试读第七学期，曹科长对我们开了一个条件：如果我们第七学期念不及格就开除。不过四年级的课都是航海、轮机等，我有兴趣，如果是流体力学、电机、电子，就要花点脑筋了。因此我遂开玩笑地对曹科长说：“您说四年级的功课念不及格就开除，我随便念都及格。”所以又回海官校试读。

第七学期及格，第八学期也就毕业了。当时教育部不管我们的学籍，我们也没有学士学位。后来我当海官校教育长的时候查阅档案，找出三十九年班学籍，发现我的名字上划了个红杠，写着“除名”，没有我的资料。我再查四十年班，他们前六学期的学籍上没有我的名字，到第七学期才出现李恒彰，所以我实际上只念了七个学期多一点，不到八个学期。

当时政局还是很不稳定，政府觉得可靠的人不多，尤其我们四十年班在校时竟把校长换掉，军事学校把校长赶走是旷古奇闻，空前绝后的。那时校长郭发鳌将军是位很好的长者，但不是一位高明的行政管理者，用人非常不理想，我们认为他们都很不适任，非常糟糕。同时郭校长耳朵又软，打不定主意，因此很多措施学生都不满意。当然冰冻三尺非一日之寒，学生就联合起来反对校长。军事学校，特别在那个时候，只要你放肆一点，马上用“思想不好”的帽子一扣，就把你关起来了。所以大家就吵吵嚷嚷，正好总司令桂永清要主持一个“教育检讨会”，我们四十年班是官校当时的最高班，酝酿要利用这个机会把我们对学校行政管理不满意的地方报告给总司令。校中的学生总队长李国培上校（电雷一期，与郭校长同班）听闻此事，赶紧跑来找我们说：“你们有什么意见跟我讲、跟总队长讲就好了。”但学生已打定主意，况且跟他们讲也没有什么用。那时政战主任曹培隆是很会讲话的，语言表达非常高明，他软硬兼施，但大家还是不把意见交出来。

我们推举丁泽农（也是山东人）权充代表，把意见整理好以后，一条一条地开列了一份意见书。当总司令一到会场主持教育检讨会的时候，司仪喊立正、敬礼，吹奏崇戎乐，总司令就往前面走。此时丁泽农从学生行列走出来，跟在桂总司令后面，叫一声“报告”，总司令一回头，我们的意见书就塞在总司令的冬服口袋里了。桂总司令是见过大世面的，他一点也不着急，晓得有问题，但纹风不动。之后进行教育检讨会，桂总司令仍只字不提。到了晚上，他把郭校长找去，大剌剌地训示说：“你看看，你校长怎么当的？你待学生怎么样？”郭校长回答说：“学生有什么问题呢？四十年班更没问题，我带他们好多年了。”因为四十年班在青岛入校时，他就在青岛当总队长，所以四十年班跟他四年了。桂总司令听后把学生的报告摔给他看，据说当时郭校长就哭了。总司令几经考虑后，把校长换成王恩华将军，所以我们毕业时是王恩华校长。

可是我们一毕业，王校长就说："从今天开始，我是校长。从四十一年班开始是我的学生。"就把四十年班剔除了。我不晓得"国防部"怎么看待我们，但海军总部认为四十年班是有问题的，因此迟迟不给我们任官。我曾听过所谓的"内幕消息"，也可能只是谣言，说总部当初想把我们这批学生全部开除，但若任由二〇三位在台湾毫无家业的学生在外流浪，也会造成社会问题，所以最后又留下我们。

毕业派职黄浦舰

我们在一九五一年九月三十日毕业，十月一日就开始舰训，当见习官三个月。那时并不晓得我们能否派职，直到一九五二年二月一日起开始派职，一九五二年中才陆续派完。当时派舰职非常困难，被认为"有问题"的人都派到军官储备大队，至海口巡防处或马祖巡防处服务。但是没有少尉实缺，实际任官要等到四十一年班毕业任官后，我们才任宫，所以我们任官号码也都在四丨一年班的后面。

我算幸运者之一，当初关我的理由是因"思想不良"，回学校后，同学也都不敢和我们讲话。然而经过"反共先锋训练营"之后再回校，就变成"思想忠贞"分子了。因此我是第一批派职者，派任江字号的"黄浦"舰（PC，后来改名涪江舰，最高速可达十八节，当时舰长是青岛航五乙的刘承基少校）的少尉枪炮员兼舰务员，这是相当好的职务，等于是兼任两个部门主管，是航行时的值更官，以及平常靠泊时的理事官。这个职务的战略意涵不仅是职务的问题，而是职务的权责，枪炮官管理手枪、子弹等小武器保险库钥匙，如果我的思想有问题，那么整艘船都有问题了。所以我

黄浦军舰全体官兵合影。坐于第二排之军官中，右六为舰长刘承基少校，右三为枪炮员兼舰务员李恒彰少尉。

的派任表示上级对我的为人非常清楚，认为我非常可靠。因此我也特别珍惜长官对我的信任，能畀予我重任，所以我拼命干，别人干一天，我干两天，别人放假，我不放假，很努力地做。我自少尉开始，考绩都不错，当然其中也有些长官对我直言不讳的个性不够体谅，但究属枝节，一般长官对我都很好。我也一直在舰队服务。

咸宁与率真舰

在黄浦舰一年多后，于一九五三年调二级舰咸宁舰任中尉枪炮官。咸宁舰的舰龄很长，抗战时我海军将之沉于长江口，日本人把它捞起来，胜利后又还给我国海军。舰上配备三联装的二十五厘米炮，打得非常准。没有雷达、声纳，也没有电罗经，点着马灯（煤油灯）就可以开舱。

一九五四年调率真舰（原来的高安军舰）担任舰务官。我调此舰时，刚刚改名，原来是加拿大的老巡洋舰，很高很大，像元宝一样，里面没有水密隔堵，中一个炮弹船就会沉掉。后来改 AGC（Amphibious Genereal Command），装很多天线、电信机器。后来靠左营码头改装，此时黎玉玺先生是舰队指挥官，他是一位非常苦干实干的人，经常在早点名的时候到码头上巡视，看见率真舰，我以舰务官代理副长。黎先生很关心率真舰，因为这是中华民国海军第一艘 AGC，两栖旗舰，乃登舰视察，问我进度怎么样，我对答如流。他每来一次我都报告得很清楚，他对我就有印象。

后来总部副总司令室缺一个参谋帮忙过滤公事，当时的侍从官朱普华就问我："我看你国学还可以，你要不要下去休息休息呀？"那时船上没冷气，像蒸笼一样，到岸上很凉快。我说我也烦了，好吧，就答应他。不

黄浦军舰全貌，摄于一九五三年。

过我强调："讲清楚噢，不是开车门、拿皮包，这些事我可不愿干。我的个性耿直，见了夫人也不会笑。"他说："不会，不会，讲好了就是看公事，黎先生同意的，他也不要见你，看了你的资料就决定调你上来。"于是我就调上岸担任海军总司令部军令副总司令室的侍从官。调职之前，率真舰的舰长换成葛敦华先生（中校舰长）。葛先生很能干，他一调上船，船已经修好。由于空间很大，可以容纳很多人，奉派到菲律宾接侨生。去接时新的副长刚来报到，我还是代理副长，负责装载，葛舰长特别恩准我航行不要值更。任务完成到岸后接到命令，我就到海军总部报到。

军令副总司令室侍从官

事有凑巧，那时副总司令已经不兼舰队指挥官，回台北专任副总司令，舰队指挥官交给王恩华将军接任。同学朱普华因原系舰队指挥官的侍从官，现在也必须上舰服务。我到职后先帮黎先生搬家到台北。后来六二部队成立，军令副总司令又兼六二部队指挥官，另增一位军政副总司令，由刘广凯先生担任，各有所司。因此我就变成军令副总司令兼六二部队指挥官的参谋。

每天上午我们在总部办公，吃完午饭，我们就坐着车子到基隆上班。那时松山除了松山疗养院外，没什么房子，一片荒野。我坐在前座，告诉驾驶：到了八堵的地下道请他按两声喇叭，我就醒了。因为忙得没时间睡觉，只好利用在车上的短时间打个盹儿，我也是在这个时候练就了这个"功夫"。到了基隆，又生龙活虎，拿个皮包，开个车门，到下班时，赶到总部，人都走光了，黎先生还要看公事，每天下班都是七、八点钟。黎夫人打电话问我：李参谋，下不下班？我说：还有公事。黎先生看公事很仔细，拿着毛笔一圈一点地看。

黎先生是个很守本分的人，走直角路线，我做了一年侍从官之后，有一天他问我："李参谋，你要干什么？"我说我要上船，我看他脸上一种很放心的表情说："很好。"因为那时别人出来都想调外事联络官，联络官的加给比薪水还要多，我也不是没有资格当联络官，不然当教官也不错，加给也很高，可是我只想上船。他问我上船要干什么？我说：听说"洛阳"军舰的通信官出缺，欧阳位要调职等等。他就答应了。当时洛阳舰的舰长是电雷二期的郭勋景先生。因为若是长官不同意侍从官调职，谁都不能调，郭先生打听到黎先生松口了，就到台北见黎先生。那时我在黎先生的办公室边边角上有个小桌子。我听到郭先生讲，他船上人事如何安排，什么人担任什么职务，然后眼角朝我这边看看说："我看通信官李参谋可以。"我那时抽烟，一紧张，赶快熄掉。黎先生不抽烟，眼睛瞪我一下，他说："看看嘛，看看嘛。"郭舰长站起来，我也赶快站起来，小声地说："谢谢舰长。"后来人事命令发布，我就调洛阳舰当通信官。

洛阳舰

那时候军官上阳字号服务很难，先由推荐人将他的学历、经历、考绩、学校成绩等资料呈给舰长，舰长看过后说："好，找他来看看。"约好了时间，舰长看过后，叫他到舰长室坐在舰长的桌前，舰长则坐在旁边。舰长桌上放张考卷，不论要调何种职位，有关的战术都得要了解。因为当时舰队的训练很严格，很多人根本没看过那题目，一考就砸了。所以先面相后笔试，如果舰长同意都过关了，舰长就报总部：舰上出缺由某人接任，总部跟着就发布。当时能上阳字号是多么不得了的事，一级官是少校，当作战长、兵器长；二级官是上尉，当航海官，为部门主管；三级官是通信官、战情官、轮机官、损害管制官等；四级官是队务官。这些都是海军官校和兵科学校毕业的。那时我的同班同学都当队务官，一般而言，如果舰长认为队务官不错，就推荐上去当三级官，编阶都是上尉。但我没当四级的队务官，而且是中尉，就跳上去当通信官。所以我特别努力工作，拼命干。上级的校阅都说我好，美国海军的训练顾问也说我好。

一九五九年二月摄于美国南卡罗莱那州 Charleston 之 Naval Ship Yard。

我任通信官的时候，所有的军官都不愿当通信官，因为美国海军顾问团在舰训部的士官长每个礼拜有四天用无线电操演，当然都用英文，你操得不好，程序不对，答得不对，他每个月出来一份报告选出 ship of week，ship of month，不好的地方也都写出来。我记得洛阳的代号是“飞狐”（flying fox），报告上说飞狐这个礼拜最好，这个月也最好，舰长就很有面子。那时顾问的权力很大，顾问说好，长官就说好，如果顾问说不好，可能马上把你调职。所以我就这样努力地干，后来舰长为刘德凯先生（青岛四期）接任，他刚开始对我并不友善，后来发现我做得不错，才逐渐改观，任满后原舰调任战情官。

当时阳字号只有洛阳和汉阳两艘（后来又有了咸阳），所以一出去不是中美联训好几天，就是开前线做威力搜索，沿着福建沿海开十八节来回巡弋，不然就是专程护送蒋公出海，下管绿岛、兰屿，从南到北的外岛都是我们专送。所以常有机会在老先生经过梯口时，碰到我的衣服，并说：“好！好！”他也在官厅请我们吃过饭。反正当座舰的机会太多了，等于是“皇家海军”。任务多得一点也不舒服，因为紧张啊！比方中美联训，一次五天，我当战情官，戴着电话在战情室五天五夜，要上厕所小解就请通信官下来帮我戴电话，整天在紧张状态。因为都是讲英语，士兵能代劳的人不多。吃饭就是一个盘子装着，赶快吃两口，接着干。白天目视操演，晚上无线电操演，美国潜艇要通过，我们就要反潜。一九五八年八二三炮战，我们在台湾海峡不着地地开来开去，过了三四天，油料没有了，回马公抛锚，下靠码头，加油加水又出去，昏天黑地地做。所有过往的船我们都护航，真是戎马倥偬。

任职南阳舰

局面稳定后，十月获选派任即将接回台湾的南阳舰战情官，当时舰长是杨松泉上校（青岛航五乙），副长是大英雄刘溢川少校（三十八年班），兵器长欧阳位，作战长欧阳良（皆三十九年班），反潜官是梁纯铮，都是一时之选；其他三级官员如舰务官、通信官、航海官、损害管制官都是我们四十年班同学，赴美接舰。当时总司令是梁序昭中将，规定赴美接舰者必须在国内的同型舰上当过同样的职务一年以上才能接任，我就以这个资格去接南阳的战情官。

一九五九年六月我们回国，赶到基隆接受总长王叔铭校阅，他说：“俺看到你们很好哇！”我听他的山东话倍感亲切。但没隔几天，总长换人了，由彭孟缉将军接任，我们又到基隆接受校阅一次。那时候阳字号回国是很不得了的，听说阳字号出港都要报备。因为我们出国接舰，回来后不能什么事儿都占便宜，因此从南阳靠码头那天算起，不到一年不能调职。比方说要升少校，但只能占缺，必须晚升，那时候真是憋死了。但我们又沾了刘溢川大英雄的光，他靠码头不到半年，就调中治舰（LST-226）舰长。他一调职，副长出缺，兵器长欧阳位就升中校副长，我调兵器长，也占少校缺。后来升副长，在南阳舰前后三年多。

当时的阳字号，14号洛阳，15号汉阳，16号咸阳，南阳是17号，算是最新的军舰。回来后，“总统”出外岛都坐南阳舰，中美联训，忙得不得了，虽然辛苦，但很愉快。我天生是干海军的，在船上也不晕船。我从战情官到兵器长、副长，在舰上待了三四年，舰上两百多位官兵，他们在我船舱窗外经过，只要听他们吹口哨，我就知道是谁。那时候“国防部”有个“知兵运动”，“国防部”的监察官来舰上，集合队伍一律脸朝后，副长在他们背后面不拿名册点名，还要说出在舰上哪个部门等等。二百多位官兵我都记得，监察官说：“哟，你这个不得了，真的假的？你们是不是串通

一九五九年二月二十一日摄于美国维吉尼亚州Norfolk，为接南阳舰时之上尉战情官。

一九五九年五月八日摄于美国维吉尼亚州 Norfolk，左起：邹毓初、李恒彰、欧阳良、Charles A. Carpowich、王祥筹，及南阳舰电信士官长。

好了？”我说因为我在船上太久了，所以很熟。

我在南阳舰任少校副长期间，于一九六一年四月三十日结婚。内人名史惠恩，一九五七年自高雄女师毕业后，即入左营海军子弟学校小学任教。内人一向体质较弱，婚后不久，因工作过于劳累，怀孕期间几乎流产，故而辞职休息。经过安胎医疗，虽然保住胎儿，但在一九六二年一月出生的长子奕泰却是早产儿，以后他的身体也因之略受影响。奕泰出生后，我的薪水微薄，内子遂重拾教鞭，托了许多人事，先是在高雄国小代课，后来到左营明德国小教书，再转入中山国小。以后她又到屏东师专特教科进修，结业后至台北市内湖国小教书，一九八四年二月一日退休。我们育有二子（次子名奕安），由于我公务繁忙，且大多时间服务于舰队，少有时间顾及家务和两子的教育。多亏内人之牺牲奉献，持家有道，使我得免除后顾之忧。我在海军能稍有成就，可以说完全是妻子的功劳。

中启舰长

一九六三年离开南阳舰调中启军舰当舰长，去的时候还是少校，当舰长后才升中校。后来到金门抢滩，无论单日双日，白天晚上，刮风下雨起雾，都能达成任务。和敌人没什么遭遇，但很辛苦。那时金马前线军民所用的一切物资，都由我们运去。

我在中启舰是首度担任一舰之长，对于领导统御和危机事件之处理决心，有相当深刻的体认。有一次我率舰载运海光平剧队演员和道具，以及两万公斤西瓜和二十五吨弹药到东引。当时风浪很大，我们在高潮时抢滩，必须在半个小时内卸下全部人员物资，才能安全离开。不料岛上的“反共救国军”接下人员、道具和西瓜后，却忘了卸下弹药，我舰官兵大声呼叫，无人理会。我舰因来不及退下而暂告搁浅。这是一个危机处理的事例，也考验我如何下决心，完全要展现我在官校所学以及后来服务海军获取的经验。我当即命轮机长和舰务官查看船体有无破裂，各舱有无漏水，幸好只有一个舱进水。我再依海军教育训练的规定，注意舰只安全，避免损害扩大，遂评估该舱进水后对我舰浮力有无影响。所幸中字号是双层底，影响不大。十二个小时后的下一次高潮，我舰终于顺利脱困。

“航行安全，舰长之责”，即使总司令在舰上，也是舰长要负起全责。这十二个小时中我一步都不能离开舰上。其实我可以早下决心，不必管弹药是否卸下，立刻离开滩头。舰长必须对全舰官兵性命和国家财产之维护负责。当时我以未能早下决心，深觉对不起全舰官兵，对不起总司令，甚至想到对不起官校教过我船艺的老师。

巡防第一舰队战队长

我在中启舰任满，一九六四年就到左营海军指挥参谋大学正规班第十四期受训。一九六五年毕业后，起初参大总教官刘定邦先生欲留我在参大当上校教官，我觉得很好，离家近，又可以升上校。结果刘广凯先生升任总司令，要我回舰队任 PC 战队长，并允计划晋升上校。那时候 PC 舰神气得很，麻雀虽小，五脏俱全，单俥可以开到七节半，最快可到十八节，并有三寸炮、四十厘米炮，而且有很好的雷达和声纳。我们叫 PC 做半潜艇（semi-submarine），风浪一大，就像浪里白条滚，看不见船，雷达也找不到，都在海里面，整个甲板都是水，但耐波力很好。年轻人干这个舰长，拉风得很。我当时是任巡防第一舰队第二十三战队中校战队长，率领三条 PC（东江、西江和北江）在外面驻防。在外岛一驻很久，外岛的大、小岛屿运补船只就由我们护航。当时东江舰长是曹志明（四十三年班），北江是南登岳（四十二年班），西江是王鹤楼（四十三年班）。大家很辛苦，也很愉快，但巡防舰队部在基隆，因此很难顾家。

在此期间，发生乌坵海战。之前台湾海峡有几次海战，对士气影响不大，例如从早期大陈撤退之前，也就是杨元忠先生当特种任务舰队司令的时候，大陈遭共军轰炸，太平舰沉了，另外 PC 宝应舰等也沉了好几艘船。一九五五年大陈撤退，防线就向后拉，但这个时候士气都还好，因为我一直都在船上，并不觉得有怕死这回事。我们的舰只为什么会被中共击中，是因为我们的战术太死，老是定点巡逻，夜里几点钟离开锚地，然后 A 点、B 点、C 点、D 点，到某处就回头，人家就像瓮中捉鳖一样。他们的快艇虽然不行，但他发十个鱼雷，只要一发中了我们就吃不消。然后他们的空军利用近海之便来轰炸，我方远水救不了近火，就容易出事。

当战队长的时候我也受了伤。当时舰队长是徐集霖少将，他出任务一定带着我当资深参谋，跟着在旗舰上。有一次驻防了十来天都没有菜吃，返基隆后，我准西江舰长王鹤楼少校回家。不料半夜十一点传令兵来喊我，说舰队长要开船了，我说王舰长不在啊，我准他回家了。那时不像现在有电话这么方便，遂派人到台北找，我自己就跟着徐集霖先生的旗舰出去。一出港口，无线电话就来了，说找不到王舰长。徐先生乃决定回港靠码头，让我下去带西江舰。那时候我很急，船刚靠码头，小兵就跳到码头，我看他跳了，我也跟着跳，结果跳下去两只脚的踝骨都碎了，坐着都不能动，半夜里找辆三轮车到火车站附近一家诊所照 X 光，并由中医上药，然后抬回去。但回到码头一看，船竟然还在码头上，说任务取消了。原来是因为有艘商船不见了，我们要去救，不久商船又找着了，但我却因此摔伤了脚。他们送我回左营，我在家里趴了半年，不能走路，以后才拄着凳子慢慢走。这时我没注意到，其实我的脊椎也已受伤了，因为脚骨碎了，疼得我只顾着脚。一九九一年因腰痛开刀时，医生说我的病况已有二三十年了，我才想到起因于这次受伤。

半年后脚伤好得差不多时，也到了我计划晋升的时候。我原本应该在一九六六年一月一日升上校，但一九六六年我还在当战队长，所以到一九六六年底，人事署打电话给我，如果我不赶快到六二部队报到，六二部队不发人事令的话，总部的承办人要记过。所以我就到六二特遣部队担任上校作战组长。我的任官令是一九六七年第一号，但生效日期是一九六六年一月一日，等于是挂着中校，实际上升上校已经一年了。

六二特遣部队作战组组长

六二特遣部队是实际负责兵力调配的海军作战部队，海军舰队司令部负责战备整备，把人员和船舰都训练准备好，合乎战备程度的船就纳编到六二特遣部队，到六二部队就是准备要打仗，要出任务了。

刚去报到时，因脚伤未愈，六二部队指挥官陈庆堃先生很体恤我，叫我有空时先过去看看好了，令副组长代理组长。副组长也是我的同班同学。因业务繁忙，所以我也到办公室工作。基隆天气不好，又闷又潮，我的脚疼，腰也疼，后来喝药酒才好些。当作战组长每天都有接不完的电报，二十四小时要全神贯注，而且部队在基隆，我根本没办法回家。那时最大的享受就是晚上穿着夹克，到基隆庙口喝瓶啤酒，吃一碟生鱼片，喝碗四神汤，再回办公室。六二部队的旗舰平均两个月回左营一次，停三天，我就回家三个晚上，其他时间在基隆“全天候”盯着干。

那时候中共与我方随时都可能起冲突，我也曾在海上看过他们的船，但彼此都很节制。中共可谓沿海防御，等于是港军，当时与我方海军实力不成对比，他们偶尔从福州出来沿着岸边走到厦门，不敢明目张胆地航行。

文山舰舰长

在六二部队服务了一年多的上校作战组长后，于一九六八年初调任文山军舰舰长。

担任文山舰舰长时，有件事至今我还引以为傲。当时有个任务，由我率领中肃、中业两艘中字号从左营港出发，直航南沙，把人员物资卸下后，空船向西开往西贡。两艘中字号进西贡港，我在外面抛锚。约一个礼拜到十天，中字号的坦克舱载满以美军待修的野战吉普车（4WD）为主的物资，里面有些车还很好，是很好的车配件。我们带了这些物资再回南沙，装载物资人员回左营。

这样的路线在实际上会遭遇困难，因为按照航程计算，山字号的油料不够，这型军舰有两个锅炉，如果以一个锅炉两部主机、两个俥叶运转的话，可以开到十一节、十二节，带两艘中字号没有问题，但其中一个锅炉要停机留汽，让它保持温热状态，万一另一个锅炉故障，这个炉可以立即将蒸汽压力加大，电机就可运转，使船不致丧失动力。我去以前已经在马祖驻防一个月，船上已吃黄豆，总部来个电报，要我报全船官兵忠贞品德考核。那时候我当旗舰，舰队长是杨松泉少将，我问他为什么需要我做全船官兵的忠贞品德考核？杨先生说："你要出国喽，恭喜你。"我想怎么能让我出国，船又破，锅炉的水火侧（水侧有水垢，一定要清，火侧也有，就是火砖的墙在烧过若干小时以后，一定要清洁修理，否则要塌下来，锅炉就损坏了）都已超限，我必须停下炉来保养，火侧要清，水侧也要清，所以我说不可能派我出国。但我还是奉令呈报，除我自己是舰长以外，全舰官兵忠贞品德都很好。

船一到基隆港，舰队长下船后，总部令我马上开左营，参加航前会议，要去越南执行"勤业演习"。所谓勤业演习，就是一艘山字号带两艘中字号到南沙做运补演习，然后到越南装运物资。从前是由太字号去，它们是柴油机，燃油很多，不虞匮乏。我们是烧重油的锅炉船，但这是命令，不能不去执行。

舰队副司令主持航前会议，我就提问题了：第一，本舰锅炉水侧火侧

摄于文山舰（PF-34）舰长任内。

超限；第二，我算航程，不管怎么样停机留汽，油料仍不够。但没人解决，只说总部核定是我去，他们也没办法。把责任往上面推。最后我说：“报告副司令，我怎么办哪？我的雷达是坏的，声纳是坏的，我怎么带两艘中字号到南沙又到越南？又没有油，要是遭遇敌情，我怎么办哪？我是聋子又是瞎子，怎么办呢？”他就笑一笑，反正要我靠天保佑。保养修护处的人则对我说：“美国海军的纽泽西号（USS *New Jersey*，战斗舰，当时正参加越战）打仗一天需要多少油啊，它一定有加油船嘛。美军有加油船，你找他们联络嘛，你去找美国人给你加油嘛！”这真是最高明的太极拳。那时候我只有认了，不能抗命，只好去执行命令了。

我们于十月初从左营港出去。一出左营港我就问轮机长叶仕光中校（四十三年班）：“十月份我们往南沙开，天气是越开越热。从南沙开越南是同纬度（约北纬十度），都是热带，像这种天气，一个炉完全停下来，另一个炉如果临时停了，那么原先的冷炉点火没有问题吧？”他说：“加油帮浦刚开始要用手摇，但点火应该没有问题。我们准备。”我说：“那好，我们出了港，编好了队，就把一个炉停掉。”因为单炉单机，双马达开船，另一个炉停机留汽的话，一个小时要四百加仑的油，我头发都要算白了。每个小时四百加仑，十个小时就四千加仑，很冒险。因为我判断到越南一定要不到油，官方没交涉，我一艘小船向人家要油，他们怎么会给呢？

那时我们使用的海图是民国十九年由英国测绘的海图翻印的，经过了二次大战，此区海域都是沉船。我就告诉两位中字号舰长（四十一和四十二年班）：“我在前面走，我们排成单纵队，你们看到我不动了，第二条赶快向左边让，第三条赶快向右边让，以免碰撞。”（因为中字号吃水浅）他们都答应了。但我没有雷达，像瞎子，怎么办呢？只好开着航行灯航行。从左营到南沙之间有三次状况，半夜里灯号来了，左前方或右前方有艘船问我们国籍（int nation，即 interrogate your nationality），我们答 R.O.C.。原来它们是美国的舰队，在南海巡逻。我们开着航行灯，左红右绿，三条船又聋又瞎地开往南沙。

总部规定我们十月十四日一定要到越南，因为与对方约好了，不能迟到。但我算算时间不够，原来所有船到南沙，都得先到民主礁，再往西南开到双子礁，然后才到南沙岛。我既要省时间，又要省油，一定得精打细算，画条线直接开到双子礁，这样才能准时到达越南。还好我船上的官员都很优秀，天文航海都很棒，一早一晚利用星星定位，都定得很好。后面两艘中字号，一艘还不错，另一艘差一点。有一天从早到晚，洋流流了三十里，就赶快修正，运气很好，云很少遮到星星。费了千辛万苦，总算顺利到了南沙。在路上我教他们钓鲨鱼，用粗绳子拖在船尾，谁钓到鱼送到厨房，奖赏一包长寿香烟。远航时香烟很吃香。另外谁要了望发现了目标，也奖赏一包香烟。如此一来士气大振，一路上就用这种土办法鼓舞士气。

到南沙停留三天。十月十日我在南沙挂了双“国旗”，庆祝“国庆”。

一九六八年率文山舰赴南洋群岛、越南，于双十节在太平岛上留影。

十月十日晚上就带了两艘中字号向西开往越南。一路上我都提心吊胆，但是我有一个测深仪可以用，航到哪里，利用测深仪，再对照着海图，然后看天空的星位，校定船位，很克难、很精确，又很平安地开到越南。

人的运气有时很难讲，越南西贡原是无风带，但突然有台风，我虽舍不得开两个炉，但没办法下锚，也只好忍痛开着顶，以免船被吹跑了。两部都开一夜，耗了好多油，我好心痛，每天晚上我和副长、轮机长、辅导长坐在官厅里，问油还剩多少？每天晚上核算油料。

到越南的第一天，我用港区网无线电话找美军，我说我是某舰的舰长，需要你们支援燃料油多少吨。他要我等一等，到下午他们来了电话，说："我们原则上没有油给你，我们的巡洋舰、战斗舰、驱逐舰都在外海巡逻，每天一大早油船都是满满地开出去，晚上都空空地回来，每艘船都像喝油一样，所以没有油给你。"第二天下午四点钟，他们又告诉我："晚上八点钟，有艘自中东开来的运油船，经过越南一百多里的地方驶向远东，只要你愿意到海上与它会合，它会给你们两万加仑的油。"我一算，我又没有雷达，要开十八节赶着去，赶得很准，它给我两万加仑油，这一趟来回，我也用得差不多了，遇不上我就回不来了，所以放弃。赶快发O报（operation"战即"电，意为"作战即刻"）回总部，报告美军无法供应油料，我必须自己想办法。我准备回航到南沙后，与中字号靠在一起，请中字号给我柴油，改烧柴油。

原先我说没油，总部一点也不在意，我这电报一发，总部和舰令部都发○报给我，说我重油的船改烧柴油要注意回火（fire back），因为两者密度及燃点不同，可能烧了人，船也烧坏了。这点我早就研究过，只有冒险了，因为没办法，要不然回不了台湾怎么办？没人救我，只有自己救自己了。所以给总部回报："可以，我们评估过了，谨慎从事，应该可以达成。"舰长开这种支票，有计划的冒险，负失败之责！

两艘中字号待了一个多礼拜，我们三条舱又开回南沙。到南沙的前两天，总部电报又来了，说："贵舰算一算，把两艘中字号护送到南沙，然后单舰回左营，加油后再回去接中字号，行不行？"我马上回报："可以。"我电报还没发，两艘中字号舰长表示，希望我等他们一同返航左营，我自顾不暇，不能同意，乃建议："我回来之前，你们两舰把东西都装好以后，就向北往台湾走，以四十二年班舰长的船位做参考。我以个人人格保证，一定回来接你们。"说明完后，我把他们送到南沙泊地入口，就调头回左营。

回到左营是十月三十一日，先"总统"蒋公的诞辰，港区都挂满旗子。信号台通知：有长官在此，要我开到高雄。转到高雄，他们又要我"锚泊待命"。这时细心的了望报告：有长官来了！我们穿着白军服赶快在梯口站好恭迎，一看是政三处处长。他问我们买了什么东西没有？因为我们"出国"了！那时候正在吃晚饭，我就给他看，并说我们吃黄豆，到越南抛了十天的锚，鬼也没有上来，鬼也没有下去。他问："那你们的东西谁去拿呢？"我说中字号去，中字号在越南西贡港区靠着上货。他们二话不说就下船去找中字号了。这就是海军，舰长要自求多福。我们再申请进港，因为水也没有，油也没有了。结果请准进左营港，靠码头后一量，还有四千加仑的油，这些油在油柜底下，只要船一晃，随时抽不上来，就会 break down（停机），船就要漂了。我们真是洪福齐天，全船的人都松了一口气。

但我们还是要赶快加油。加完油后调头又南下去接两艘中字号。但碰上天气不好，视界甚低，我知道他们报的船位不准，他们报目前在东南边，但我依洋流判断，他们应该在西南边，结果真的在西南边找到了。又是洪福齐天！我的雷达仍是坏的，就这样把他们给带回台湾。

回来后我很气，这么辛苦跟谁讲？都没人理呀！记功、嘉奖都没有。后来我们撰写一篇《山字号（PF）单炉单机双马达远航运用之研究》之类的报告，送到舰队部、总部。不是要表功，而是气！愤怒这种任务调派的方式！但仍旧没人理。过了很久，我从文山舰长调到巡防第一舰队参谋长（一九六九年），又调到海军官校当学生总队长，陈东海先生（青岛航五乙）在总部当参谋长，有一天找我，问我："我记得你以前写了一篇研究报告，说山字号远航运用之类的。"因为要派遣山字号到南沙护航，但山字号舰长说："油不够，去了就回不来。"几经查询，后来在官校校史馆找到这份研究报告。陈先生的记忆与认真，令人钦佩。这件事到现在都是空前绝后，绝无仅有的。当然现在山字号也都没有了。当时时间一分一秒地过，很艰苦，但任务完成了以后，很有成就感。这是我在海军生涯中值得一提的事，虽然也靠七分运气，三分精打细算，但算得很精。当然，那位轮机长也很杰出，他在航行途中把马达吊出来自己洗，沿途都照顾得很好。

舰令部测验裁判组组长

一九六九年文山舰长任满后，调任巡防舰队参谋长，襄助舰队长杨松泉少将驻防马公，并蒙保荐为第二十届“国军”英雄，后调任海军官校学生总队长。

在官校当总队长半年多，舰队司令部成立一个测验裁判组，是时蒋中正“总统”命令三军都要成立裁判单位以评判战力。原则上应该直属总司令部，成员都是海上航行经验好的士官长、军官，专司评判各舰的战力。联训部（后来叫督察部）即在此时成立。当时我们的评判很有权威，一个舰队有十艘船，其中三艘船不及格，舰队长就要记过，有六艘船不及格，舰队长就要调职。我是上校当裁判组组长，有些舰队长就对我说：“李某人，我的乌纱帽在你手上，你客气一点。”工作压力之大，可想而知。

我担任第一任裁判组组长，成员都是各阶层的专精官士，虽然经常出海，但没有海勤，做测验裁判的评分表做得非常细，也非常实际。你做到什么程度是二分，什么程度就三分。由裁判官将分数评好后，下船前我签个名，到梯口交给副长，下船后分数就定了，谁都不能改。所以那时候得罪很多人。但是全组的官士都秉公处理，全力以赴，毫无顾虑自身前途，充分具有光荣的使命感！一九七〇年奉核定为特保最优人员。

接任汉阳舰长

一九七一年八月一日奉调接任汉阳舰舰长。那时汉阳的状况不佳，每次任务回港就要修理。当时舰队长是林蛰生先生（马尾第十期），任事严谨，对汉阳状况也十分了解。但是汉阳为“莒光舰”，不能早日大修，所以仍能在“DDl5，航速 15”的状况下，完成了金门护航任务。

“莒光舰”为何不能早日大修？因为所谓的“莒光舰”，是舰队中在该年度最优秀的舰艇，举凡保养、训练、服勤绩效、军纪等各项，均为绩优，才能列入评选。一旦经过评定当选，那就表示保养绩优，当然不能发生重大之装备上的故障。即便紧急航修，亦不能发生，更何况是大修！但是从舰队、舰队司令部、总部，以至“国防部”层层评审，需要一年的时间，经评定后，也不能在短期内送厂大修。所以接任“莒光舰”舰长，实在是“任重致远”的艰难任务。

海官校教育长兼六四敦睦支队指挥官

一九七二年九月，我考取到三军大学战争学院正规班六十二年班受训，一九七三年毕业，年底派舰队司令部任作战副参谋长，占少将缺。第二年四月调到海军官校担任教育长，一九七五年升少将，兼六四敦睦支队指挥官，带着鄱阳（DDl0）、华山（PF33）两舰到新加坡、关岛访问，任务圆满达成，并在台风警报中准时返回台湾。

我离开前，关岛指挥官说：“Admiral Li，你不能走，台风就在你回台湾的路上。”我说：“我们规定某日以前要回台湾，我不能延迟。”他说：“这怎么可能呢？‘中华民国’海军是安全重要，还是准时返抵左营重要？”我说：“我都要顾虑，我已有良策。”所以在大风大浪中，当两条船准时回到左营的时候，总司令宋长志先生上船来，问我：“李恒彰，你怎么回来的？”那时李中先生当政战主任，赵鸿恩是鄱阳舰长，都在官厅里。我说：“我们在学校学气象，我在第四象限靠着台风边上走，我考虑到两艘船的耐波力，不接近台风眼，台风向左，我也跟着向左偏，反正就在边缘，吃一点亏。到巴士海峡的时候，风浪稍微大一点，华山机器故障，两个小时就修好了，而且也看到了台湾岛。旗舰舰长赵鸿恩上校襄助良多。”

敦睦支队的指挥官是个荣誉职，很拉风，但也会得罪很多人。因为当时国内物资缺乏，出国回来以后，免不了要送礼。根据《官兵出国购物规定》，我们很容易就会违反。譬如规定只能买十块香皂，买一打就违法。我告诉两位舰长：不要贩毒，不要买大件的东西，如打字机等。而且我申请一位支队保防官，因为我从先锋营出来，对于保防工作十分重视。出国保防尤其重要，要注意支队官兵的纪律及安全。故从我那一届开始，敦睦支队都有保防官。我的保防官非常好，船一靠码头，他就坐镇在船上，非常尽责，支队官兵及装备均十分安全。

巡防第一舰队（131舰队）

远航回校后，郑本基将军接任官校校长，建议把我调到巡防第一舰队（131）副舰队长。131舰队是护航舰队，举凡护送长官、护航运输舰都是权责范围，当时笑谈称为“中原镖局”。然而官校教育长是少将一级，副舰队长是少将三级，对此我并不介意，不过在命令上应该注明“保留原待遇”，但人事署没有写。所以我去巡防舰队以后薪饷少了，拿少将三级的待遇。三厂的厂长金鸿禧先生问我：“你怎么拿少将三级的钱，我都拿少将一级的呀！”他的编制是少将二级，因他第一次占缺是后令部的舰政处处长，编制是少将一级，所以从此他就拿少将一级的待遇，没拿过三级和二级的待遇。我反而从少将一级变成少将三级，而且我还是现阶少将一级调任的。

我任131舰队副舰队长两年半，第一任舰队长是贺海潮，他一年后调走了。接任者忙于外务，也常找我麻烦。我担任护航作战支队长，每个月应该有五天休假，但他到第三天晚上就来电话要我回基隆。他说："有个专送啊，需要少将带队的。"我明知是他偷懒投机，欺侮我是没有发展潜力的人，不过叫我开船我就赶回基隆开船。旧历年前，支队指定要我带，大年初一凌晨两点钟，我在九级强风中回到基隆港，舰队部却没有任何人搭理，餐厅关了，连开水都没有，当然也没有年夜饭！

这位舰队长干了一年半，后来总司令邹坚先生派我接舰队长，邹先生在布达的时候讲的话令我很感动，他说："过去这一年半，贵舰队有四十四个护航梯次，当中有二十五个梯次是新的舰队长带队的，他来接这个舰队，我非常放心。"所以一九七八年六月我就接了131舰队长。

接舰队长同年，"中美断交"，两岸情势紧张，规定巡弋的舰船不能发第一炮，免得"挑衅"。我就跟舰长们讲：在那种状况之下，谁也不发第一炮，怎么样解释？真等敌人第一炮发出来，你可能也被打沉了！所以你们应该提高警觉，制敌机先，并立刻发"闪急"电报，说"遭遇攻击，本舰反击"！"因为军人打了败仗，什么理由都没有。你打胜仗，保存了全舰官兵的性命，以及国家的财产，有战绩，对国家也有利。如果不制敌机先，不发第一炮，岂非白白送死！？本来就是敌暗我明，敌人飞弹快艇盯得紧紧的，我们在海上亮光光地走，不是等着挨打吗？那时候131舰队的每个舰长都很优秀，有好几位现在已经升中将。

我说一件事，很多海军都不相信。那时一个梯次支队纳编两艘山字号，我当舰队长也经常带队出去。我说我是老板，你们大家都是伙计，"中原镖局"的声誉好，人家都说老板好。你们都是替我做事，因此我要争取一半的梯次。其实我有一位副舰队长，三位战队长，五个人可以分配梯次，我大可以像以前的舰队长，一年出去几次，也没有人讲话，但我还是保持每个月三分之一到二分之一的梯次由我自己带队。

一九七九年于131舰队长任内，在舰上主持会议。左二为福山舰舰长刘志远中校，右二为舰队轮机长吴立郎中校。

有一天我到富贵角，听无线电话发现不对，就问舰长："怎么我不晓得呼号换了？"舰长回答说："报告舰队长，您不知道啊？"我说："我不知道呀，我是支队指挥官，什么时候呼号换了，我怎么不晓得呢？"他说："没有换哪！"我说："怎么后面那艘船呼号不对啊？"舰长解释说："舰队长您不知道，我们舰长们自己有一个约法，每一个梯次虽然只纳编两条船，但实际上我们是三条船一块儿暖机（山字号暖机要两个小时），如果当中有条船临时不能开航，马上补另一条船。"可见舰长及官兵们的士气很高。

我很重视他们的休假，请参谋长在门后画一个轮休表，舰长家在左营的画一个表，到二十来天的时候，就画一条红线，表示该让舰长放假回家，舰队里的船再重新安排。如果放假的船该开船，就由另一位舰长带他的船。舰长的休假，舰队长一定要管，所以那时的舰长和舰长太太们感情都很好。因为那时候国家处境险恶，虽然不讲，大家都晓得，船出去不知什么时候能回来，就像飞机出去，什么时候掉下来都无法预测，大家都抱着"不成功，便成仁"的决心，战斗士气非常高昂。台风警报时，船都回港，我便利用这个难得的机会，把太太们都请到基隆舰队部，大家聚餐、唱歌。舰长的小孩都很小，让他们抱抱孩子，看看老婆，享受一下家庭和乐的气氛。虽然舰队经费很少，但内子逢年过节都到每一位舰长家里，送点应时小礼物去看看。我们和所有舰长、副长、轮机长、辅导长的家人都很熟，所以131舰队士气最好。

我不带队出去时，常常过了半夜，办公室的灯还是亮的。我跟舰长们讲，不管支队几点钟回来，靠哪个码头，都派车子去接你们到舰队部来，喝杯酒，吃点小菜，翘个二郎腿，抽个烟，三字经骂出来都没关系，讲讲看怎么回事。这就等于是任务检讨会了，我不要到第二天正经八百地开个任务检讨会，这样舰长也很高兴，大家也能充分沟通。新舰长来报到，我们就开个啤酒会欢迎，新舰长要通过考试，瓶装的啤酒，对着脖子下去，喉结不能动，要不然舰长们不承认他是我们的舰长。那时年轻，小伙子一个个士气之高，都是这个样子。他们都是前后年班同学，你不喝，你就不配当131舰队的舰长。所以从这些小事上面，彼此互相鼓舞，使得131舰队像条猛龙一样。

我个人在海军的经历，最严重的一次心理冲击是“中美断交”，就在我当舰队长时。和美国“断交”后，其他国家也就跟着“断交”了。不久，总部政战部特别安排一个记者会，那时外国记者还在台湾，英、法记者发问：现今敌暗我明，敌强我弱，你们的舰队要怎么才能够打胜仗？我就请示总部，总部政战部主任要我看情况答复。我说我只是舰队长，是主管军事作战指挥的，这种政治作战我怎么会？总部政战部有专职幕僚主管新闻政策及发布，应该有战略指导。但主任还是要我看情况讲好了。我没办法了，只好对记者们说：国父孙中山先生说“精神胜于物资”。不错，我的船没人家快，我的炮没人家利，船也没人家多，距离也远，要到外岛去，过了中线以后，人家是以逸待劳，我是暴露在外面，人家在暗我在明。但是我们全舰队官兵都有打赢的精神，都有不要命、不怕死的精神。有一个人不怕死，十个人就打他不过，因此我有信心能打胜仗。外国人听不大懂，不管我怎样解释都不能领会。官场就是这个样子，我讲得好就没事，出了问题是我自己讲的。那时我是过了河的卒子，也没什么好讲了。不过我运气很好，接受访问的官兵也都没出问题。

海总部人事署署长

担任 131 舰队长一年半，于一九七九年底调总部人事署署长。

邹总司令很精明，你向他做简报，他似乎不太专注，其实他已完全听进去了，脑筋非常好，尤其对人事部门非常清楚。他的口袋里永远放着办公桌抽屉钥匙，用链子栓着。你跟他报告事情，他就拿着钥匙把抽屉打开，这一本是补给的人事资料，那一本是工程人事资料，另一本又是什么名册，他自己密密麻麻地记了很多。他看见某人就会问他："某某人跟你同过事呀，

一九七九年十二月总司令邹坚上将（中）主持 131 舰队长交接典礼，右为新任舰队长徐佩松少将。

这人怎么样啊？”譬如我当舰队长的时候，他召见我两次。我就任半年后他第一次召见我，问我怎么样。我说：“报告总司令，感谢总司令，派的舰长都很称职，都非常好。”他说：“都很好吗？实际上都很好吗？”我说实际上都很好。他会再问：“总是有比较好的跟比较差的吧？”我一听就知道他是在考核我了，遂把我在什么情况下搭哪位舰长的船，是驻防还是操演，发生什么样的事情舰长处理得很好，就这样一条船一条船地报告分析。就任一年后又召见我一次，等于是考核我一年成绩了，可见他的考核非常严格。

就任人事署长约三个月后，有一天邹先生问我：“李署长，对于你们这次高级军官的调职，大家有什么反应啊？”因为海军人事一般很公平，很少有例外。他晓得左营也有个非正式的“人事署”，就是许多舰长在靠码头之后，会聚在一起谈什么人又干什么职务啦，什么职务出缺，将会由某某人接任，百分之七八十都是准的，谓之“公论”。所以他是问我左营的“人事署”反应如何。我说：“反应还好，不过大家都跌破眼镜就是了。”他说：“什么事儿跌破眼镜？”我说：“一个是曾尚智当后勤司令，一个是李恒彰当人事署长。”他哈哈大笑，很得意地说：“哈，他们没猜到吧！”

我和曾表哥（曾尚智，他是广东人，我是山东人，都有“东”字，我就叫他表哥）很熟也是这个缘故。那时他是一厂厂长，一般状况是调后勤署署长（少将），但他却直接从一厂厂长升任后勤司令部司令，占中将缺，等于跳两级。我从来没干过人事部门，一直在作战部门，大家都说我要接作战署署长，左营“人事署”也猜我大概是接舰令部参谋长，结果不是接作战署，而是人事署，所以跌破眼镜。

调人事署后，因为什么都不懂，就慢慢学。有一天总司令问我一个人事问题，我说：“报告总司令，我不大清楚。”他要我回去弄清楚了以后，进一步又问另一个问题。因为他当总司令已经很多年了，人事当然比我熟多了。他很有意思，为了磨练我，当天竟让我跑五趟，问题不一次问完，而是一层一层地剥，到最后问到了核心问题，我也弄清楚了。我说：“报告总司令，真是很抱歉，这么一件事让您烦这么多心。”他说：“我就是要让你学一学。”所以当我接人事署长命令一发布，我都愣住了。邹总司令说：“我知道你没干过人事，你干人事署长很简单，四个字——‘保密、公平’。”所以在人事问题上，不管谁问我，我都不讲，就是打死我都不讲。发布了大家就知道了，不必我讲。

邹先生肚里能撑船。有一次关于一位中将的人事案，联一打电话来，说总长对我们的人事案有意见。我就很紧张，张三不能动，李四、王五、赵六也统统不能动，这是一连串的，我很急，这样人事怎么办呢？就向总司令报告。邹先生只是说了一句：“好，我知道了。”我还是很紧张。但总司令仍旧安然自在，一点也不急。过了两天，联一又打电话来说：上面长官说了，还是尊重邹总司令的建议。

海军官校校长

担任人事署署长三年多。一九八三年初到新竹中山科学院参加参谋总长郝柏村主持的会议，“国防部”人事次长范良然中将坐我前面。中间休息十分钟时，范次长对我说：“恭喜你，李署长。”我愣了，怎么人事次长恭喜人事署署长？我说：“什么事呀，次长？”他说：“你怎么不知道呢？”说着又上课了。坐下来后我心里就嘀咕，人事次长对我恭喜是什么意思呀？我又没有中奖，又没怎样。下课后他又对我讲：“你不知道啊？邹先生还没跟你讲啊？罗锜、陈连生、欧阳位、你啊！”我一听就懂了，我接欧阳位的官校校长，欧阳位接陈连生的政战主任，陈连生接罗锜的舰队司令，罗锜接副总司令。我半信半疑地说：“总司令一句话也没讲，也没叫我签哪！”因为重要军职的人事异动只有总司令、人事署长、承办参谋和打字小姐四个人知道，其他人一概不知。这件事情邹先生直接向联一办理的，真够“保密”！

于是我在一九八三年三月接任海官校第十五任校长。在任期间，有以下几件事值得一述。

（一）鼓励学生念书

海军官校是一所军事学校，但也颁授理学士学位，因此官校是要培养允文允武的青年军官。军校之中虽然生活规律，不过办学如果死守规定，反而妨碍了正常的学习。我希望学生不仅军事素养好，也要能研究学问，认真念书，而身体强健就是念书的本钱。学校每天的课程在四点钟告一段落，同学在晚餐前有一个多小时的运动时间。但学校规定进晚餐时须服装整齐，不得着运动服，那么同学在运动后就得匆匆忙忙洗澡，再换上军装，以便集合整队进餐。我认为这项规定对同学造成不便，且不能充分放松身心去运动，长期下来，体能自然衰退。乃宣布同学可以着运动服进晚餐，这样他们不仅有更充裕的时间锻炼身体，同时晚餐后洗澡换装，再去晚自习，也比较从容。为了配合这项新的做法，我也要求餐厅将晚餐改成自助餐式，同学在一定时间内（下午五时半到六时半）前去即可，不必排队集体用餐了。

官校里当然不会是每位同学都认真向学，但每一年班总有一些喜欢念书的学生，这些学生在晚自习时间后还想多看点书，于是我就在晚自习时间后，延长一两间教室的开灯时间，供同学使用。后来发现每年班每晚大概会有七八十人，最少也有四五十位学生在教室用功，至十一时返寝室睡觉。电脑教室晚间开放，他们也会去使用。

这两件事情执行了以后，我觉得效果良好，但与现行规定不符。有一次我见到总司令刘和谦先生，就向他报告说我有几件事情违反“国防部”三军官校作息规定。总司令问我怎么违反，我说就是准许学生不排队吃饭，以及晚上开夜车等等。刘先生说：“好，很好，学生念书很好。我们要把学校办成军中台大，‘国防部’来查就说我总司令讲的。”我说：“报告总司令，不是这个意思，我跟您报备，您晓得就好了，也不要负任何责任。‘国防部’查了要办，就办我，您可以替我讲情，以免没有转圜的余地。”他说：

"好，原则上我同意。"可见他对学生的读书要求之切！

有一天晚上十点钟左右，校门口值日官室打电话给我，说："报告校长，刚才有部黑车子进来，大概前后半个小时不到又走了。我们判断是总司令的车子。"我问："你们没有拦查吗？"他回答："我们看到是总司令的车子。"我再问车里有没有人，他们说匆忙看去，除司机外，车里有两个人。我问人到哪儿去了，他们说进校园后就不晓得去哪里，现在已经离开了。我就赶快去追，当然追不上了。后来有个机会总司令看到我，对我说："李校长，我很高兴。"我莫名所以，他说："有天晚上，我轻车简从，和侍从官坐着车子一直开到教室门口，那时已经过了晚自习时间，一想李恒彰说学生还有开夜车的，所以两个人蹑手蹑脚地上去，但没听到声音，一直到教室门口还没听到声音，结果一看，光看到黑压压的一片，都是学生的黑头发，趴着看书，一点声音都没有。我们也没进去看，就又静悄悄地走了。"他这次巡查，等于是考核我所说的情况是否真实。

如今海军官校仍然沿用我在这两件事情所作的改革，甚至允许同学在考试期间可以有更多的时间准备功课，我甚感欣慰。

（二）优礼教师

吴守成先生说我在校非常尊重老师，我认为这是应该的，也是一个身为一校之长的基本理念。我的道理很简单，办学也像做生意一样，我是老板，赚钱赔钱是我的事，伙计尽不尽责是他们的事，但如何使他们尽职、发挥最高效率，是我应该管的。我在校部就经常讲："你们要注意一点，今天学校没有学生，我们就不能领饷。学校的设立是要教育学生。谁教育学生呢？是教官、老师。我们是教育行政人员，我们不是长官，所有的教育长、处长，都是教育行政的服务人员，我们是跟在老师后面的，支援他们的，他们需要什么，我们就做什么。老师怎么说，我们就怎么做。"规定校长要查堂，还要记录，校阅的时候上级单位要看校长查堂记录。我告诉侍从官，我绝不查堂。譬如吴老师上课，不管是上正课的历史还是兼课的日文，我能听懂多少呢？能了解老师讲的好坏吗？还有很多新科技的课我就更不懂了。我认为教室是教官的王国，我怎么可以随便进去呢？那会影响师生教与学的情绪。我也确实查堂，但我是在教室大楼的楼下走一走，看看环境，门窗有没有坏，玻璃有没有破，教学设施是不是需要补充，哪里漏水等等。

我也常注意老师有没有事情需要优先处理。因为很多老师有事不愿讲，我当面三番两次地问，他们总是点到为止。我知道老师都很客气，不愿明白指出学校的行政支援不够，所以必须主动找机会探询，早日发现问题，以便及时改善或处理。

（三）开除三位毕业班学生

我没有什么官架子，但我管理很认真，我到任第一年就开除三名七十二年班的毕业班学生，为此我沉思数日，泪流满面，至今想起仍会泪涌而出，但为了孕育出德智体群均衡发展的革命军人，不得不忍痛做出开除的决定。此事全“国军”都晓得，惊动好多位上将。

通常毕业班的学生在学校的课业于十月结束，他们结束驾驶训练之后，就到复兴岗接受两个星期的反共复国教育，之后就在当地举行毕业典礼。那一年驾训时，有一天点了名上卡车，刚开始车还开得很慢，五名学生立刻跳下车来，翻过围墙出去了。我在总部时听到大家对官校学生的口碑不大好，故接任校长以后，就请各位老师、教官、队职官留意一下，如有学生跳墙，即记点扣分，扣十四点就要开除。所以这五名学生跳墙不到半个小时，就有人报告到我这儿来了，说七十二年班有五名学生跳墙了。我听了很难过，心想真是倒楣，怎么碰到这种难处理的事情。即使是毕业班的学生，也非开除不可，但怎么开除呢？他们已经念了七年，中正预校三年，海军官校四年。此事令我很头痛，就请教育长、主任一起来研究怎么办。大家面面相觑，苦无良策。

我把他们在中正预校三年和官校四年的资料都拿出来看，晓得他们都是聪明的孩子，大错不犯，小错不断，记功嘉奖和记过申诫都有。我实在很舍不得开除他们，于是把他们七年的考核成绩做一仔细的计算后，仍有三个学生是负分。按照管理规则，只要计算当学年的品德成绩即可，但这样对他们十分不利，所以我把七年的成绩做一总计。我另外再查手册，上面记载：开除学生是校长的权责，不是总司令的权责。我还是很谨慎，写了报告，向上级说明这五个学生的情形，两位成绩是正分，可以留校察看，准予毕业；其余三名必须开除。以最速件公事送到总司令部，三天后收到总司令批示："希照校规严格处置。"

我照章开除，但一公布，几位上将老长官都表关切，或亲自来电，或托人打电话给我，问我是不是疯了，学生这么难招，我竟要开除毕业班的学生，这是怎么回事？我以最快速度将这三名学生七年的成绩及品德记录打印好，当面报告，也获得了长官们的体谅。

但我心里还是觉得很抱歉。其中一位学生家长到学校来找我，态度十分强硬地质问我："李校长，我问你，我儿子犯了强奸罪吗？叛国了吗？杀人了吗？都没有。翻墙有什么了不起！一个孩子国家养他七年，你却把他开除。你要弄清楚，我这孩子从中正预校开始，他在学校的时间多，在家里的时间少。这孩子变成今天这样，你们要负责，但你们却要开除他。"我采低姿态，因为如果我是家长，面对这种事我也会疯了。我说："某某先生，我也没有办法，这规定不是我订的。你也晓得他们有五位同学，我留了两位，这三位我实在没法留住。我倒楣才碰到这种事情，我实在不愿意开除学生。好多长官对我不满意，我也没有办法，规定确实不是我订的。"

这位先生护犊心切，就开始不讲理了，他说："李校长，只要你点头，不管宋长志、冯启聪，我去讲！"我忍无可忍，就站起来说："某某先生，怪不得你的孩子不好，你看你，懂不懂军中伦理？今天我是海军少将，而您是陆军上校退役的。无论如何，宋先生是现任的'国防部长'，是军中的长官，你竟指名道姓。你在家这样教孩子，所以孩子对校长、对校规也就不知尊重。再说这七年，不错，孩子在校时间多，在家时间少，他记功、嘉奖、申诫、记过，都用挂号寄到家里，您看到没有？"他说："有呀，我每次都在信上教训他。”我问：“他放假的时候你有没有教训他？”他说：“我讲啦，这孩子还有哥哥姊姊在美国，他要从军报国留在台湾，你现在这样处置，他要怎么办？”我说：“这要怪你啦，他的记过申诫，学校都告诉过你了，你为什么不管他？你有责任，不能怪学校七年来没有管好。送客。”他眼睛一瞪，我又叫侍从官“送客”，像清朝的官僚一样，来个不理，因为我忍无可忍。我对他还很客气，就算是黄埔一脉，对现任长官指名道姓就不对，没有资格来找我讲话。我从来没有恼怒成这个样子。他自感理亏，像条牛一样气呼呼地走了。

另一位学生家长是陆军士官退役的，他的母亲和姊姊来跪着求我，无论如何不能开除这个孩子，边讲边哭。我告诉他们：“你可以去问问看，我批了开除这三个孩子，我自己都哭了半天。人心都是肉做的，将心比心，我没有办法，如果你是我，你该怎么办？”最后还是都开除了。总队长张至德上校说他开着吉普车送这三名学生离开学校，一离开总队，车子转到行政大楼前，三人就开始嚎啕大哭，哭到校门口。我听了也很难过，一直到现在讲起来心里都觉得不舒服。所以我一直关心那三名学生以后的情形。有一位不久就到海军服兵役，七十三年班学弟反而成了他的长官。因为他只有国中毕业的程度，军事学校的学历都不算，出去就业很难，真的很可怜。这三名学生，七年来是长官害了他们，还有队职官害了他们。到现在为止，我心里还是很痛惜这三个孩子。

（四）教育经费的短缺

学校推动的计划常会遭遇到很多挫折，因为总部对学校的支援总是摆在最后。这我很了解，也没什么话说。我当教育长的时候，校长是白树绵先生，总司令是宋长志先生，他们二人是青岛海校的同班同学。有次宋先生来了，我们三人在复兴馆聊天，我就抗议说学校缺这缺那，总司令你也当过校长，别人不晓得，你晓得啊，根本不够钱，跟作战署要钱也要不到。宋先生不好意思，他说：“恒彰呀，我当校长的时候也天天气呀！什么百年树人哪，总部什么钱都不给我们，什么钱都不支援我们，有一天我当总司令，第一就要支援百年树人的官校。现在我当总司令了，但东算西算，实在是最后有余钱才轮到教育单位，我也没有多余的钱给官校啊！”

宋先生这个话确实出自内心的感慨。他后来当了总长，就要三军官校校长暂时忘记自己的学校，想象一所真正的官校应该如何规划，再把规划结果报到参谋本部。因为这个时候他有权了，他很精明，晓得哪里有钱可以支援三军官校。可惜当时没有尽心规划，较空军官校差了很多，真是建校史上的一大憾事！

对于官校怎么吸引好的学生来，我觉得很悲观。因为现在的孩子，从小开始就接触大众传播媒体，和同学交换意见，对生涯规划非常认真，不像我们那时候，傻呼呼的，而且现在的社会向钱看，甚至到了笑贫不笑娼的程度，想找到肯吃苦的年轻人较为困难。

（五）他山之石

美国海军很强大，我和他们接触多，从前我们在阳字号当尉官时，和美国海军在巴士海峡南边操演一个礼拜，他们派员坐直升机到我们舰上，我们也派军官到他们船上去，按同盟国海军操典演练。我对美国海军战力的评估很好，现在他们在研究兵役制度，因为也碰上了不好招兵的问题，但他们的做法比我们稍微实在一点。

国家强不是一天的事。我在海官校校长任内赴美访问，了解他们的海军官校的办学情形。他们每个郡（county）招生是由一位海军军官负责，有人报名时，他们就到高中查学生的纪录，看看是否成绩优秀，身体、心理方面也合格当军人。然后这些有意报考的学生找当地的国会议员，不管参议员或众议员，写封介绍信到海军官校参加复试。美国海军官校的学制也是四年，但可以念硕士，只要你有本事。任何人都要念个学位，不一定要是工科的，也可以修考古学或是艺术，但是海军的兵科学识一定要及格。毕业四年就可以离开军队。我们想：哎哟，公家培植你四年，你怎么毕业就走路？他们就这样做，看起来很浪费，但社会上很多是海军官校毕业的人。表面上看毕业四年就走了，事实上社会上各地方都有海军。经国先生不是说过：分散就是力量的扩大。所以美国国家强就是强在这里。

还有海军军官出来以后任尉官，必须再念第二专长，到普通大学或海军专科学校（PG School）念海军专科，如兵器、电子、海洋学等的硕士学位，如果没有硕士学位，校官大概就升不上去。另外我也碰到核子潜艇的军官，十个里面有六个是一般大学出来的，而且都有核子物理相关科系的学位。

我们的海陆空军将官一定要是正期班毕业，受过参谋大学教育，还要到“国防部”三军大学、战争学院进修。如果没上过战争学院，就不能升上校指挥官，更不能当将官。美国海军不是，他们有三个系统，一个是安那波利斯的正规海军军官教育，一个是ROTC，另一个就是海军后备军官学校（Officer Candidates School）。他们很有意思，不仅有社会青年考进来，还有军中的资深士官也考进来。我去参观时，同桌进餐的有位结过婚的女士官，离了婚，孩子八岁，她也考进来。受训十八周（或十六周，不确定，但教学时数达550小时），每个礼拜五做分列式，训练军人的气概。还有位三十多岁的男士，他是美国运通银行的地区银行经理。我说你事业很好，为什么要来念专科学校？他说这是他的理想，要向自我挑战，毕了业，他还要志愿留营。

我一九八四年去访问，从西岸到东岸，连他们的商船学校都去访问过。我曾到海军军令部拜访，由他们的副部长接待。因我当过总部的人事署署长，就问他：“你们将官的候选人如何产生？”这位黑人少将署长把该年将官的候选名单拿来给我看，大约三分之一是安那波利斯的，三分之一是ROTC，三分之一是海军后备军官学校。我看了大为奇怪，我们中国就不可以这样子，不是黄埔系统出来的，想升将官难于上青天！后来我向他要一份名单，也把这个数字带回来，向刘和谦总司令报告，他半信半疑。

我在美国接南阳舰时，舰上移交组的美国军官多数都是ROTC出来的。舰长是少校，担任移交组组长，他就是二次大战末期ROTC出身的。其他军官，除了轮机官是海军官校正期出身，兵器长、作战长、补给长都是ROTC出身。我问他们在海军服务多久？他们说两年。海军部出钱供他们念大学，暑假就进修海军的专科，毕业以少尉任用，派到最苦的船上——驱逐舰（tin can），在海浪里头滚来滚去，跟在航空母舰后头跑。航空母舰在飞机起降时速率三十几节，不管大风大浪，不大晃，但驱逐舰就是浪里白条了，滚来滚去。不过他们有的人到驱逐舰还是签约继续干下去，他们都升到中尉了，要继续进修再留营，就有希望可以升将官。以我们的眼光看怎么可以，因为我们面对的敌人不一样。他们的思想就是效忠国家，实行民主；只要你肯干，观念没什么偏差，品德端正，经历和学识也都能配合，人人机会平等。他们人事署长拿这份人选名单给我看的时候，我有些不相信，但他们确实是这个样子。但我不好意思问那位黑人署长是哪儿毕业的，这不礼貌。但我相信他不是安那波利斯毕业的。

所以一个国家要强盛，不能有门户之见。连院长讲的要有“宏观”，海军也讲“forethought”，要想得远。没有宏观，国家就没有希望。大家若是斗来斗去，没什么意思。对海军是这样，对国家也是这样。

“我国”海军军官的来源，如果和美国一样，官校正期班之外，也有ROTC、后备军官的系统，那么会不会又和从前那样，各有派系？这种事我不敢说不会有，人就是人，这样的顾虑不是没有道理，重点在如何能将派系倾轧减低到最小的程度。

（六）“军中台大”是一个渺远的理想吗？

刘和谦先生常讲要让海军官校变成军中台大，他向“总统”报告时也是这么说的，所以后来“总统”来校视察时，也说过海军官校的目标是军中台大。依我看来不大乐观，因为现在我们没有资格选学生，只能收。这些人进来后，你只能选比较好的。

有一天我就向刘总司令报告：“请您回想，我在当学生的时候，学生的程度如何？学生的读书风气如何？读书的客观环境如何？主观条件又如何？现在完全不一样。人也不一样，环境的因素，外界的因素，本校的因素，‘国军’的因素，统统不一样。今天要把海军官校办成军中的台大，不是不可能，但有一个先决条件，那就是中正预校变成军中凤中，海军官校就可变成军中台大。”他从此再也不跟我提军中台大这件事。这句话不能说是言不及义，而是现实的基本条件不够。

对于如何吸引优秀青年这个问题，我仍是抱持悲观的态度。再拿海军官校四年三个月的教育来说，时间对学生来讲真的是不够。要学生真正能多读书，多充实自己，实在很难。因为有些事他们非要做不可，譬如唱京剧，以及其他的社团活动，他们都想要参加。虽然社团活动是有益无害的，但如果变成社团活动为主，念书为辅，那就有问题了。但事实上不少学生确实是对社团有兴趣，对读书没有兴趣，这是本末倒置了。整个环境的条件，也没办法让他们静下心来读书。喜欢读书的学生不是没有，但他完全没有时间，每天疲于奔命，任何事情都要做。他们是军人，不能选课，每门科目都要上，而且要好好地上，不好好地上就要扣分，不像普通的文学校，教授要求不严或不喜欢上某门课，虽然跷课也可以过关。军校就不行。

美国的海军官校，甚至海岸巡防学校（Coastguard Academy），还有交通部的商船学校（Merchant Marine Academy），我都参观过，他们读书就是读书，也有训练，但不为主。军人很简单，只要会走路与敬礼，学海上术科就上船接受压力训练，上课就是上课，和文学校一样。维吉尼亚军校就是文学校呀，穿着军服而已，学生走路弯腰驼背，也没什么关系。他们的理工科目都很好，而我们的官校永远都不行。军校招生的时候，中正理工学院、国防管理学院、政战学校的学生程度确实比较好。我在海军官校期间，就觉得那些女军官程度都很整齐。以海军军官来讲，数理一定要好，否则你在学校虽然考第一名，毕业后上船，三天不读书就落伍了，因为东西更新很快，譬如现在买的电脑很快就落伍，不到几年新的电脑又出来，所以数理基础不好就没有办法。

（七）我的期许

我和海军官校的渊源极深。来台前后自己是官校学生，后来担任过总队长、教育长、校长，海军之中像我一样曾在官校历任三项职务的军官，恐怕是凤毛麟角。我就读官校时，看到总队长服装笔挺，像是标杆，心中就把他当作崇拜的偶像。教育长是辅佐校长的幕僚长，负责全校教育行政之检讨与计划。校长则需掌握全盘政策。当今海军一级上将黎玉玺、宋长志、刘和谦三位先生，黎、刘两人都以未担任过官校校长引为憾事，而我任该职达三年八个月，历任之中，也只比宋先生的六年任期为短。

官校和一般大学不同，一般大学重视知识传授，以便学生将来毕业后顺利谋职；官校则是讲究品德、学识、体能、领导统御各方面的训练，学生毕业后还有三个月的实习，再分发至舰艇或陆上单位服务。所以官校学生必须文武兼备，他要有足够的知识操纵日新月异的船舰，也要有强健的体魄面对海上风浪，更要有冷静的头脑与断然决心来处理突发状况。

海军学科的发展一日千里，学生应具备良好的数理基础，而学校课程也不断更新，譬如过去航海为四个学分，现在则予减少，因为新型船舰的操纵已不需要靠星座定位。再如“五寸炮大意”过去是一门重课，但现在二代舰上已无五寸炮，而其新式武器装备亦非十余年前所能讲授。可见官校学生不仅要修毕教育部规定的一三五个学分，还要学习最新的海军专门课程，养成尚武精神与旺盛企图心，锻炼强健体格。这对二十岁左右的青年来说，负担不可谓不重。

然而因为社会不断改变，学生的家庭教育背景与价值观念，和以往确有差别。抗战胜利后官校行全国招生，网罗了各地菁英。来台后学生来源限于台湾一地，但自“民国”四十年代到六十年代末期，军公教家庭出身子弟居多，大多朴实无华，也能潜心学习。最近十年台湾社会变化极大，年轻人的想法自然也更为多样。过去的主观条件和客观环境均与今日不同，因此官校的招生和对学生的训练，不免遭遇一些难题，这也不是“我国”

一九八四年于海军官校职务官舍前，接见海朋班之沙乌地阿拉伯边防军学生。

独有的现象，美国亦是如比。

我想官校教育最大的困扰在于学生需要学习很多新知，政训课程也不可或缺，而学生又得参与各种校内活动，因此学校如何把教育资源作最佳运用，将学生训练得足够担负保疆卫国的重责大任，而学生也要充分掌握在校有限的时间，打好各科基础，是很值得我们重视的问题。我以为官校仍是应该宁严勿宽，宁缺毋滥，严格淘汰不适合就读官校的学生，以免学生耽误青春，也避免浪费国家资源。

训练海军军官是很严肃的任务，如果校长一职只是升官的台阶，那么就很难有具体成效。我想所有担任官校校长的人士，都有办好教育的理念，但其做法会不同，因此校长一任至少应为四年，这样理想较能实现，也可看出办学成效。校长一职，可征求资深中将以上的人出任，再由全军将级军官就有意愿之数人中，凭其道德、学识、风度、经历，作一投票选择。其实担任过总司令的将领出任官校校长，也是不错的做法。现任美国海军官校校长，过去就是太平洋舰队总司令。而我国在民国二十年代初期，杜锡珪上将出任福州海校校长，也是一例。

总之，至今我对海军官校的教育仍很满意，毕业学生也多有杰出表现。最近几年虽偶传海事案件，但不能以此指责官校的教育训练失败。实际上现在船舰较以往为多，任务频繁，意外事件发生的频率会增加；加上社会开放，媒体对此类事件也很关心。官校教育固然要多加检讨，给予学生更妥善的训练，而我们也不能抹煞过去多年来官校办学的成绩。

中共治下的亲人际遇

中共建政之后，不久就对我家展开严厉的斗争。初时祖父还在，寒冬腊月天，户外下雪，共产党把他们爷儿俩上衣脱掉绑起来，跪在桌子上斗争。还好我们家虽是地主，可是过去每逢歉收或蝗旱之灾，平常应交三百斤，祖父都主动降低，要佃户交一百斤就好，而这一百斤是祖父坚持的，父亲就偷偷对佃户说：没关系，你到后院先等候。又把整包麦子丢给他们。所以佃户都很感激我们，不愿斗争；家里的丫头、佣人也都没说我们怎么样。最后因为没什么罪名，就称我们为“善霸”，下放到郊外垦荒。而中共统治初期，现代医院设备落后，遂广设中医。父亲和祖父被扫地出门，由于父亲平时熟读《本草纲目》，识得许多病症与药草，下放的山区，药草垂手可得，使他在这个时期还有口饭吃。老百姓看完病后会偷偷拿个鸡蛋，或半只鸡送给父亲，过得还不错。

父亲下放的地方在泰安山区乡下，住在一座土墙草顶的黑房子里。前几年回大陆时我还去看过。七弟、三妹和八弟三个年纪比较小的孩子，也跟着父母下放到农村大队。父亲会诊病，所以大队的人民对他都不错，但他心里已经慢慢垮了。一九六七年病死的时候不到六十岁——在阴历除夕日因为生病活活饿死。母亲带着两个弟弟一个妹妹在那里，日子很苦，后来母亲得病瘫痪，两个弟弟、妹妹就任由他们去讨饭，不久母亲也过世了。

我于一九九二年偕妻返乡探亲，那时父亲的坟葬在山上的看天田里。所谓看天田就是没有灌溉，旱就旱、涝就涝，在山坡上开垦的梯田，每阶大约有两公尺的高度，只能种地瓜。父亲的坟就在悬崖上面，去世时只是把尸骨埋下，黄土一抔，还没桌子大，整块梯田也不如我现在的院子大。后来母亲过世已经可以火葬，把骨灰放在父亲的坟堆内。那时中共已经改革开放，比较开通，把不能种农作的山坡地，用重机械把石头挖起来清掉，每两平方公尺一个单位，作为墓地，可以价购。我就在泰山西麓买了两个单位，将父母的坟从下放区鸟不生蛋的地方，迁回泰安城西郊公墓的长生林。

我原有一个姊姊，三个妹妹，七个弟弟，大妹夭折，四弟和六弟在抗战期间，因为日本占领区内医药缺乏，得肠炎病死了。全家只有我因为就读海军官校的关系到台湾来。我出来念书以后，八弟才出生。现在姊姊和两个妹妹以及五个弟弟仍在大陆，他们并未因为我在台湾海军的资历使他们饱受斗争。因为父亲是黑五类，没有粮，靠捡柴卖钱来度日。弟弟也因此不准受教育，到人民食堂给干部当勤务打杂，捡饭吃。后来人民食堂看他乖巧，报准开始领粮，才有饭吃。

现在我的姊姊仍住在徐州，已经有重孙。二弟在上海，和二弟媳妇都是上海人民合唱团的团员，也有孙子。三弟命运比较可怜，共产党开始斗争我家时，他正好十四五岁，那时每天打着锣说要支援筑造陕西宝鸡到四川成都的宝成铁路，泰安就送三个地主的儿子去。那时贯通山洞都是土法炼钢，没有什么防护措施及施工机械，听说死了不少筑路工人，泰安另外两个地主子弟都被炸死了。三弟拼命干，他只有初中程度，后来获得模范工人表扬。目前住在陕西西安附近的渭南市的铁路边上，有两个女儿，一个儿子，也有了孙子。

五弟比较幸运，小时候在共产党统治下受过简易师范教育，有国中、高中的程度。因为我家是黑五类，他就被派到山区乡下教书。等到一九七五年我升将官后，中共有我的资料，就把他和太太从山区调回城里，后来做泰安市对台办三个副主任之一。然后中共就要他写信到美国，要他说出幼时我放学回家后做功课，他怎么捣蛋的儿时记忆，这些都是很真确的。他写好的信寄到美国纽约中共的统战机构，他们再用弟弟的名字寄到我家。我一看就晓得不是他写的，但资料是他供给的。他也不写社会主义好，共产主义好，仅说现在买脚踏车了，有两个儿子，再过半年几个月家里要买彩色电视机、电冰箱等等。但我不能回信，一直到退伍才写信回去。而我退伍后仍兼国安会研究委员，一九九二年退职后第一次回去，才了解他们的状况。

人生有时得失很难讲，塞翁失马，焉知非福。我在厦门读海军官校时，有许多齐鲁中学的同学考上齐鲁大学医学院，因为局势的关系，他们就转到福州协和医学院。当时福州、厦门可以通信，我们同学间就开始联系。当我被抓入狱后，同学发现李恒彰怎么没有消息了，彼此打听李恒彰哪儿去了，有同学说我被关起来失踪了。所以共产党打到福州，他们就还乡回山东去。共产党的情报很灵，如果某人家中有子弟干国民党军人，他们会做某种处置，但查到我的时候，因为我已经被关起来了，所以一直没有我的资料。

我判断等到我担任五九敦睦支队上校参谋长出国远航，此时资料公开，他们才开始有我的档案。不过据闻我当中启舰中校舰长时，到金门抢滩三次，对面就广播：中启号舰长李某某，你家里什么事情等等，对我喊话三次。这些我都不知道，因为我们不准听“共匪电台”，是军中的情报单位听到的，我自己没听到，也没看到这个资料，所以不敢确定。但验证八二三炮战的情况，我相信他们的“匪”谍有这个能力，换句话说，我当中字号舰长时，他们就开始有我的资料。甚至于我在上尉阶段，赴美接南阳舰战情官（一九五八年），回国经巴拿马运河，并沿途宣慰华侨时，这种资料就公开了。之后我在海军官校担任学生总队总队长，充任五九敦睦支队参谋长，后来又担任六四敦睦支队指挥官，到一九八六年担任后勤司令部司令，这时也是十年动乱的后期。开放后我回到家里看我姊姊、弟弟、妹妹的时候，都没说是受我影响，只是受父亲、祖父的影响，因为是黑五类的孩子。

所以事情很难讲，假如我没被关起来，共产党一直追踪，念海军官校反而会带给大陆家人更多的问题。

对“白色恐怖”的看法

前两年有人要为过去的“白色恐怖”平反，派人来访问我，我将被关的因由据实以告，他们问我想不想平反，我说政府已经替我平反了，中国国民党、海军也都替我平反了。我当学生时，说我思想有问题而把我关起来，这当然是可议的，但后来又认为我没问题，命令我回官校读书，毕业后又派舰职，历经各种职务直至今日。老实说，没有任何一位海军军官学校毕业的学生，像我又回校历任海官校的学生总队长（1970—）、教育长（1974.4—）和校长（1983.3—1986.11）等职。我晋升少将、中将均在海官校任内，我还要求什么平反呢？事实上已经替我平反了。在那个混乱的时候，治乱世用重典，谁也不相信谁，只要有人告了你，军人就先关起来再说。至于告我的人我也不恨他，我是乱讲话呀，我的个性就是喜欢讲话，到现在还是这个样子。这是我的优点，但也是我的缺点，只要我看到不对的地方，管你喜不喜欢听，我也要讲。长官都很喜欢我，交给我做的事都很放心，但就不喜欢我的个性。年纪渐长，退伍前我学乖了，有问题不再公开批评，私底下讲。所以我因多言贾祸而入狱，至今也无怨无悔。目前我的人生观就是“知足常乐”。当年许多被关的人，有人在厦门就被杀掉了，有些同学、区队长则被活埋，我还很好，能够回到学校，现在还在这里。

在刘和谦将军主持的“白色恐怖”平反案，魏校长的副官谢中望曾到台北发过言，我没去，因我觉得没什么好讲的。海军闹派系是海军自己不对，至于有人乱告，随便关人，不分青红皂白，但那时的环境不能拿现在的司法制度来评断。我那时如果是先“总统”蒋公，是海军总司令或海军情报处处长，我也会这样做，先关起来再说，因为不晓得哪个是“匪”谍呀！政权要安定，军队也要安定，当然会有冤枉，这是大时代当中的小悲剧，我不幸就是那个小悲剧中的小角色。我有什么冤屈？我现在都很好，很知足，所谓知足常乐，所以没参加平反。

现在谈到海军的“白色恐怖”，一定会批评桂永清将军，但我个人对桂永清将军却非常感念，也很钦敬。他不是海军出身，管理海军当然是外行，也杀了一些人。但一个军人对国家的贡献，要从大局来着眼。当年若非他下决心成立“海军反共先锋训练营”，我们不晓得要到哪儿去，更别说后来我还能经历海官校校长那么荣誉的职务了。要是没人管，我就不可能回海官校继续学业，那么我的造化可能仅止于像到荣总看病的老士官长、老荣民弟兄那样而已。我从海官校毕业的时候，学校有个思想考核，要我们写很多东西，其中一条是写“你最钦佩的人”，我就写桂永清总司令。他们当然认为我拍马屁，但我个人是从心里对桂永清先生非常感念和佩服的，因为他有远见。

桂先生一辈子争议很多，当教导团团长时杀了很多人，但陆军的将领在这方面能够大开大阖，两相比较，海军军官局面就小多了。陆军的郝柏村曾说过:“演习视同作战，演习死个人算什么？只要得到演习的经验教训就够了。”我第一次听这句话，认为很不人道，这些人都是家里的宝贝子弟呀！每位母亲提携捧扶地畏其不寿，慢慢把他养大了来当兵，你说他们死了，每个家庭都要破碎。但若在大处着眼的话，一个国家的国军要能捍卫国家，在训练时踏不踏实，从这里就可看出端倪。我并不是说死些人不在乎，而是评论一个人的话，必须从这个角度来看比较确实。

海军后勤司令

任官校校长将近四年，于一九八六年十二月调任海军后勤司令部司令。

布达交接典礼完毕，总司令刘和谦上将召我至明德宾馆训示半小时，大意是后勤工作经纬万端，人员多，物资杂，经费大，难免有人疏忽，蓄意舞弊，甚至贪污，戒之慎之，告诫再三，迄中午十二时侍从人员进室报告午餐，方才停讲，并邀我同进午餐。我回报：一、经过总司令严重告诫，使我心如重击，已无食欲。二、原任司令朱瑞庆中将尚在办公室等我到任，面交机宜，全体官兵雇员也等我共同欢送原任司令离部。谢过总司令赐宴美意后，仓促赶至后令部，已近十二时半，当然没来得及参加欢送朱司令的仪式。

基于总司令的告诫，就任后临渊履冰，并经常就教于专业的军官、雇员，业务推行一切顺利，并圆满完成汉光演习后勤作业，尤以浮坞自左营拖航至花莲，为海军来台后首次之艰巨任务，均能达成上级要求。后勤司令部所属官兵、雇员及各级单位造船厂、总库等，均能同心协力，任内未发生任何财物贪渎、物资毁损或人员违法犯纪等事件，于一九八八年八月一日，以服务限龄届满退役。

结　语

一生服务海军共历四十二年，不论海上、陆勤，我都全程参与，俯仰无愧，无怨无悔，可谓终老无憾矣。今天也才真正体会出孔子所说："六十耳顺，七十随心所欲而不逾矩"的人生境界和心情。现在虽不能一饭斗米、肉十斤，但还"尚善饭"而得含饴弄孙，读书自娱耳。

段佑泰先生访问纪录

访问／张　力·吴守成·会金兰

纪录／张　力·会金兰

时间／一九九七年九月一日

地点／高雄市左营区前锋西社区

家世背景

段佑泰，号善持，江苏省萧县人，民国七年（戊午）阴历十一月三十日（阳历民国八年一月一日）生于北京东城什锦花园，但身份证上误为民国九年一月一日。

高祖广瀛公，号紫沧，曾任清朝河南省粮盐道道尹。同治八年（1869），编家乡《江苏萧县县志》书，为本县县志增修最近的一版本。曾祖书云公，号少沧，曾任民国初年湖北巡按使（与莫德惠任福建巡按使同时）、海州商埠局督办，以及南京实业博览会总办，首创南京市内捷运小火车，后为津浦铁路南段督办。祖父庆熙公，号芝晋，曾任民国年间江苏徐海道、浙江温州道道尹。喜读诗书，长于艺花、植树、琴棋书画。父亲段度，字筱晋，生于民前十三年七月九日，卒于一九七八年十一月九日。原读青岛德国黑廊高等学校，后转入上海同济医工专门学校。[①]民国八年投笔从戎，入保定军校八期，与陈诚、周至柔同班。北伐后入陆军大学特别班一期，专研要塞炮兵。一九四九年率青岛国军要塞司令部全员来台。母亲李桢，号淑贞，河北宛平县李氏人。外祖父李德立，叔祖李德全，先后任前清同治、光绪之御医，分别曾为太医院的左右院判。族中侄辈李志绥，曾为毛泽东之私人医生。

我出生时，正是民国八年的元旦，北洋政府为祝贺徐世昌就任大总统，外头鼓乐喧天，灯彩辉煌，而我又头大耳肥，祖父认为当时国家革命纪元初创，家运又在黄金时代，乃为我取名佑泰，取其“保佑平安”的意思，我们兄弟即以此四字命名（我行二）。

出世后，家庭多半在北平、天津、徐州萧县间活动。父亲入保定军校后，于民国十二年毕业，先在江苏海州镇守使白宝山（1878—1941）处工作，后转至陈调元（1886—1943）处，积功升为副官处处长。当时陈属于五省联军，隶孙传芳麾下。北伐时，陈调元驻安徽，转向革命军，与蒋中正同时往东南的京沪推进，成为国民革命军第三十七军。虽然父亲参与革命军，可是家乡住宅却为第十军王天培（1889—1927）部洗劫一空，祖父母因而逃到南京，然后到扬州避难。由于国民革命北伐军有轻型飞机队，曾手掷迫击炮弹轰炸扬州。北伐成功，军队改组，父亲得国民革命军三十七军推荐，入北平陆军大学特别班第一期，与陆大正规班八期、九期同时在恭王府和顺承王府上课。[②]

① 同济大学沿革：庚子拳匪乱后，德国宝隆医师在上海创办同济医院，民前四年创设同济医学院。民国元年，德国贝伦子教授来华创设工科，学校定名为同济医工学堂。民国六年欧战爆发，学校由德人手中转归国人经营，学校更名为私立同济医工专门学校。民国十二年改为同济医工大学，由江苏省拨款。民国十五年才改成国立同济大学。

② 陆大特别班第一期学员有卫立煌、郭殿丞、过之纲、刘祖舜、谈经国、周磐、冯治安、段筱晋、陈孔达、涂思宗、贺维珍、周维寅、李芳池、夏楚中、黄维、李树森、张印湘等。见台北市湖北同乡会出版：《万耀煌将军日记》下册，《主持陆军大学的回忆（一）》，页135。

烽火中的教育阶段

由于父亲连年南征北讨，故我小学时期的教育，多半由母亲亲授，后来又请孙衡三先生教授英文、数学。民国十五年，祖父退休回籍，我随他回徐州萧县，在家乡城郊的大花园里，伴着祖父吟诗作对，游山玩水。十二岁时，父亲入陆军大学，而母亲的家族又世居北平，故我与其他兄弟姊妹得以团聚在父母膝下。同年我入北平育英中学（今为北京第廿六中学）附属小学六年级，当时校长是李如松。翌年，我以第八名毕业，得到校旗做奖赏，并直升育英中学初中部。

育英中学的初中部在齐鹤楼。此期我喜爱活动，音乐教员李抱忱先生（1907—1979）甫从燕京大学毕业，另外还有张慕荣、崔荣新等，个人受益匪浅。初中二年级，九一八事变发生，父亲刚好自陆军大学毕业，调任南京军政部，故举家遂自北平迁往南京。当时祖父原住上海张家花园，后我随母亲迁往上海海防路，紧傍苏州河南边。不幸又遇一·二八淞沪战役，日本空军轰炸闸北，商务印书馆被炸，馆中书籍毁于一旦，我亲眼目睹，包括涵芬楼丛书的纸灰，飞上天空。在烽火连天中，我的初中生涯，也在大夏大学附中、持志中学、大同中学度过，每所学校都仅念一两星期。迨淞沪战役结束，才算安定下来，进沪江大学附中初中二年级就读。

当年沪江大学校长刘湛思，外号刘大炮。附中校长则是李好善，为教会人士。其子李学道，与我同班。训导主任是费尧，英文老师 Mr. Stockton 来自美国加州奥克兰（Oakland）。教育和生活方式都很民主。附中分上、下两院，即高中部和初中部，我在初中部毕业后，又升高中，于民国二十五年夏毕业。

民国二十五年正是中国的黄金时代，在中学时我本来就喜欢机械和无线电，当时上海有三极无线电学校，我们就买些业余无线电材料，试着自

民国二十五年上海沪江中学毕业照。

装无线电。同时我又喜欢体育，但某次在踢小皮球时，把腿打断了，进霖生医院（牛惠霖、牛惠生医师主持之疗养院）。该院的牛惠霖、牛惠生两位医生，一次大战时在英国主治伤兵，故骨科特别好。我住院两个月，同学送给我很多书籍，使我对茅盾、巴金等人的小说很有兴趣，同时对于创造社郭沫若的东西也浏览不少。沪江中学准许学生到大学图书馆看书，而且是开架式，故中学阶段就看了很多书。

那时与我较为接近的同学有李子卿，其父在上海南京路卖枪与船的模型；盛志勇则是医生之子，此外还有周达材、叶宝生、倪宣祥。

中学毕业后考大学，当时我选择中央大学牙医系、交通大学电机系，以及国立税务专门学校的海事分校。我之投考牙医系，系因同学叶宝生，他与交大高一班的学长胡旭光常常打网球，对网球很有兴趣，因此他认为最好在都市生活，在都市生活最舒服的就是做医生，而医科里面又以牙医最轻松，都在固定时间内工作，不需要夜晚出诊。所以我也与他一起报考。而电机系原本就是我的兴趣，交大的电机系又是最好的，所以也去报考。此外，因为沪江大学在黄浦江边，江上外国商船往来频繁，我们课余无事，就坐在江边看海船出入，年轻人也喜欢海阔天空的生活，所以也想考税务学校的航海分校。

后因交大和税务专校的考试有一天撞期，遂放弃了交大，投考并获取中央大学和税务专门学校。放榜后，我考虑了十天，最后还是选择了由财政部主办的国立税务专门学校。

国立税务专门学校

国立税务专门学校由财政部主办，训练海关所需人员。原先海关隶属海关总税务司，下分江海关（上海）、津海关（天津）以及江汉关、粤海关（广州），此外还有巡海司（即海务司）。海关原来是独立的，后来慢慢归财政部管辖，管理机构名称也由税务总署变成关务署。原先仅有内勤、外勤两部分，校区皆在北京。外勤部学制不定，有时六个月，有时两年，内勤部则更长。内勤部在前清时期即设，初期的毕业生像官一样，分发到海关服务，还有听差招呼着穿衣服、穿鞋子。北伐胜利后，财政部想收回海关自主权，而中国海关的三十七艘船中，不论海关巡逻船和灯塔补给船，船长大部分为英国人、法国人，甚至还有日本人。这些外国人都订有合同，年限一到就走了，所以财政部乃于上海法租界边的姚主教路增设税务专校的海事分校，以期训练海事人才，逐渐取代外人。校长郑来，亦由财政部派任。

本校开办后，招收学生不多，前面四班才六十几个人，我记得本班第一个学号是64号，我是第79号，为该校的第五班。学制为三年，学生需自费就学。第一学期交治装费，发冬季制服两套、夏季制服两套，大衣一件，还有海上穿的实习生（cadet）服，以及打网球的制服一套、衬衫六件、内衣等。在校内还需缴交膳食费，比外面高，因为我在沪江中学时，膳费一学期六元，普通学校才四块钱，面粉一袋也不过一两块钱。但我记得税务专校的膳费，一学期就要六七十元。吃饭时像吃西餐一样，有侍应生在旁服务。每天穿着的服装也像海军一样，需穿学生的 cadet 服。早起即检查服装，鞋子要擦得很干净，若临时检查时没擦干净，顽皮学生就向裤脚擦一下应付。

我们班有二十余人，虽然也有听差，但只有一位，在门口当门房。不过听差像我们的家人一样，对每位同学的家庭环境都很熟悉。课程除中文课外，全用英文讲授，也有日语，由一位日本太太教，但我们因有抗日思想，都不想学。教我们航海课程的教官是英国退役海军中校 Commander Clouser，他会参加第一次世界大战的遮德兰（Jutland）海战（一般译为日

民国二十五年冬国立税务专门学校海事分校第五班冬季海上巡航，在渤海湾砣矶岛灯塔前合影。

德兰海战，但我认为“遮德兰”有阻遏德国扩张之意，似乎更为传神），当时他还是一位尉官，但在课余之暇请我们喝咖啡时，常拿出作战中的海图对我们述说此役中的各种状况。他教我们天文航海、地文航海、潮汐、海图、罗盘、气象等。另外有一位义大利的海军军官 Androny（？），教我们船艺、枪炮和操典。

是年十二月十二日，发生西安事变，圣诞节前夕，蒋委员长获释。当时我和王曾脩（曾任台湾海关海务司长）、张桐生都在晚间休息室内拍掌欢呼，庆祝委员长脱险领导大家救中国。张桐生系扬州中学毕业，和我同时入学，同时离开。但后来他到中央大学、西南联大就读，毕业后又入清华大学航空研究所，到台湾后在航空局服务，后转任成功大学物理系教授、成大工学院院长，中华书局出版的《物理学》，即为他所翻译。自成大退休后赴美，最近在美国过世。另外，近日我接到海关的通信，有许多同学还在长江水道局任巡江司，测量长江的水道和水文。有些则在大连、旅顺。

第一学期结束，我们即坐上海关的海星号补给船（LTS. *Haishing* [Seastar]，白色，约二千多吨）沿着中国海岸实习。此时首次尝到海水咸咸的滋味，这也是我们的冬季舰训。我们巡航到海州、青岛，然后至大沽、天津和砣矶、烟台。在砣矶和烟台停留很久，历练舰训应备的技术。

抗战爆发

舰训毕，第二学年开始。但到暑假时，就碰到七七抗战。那时我们想，虽然海关是国际性的，但毕业后，万一派到一艘日本船长的船上，我们都不愿意。因为抗战发生在暑假期间，我不晓得学校是否仍继续开学，乃写信询问郑校长。校长答复继续开学，希望我们赶快回校读书。我遂在回信中写道：“既然战时如平时，平时如战时，我还是继续回学校念书。”当时父亲在南京军政部任部附，在军务司协助司长王文宣办公。由于王文宣也负责要塞事务，故父亲乃在南京部署要塞。

我国原来的野战炮均为三英寸或七五公分炮，后来要塞得知德国在西班牙作闪电战争时，使用八八炮，此炮最大射击角度可达八十五度，即可高射及平射，较以往炮击角度四十五度增大很多，故也自德国买回八点八厘米炮，准备在南京附近安装此炮。

我回校念了几个礼拜，由于淞沪战事激烈，谢晋元在四行仓库的壮烈义举令我觉得热血沸腾，所以认为，若继续留下来读书，将无法参加抗战，乃和校中几位高年班的同学离校，回到南京。到南京后，因为有位小学同学已经考入航校六期，我也准备考航空学校。经南京航空委员会初试体检及格，等候复试，但南京已经开战，形势不好，无法考试，招生委员会乃电询航委会，回复要到武汉复试。

因为在南京无事，我乃协助父亲，帮他开汽车。然而当时我们的车子状况很差，有时开车出去，车底下的电瓶就掉下来了，车子不能动，没办法，只好拿裤带捆电瓶。

这段时间很短，不旋踵间，南京即告陷落，军政部撤退到武汉。父亲就让我到徐州接祖母出来，但是祖母不愿意离乡，只好到徐州五十华里外的萧县，在萧县郊区的王白楼（也就是后来徐蚌会战的地点）安置。安置好祖母，我就坐陇海路火车到郑州。准备到武汉时，因为非常混乱，没有秩序，大家抢着上车，最后我就坐在火车顶上。坐几天我都不记得了，不过终于到了武汉。

入兵工厂当见习生

此时母亲带着几个弟弟留在上海，只有我和父亲两人到后方参加抗战。父亲在军政部的工作很忙，我想找空军设在武汉的考场，但找不到，已经无法考试了，所以我又成了闲人。而当时军政部的兵工署制造司司长（1938

年7月始任命）杨继曾先生，与父亲为黑廊中学和同济医工专门学校的同学，父亲乃和杨先生商量，希望他为我安排一个职务。杨先生为我写就一封介绍信，到兵工署制造司所属的四川兵工厂当见习生。我本欲立刻参加战争，并不计较什么职务，所以想：既然我在汉口，就到汉阳兵工厂做制造工人。但杨先生写的介绍信，是派我到重庆的铜元局第二十兵工厂，王文宣的儿子王澄青（今在美国纽约）也同样有介绍信到该地，所以我们两人遂一起沿着长江，溯三峡到重庆。是时为一九三七年年底，三峡的运输繁忙，大部分运送军需物资，我们坐上一艘兵工厂的运输差船，经过沙市、宜昌，游览了三峡，然后到重庆。

到重庆，下榻青年会。那时青年会房客不多，我们住下来后，不久，老舍、老向等作家都住宿于此。我们二人分别报到，我乃到铜元局兵工厂。该厂原系铸造铜元的工厂，刘湘时期，为了增加军火实力，乃将铜元局改造成步枪、子弹的制造厂。当时厂长是李丞干，[①] 我报到后，就在厂里见学。厂长叫我们到各厂看看，我就做刨床、车床。但当时最有兴趣的还是检验，看炮弹药装的多或少，弹头大小等。检验完后，品质差一点的做单发子弹，好一点的就是机关枪子弹，并抽样试验。搜集子弹试验，有时是单发，有时是连发，机枪一梭是十五发，我最喜欢试验重机枪，五百发子弹一带，一拉就乒乒乓乓地打出去。后来还到金陵兵工厂，我利用车床做了一只小榔头，现在还保存着。这段期间，我也才晓得尖弹、圆弹和七九步枪弹的分别，我们用密码字写在箱子外头，好让日本军无法辨识。

同在重庆，但不在同一个兵工厂的有王澄青。另外还有一位同学，以及燕大两位同学。每周放一天假，我们就回重庆，以罗旡念（后来在美国研究物理、电子）的名字，在青年会订一间房，大家可以在此聚会。如果我先去了，订房名字就用段先念，王澄青去了，就是王旡念。

我们在兵工厂里待了三个月后，觉得应该到其他兵工厂去试一试，于是我又改到重庆磁口器兵工厂，此地原是刘湘设的炼钢厂，为国民政府征

① 见李升:《记服务兵工界二十年的李丞干》,《传记文学》, 卷58期6(1991年6月), 页91—93。

收后，改为专制炸弹的兵工厂。原先炼钢厂炼的钢吨数不大，约一吨到两吨，用电炼钢。成为兵工厂后，就以模子做沙模，然后浇铸做炸弹的外壳。之后扩充，将运来的片状黄色炸药溶解，于是一边做炸弹外壳，一边做黄色炸药。溶解的炸药就灌到炸弹壳里，只待装上引信便完工。然后厂方再将这未装引信的炸弹，运到前线。做这两个工作，我们想到这个炸弹可以炸到日本鬼子，都觉得自己对抗战有实际的贡献。但后来待久了，觉得没办法再进步。厂长也认为，我们在兵工厂里当见习生、见习员，若想进步，必须到重庆的兵工学校（中正理工学院前身，到台湾后，先在台大附近，后搬到桃园）学习，我们又转到重庆。

当时父亲已经把祖母自家乡接到武汉，但父亲太忙，一个人没办法照顾祖母，遂请人把祖母送到重庆，要我奉养。我乃将祖母送到北碚附近的北温泉。那时我就想，如果我能分发到北温泉附近的话，会比较方便。正好教育部对所有沦陷区的学生进行分发，我乃去申请。起初我申请分发到有关航海的学校，但教育部答复尚未设立航海学校，重庆原预定成立一所商船学校，但还未开办，若开办后，再分发。我因原来已在税务专校海事分校念了一年，现在耽误了一年，如果入学的话，要求念三年级。教育部的承办人答称：如果我要念三年级，要等三年以后。我没办法等，最后进了北碚的复旦大学。

转入复旦大学

进复旦后，原来我也想念最有兴趣的工程科系，但复旦大学没有工程方面的科系，只有土木系，我只好进土木系。由于我自认已有一年基础，教育部也未考核个人能力，就按照我填的志愿，分发到土木系三年级。但上课之后，发现自己没办法接受三年级的课程，因为在税务专校一年级，我虽然念过球三角和几何，但没学过微积分，因而没有基础。而土木工程系三年级不但有微分方程，而且有预力混凝土学，后者的计算需要以微积分来计算，我根本不懂，遂赶不上进度。嗣因过去所学航海诸学识与地理相近，乃转入史地系。

那时沙学浚先生刚从德国回来参加抗战，正好进复旦大学服务。沙学浚先生是江苏泰县人，初在东南大学（中央大学前身）学史地教育，后留德国专攻史地教育，偏重国防地理。此乃因希特勒时期，计划将来若发生第二次世界大战，德国必须两面作战，一面对付俄国，一面对付法国，因而不得不注重地缘形势，故而有霍斯赫福（Karl Haushofer，1860—1946）的思想。据沙老师在复旦大学上课时所述，谓霍斯赫福在课堂上，当讲述到某些重要的国防形势时，外国学生便被摒除在外。但是愈不准听的课，学生愈爱听。因此沙老师在德国所学的国防地理教育，回国后，对抗战有很大帮助。

由于父亲是军人，我在北平育英小学的时候，就看过《海军杂志》，后来又学习航海。父亲在南京时，先在要塞炮兵学校（当时校长是史玖光先生），之后又到炮兵学校；而后要塞炮兵学校归并到炮兵学校，并出版月刊，所以我在此时期也阅读了不少这些讯息，因此对军事也有兴趣。转入复旦大学史地系后，因为受当时思潮以及沙老师地理学识的影响，我对史地颇有兴

復旦大學學籍證

姓名	段佑泰
學號	10199
系別	史地
入校年月	民二七年
訓育組蓋印	

就读复旦大学时之学籍证。

趣。课内课程固然因宗仰沙老师而学了不少，但是复旦大学的课外活动也多，当时也是左派、右派学说混杂的时代，有些是纯正的三民主义思想，属于国民党派，然而左派的人也不少。有个“抗战文艺习作会”，起初我不晓得此会的真正内容，以为是喜欢看小说、学文艺的学生活动，认为很有意义，乃参加。加入后，发现里面分两种思想，一种是像我这种的唯美思想者，接近朱光潜的美学思想；但另一种则认为文艺必须要有作用，要以文艺来达到某个目的，做宣传之用，如胡风、方璞德等。所以后来我在这个习作会里面，变成他们群起围攻的对象。

当时复旦约有数百人，后来增至数千人。民国二十九年五月二十七日，日本飞机来轰炸，教务长孙寒冰（1903—1940）被炸身亡，他是《复旦文摘》杂志的创办人，此时罹难，对抗战时的教育界，是一个直接的损失。行为心理学大师郭任远先生（1898—1970）回国后，我亦有幸得以亲炙郭师。他如校长吴南轩先生（1893—1980，1936 年兼任复旦大学校长，1942 年辞校长职，专攻教育心理学），都是比较接近受教育的师长。还有留法、德、义等国的梁宗岱先生（1903—1983，1939 年任重庆复旦大学外文系教授兼主任，1944 年辞复旦教职），他是比较唯美的学者，接近法国凡乐希（Paul Valéry，1871—1945）学派，教我们英文。据闻他来到后方时，特别找人挑了几个箩筐的古典乐曲唱片，带到他乡下的住处，成为当年后方价值最高的唱片。他的首任妻子陈英（笔名沉樱）是位作家，第二任妻子甘少肃则是广西戏曲的演员。[①] 他与李金发（1900—1976）一样，是属于较为特立独行的艺术家。此外还有陈昺德体育老师。

后来我又加入复旦剧社，此社团在上海时期即已存在，里面左派人士亦多。我们曾演出一出《古城的怒吼》剧目，除了剧社同学李显京、李显华，还邀请重庆话剧界的演员赵丹、白杨和朱今民（电影摄影家，后去新疆）等。我在剧中饰演过北京警察局长潘毓桂，也演过日本兵。

---

① 见赵志邦:《备受折磨诗人梁宗岱的一生》,《传记文学》，卷 48 期 1（1986 年 1 月），页 43—48。

美机空军志愿大队译员班

其他课外活动还有英文演讲比赛。也许就因此故，1941 年我国向美国租借飞机，成立美国空军志愿大队，为配合志愿大队作战，于是吴南轩校长在我四年级时，问我是否愿意到昆明参加空军志愿队（AVG）的工作。我本来计划写一篇关于北碚地理的毕业论文，但学校当局说不需要论文即可毕业，我就拿了临时毕业证书，由吴校长介绍，到军部搭车到昆明。

到昆明后，立即进入昆华学校，此处有个由教育部办的美机志愿大队中国人员训练班，隶属于黄仁霖的战地服务团，我是译员训练班第一期。成员大部分是西南联大的同学，看见我们这些自重庆、成都来的同学，都很欢迎我们。训练班实际上只有四个礼拜，由陈维屏先生（1880—?，原任澳洲总领事，来台后曾为蒋中正“总统”的牧师）负责主持。空军的课程由林文奎上校（清华毕业，航校二期）主持。到班第二天，在昆明的同学即邀我们逛昆明湖（滇池），我一到昆明湖，就跳下去游水，但翌日就生病了，乃进医院住了两个礼拜。

同班同学有杨正齐，从华西坝去的，歌唱得非常好；陶岳则长于说话；吴天纲曾介绍我看 *Flying* 和 *Aircraft and Ships* 杂志，使我了解各种飞机，我对飞机的兴趣，也在此时被引发出来。当时的飞机从 P-20 到 P-30、P-35、P-36，P-40 则是最好的飞机。受训时间虽短，但对于英文会话、空军术语和西洋礼节都学了不少。

四个礼拜很快就过去了，随即分发。分发的第一人不是因为他的成绩最好，而是因为他在中央广播电台工作过，对收发电报有认识，乃先派他到昆明东边设立情报台。我则是第二个被派任者，因为我在沪大附属中学喜欢弄些无线电，他们知道我的资历后，遂派我与一位美国人 Swinney 为一组，两人开一部 Studebaker 站车（当时叫 Station Wagon），拖一部欧尼尔发电机（Onion），一部 200—400W 收发报机，从昆明长途旅行，行经楚雄、云南驿、下关、永平到保山。在保山就借住在空军站里。我们两人自成一个单位，由我向外联系，负责卫生、勤务、补给、食物、汽油与住宿等问题。并在此设立电台，安装发电机与发报机，向上级报告飞机通过的动态。当时类此的电台逐渐在昆明附近陆续成立。过去只在看见飞机时才可以放警报，但现在只要在半个钟头之前收到报告，即可发放警报，如此陈纳德（Claire L. Chennault）将军也才有时间准备接敌，这也是云南情报网的开始。

除了做情报工作，如果有飞机失事，我们还要翻译，想法子搜救，只要情报站有人，我都随着航空委员会的救援小组，到深山里寻觅生还者。有一次有三架飞机从仰光起飞，经过国界时还很好，但到楚雄附近，三架飞机全部失踪。我们首先要找寻失事地点，找到后还要善后。在乡下有时走三天还看不到半点人烟，路途困难，当地人多半是夷人，语言不通；有些地方的乡长们还要吃鸦片烟，我们要与他们谈话，还得一起坐在鸦片床上，与其对吸几口烟才谈话。有时候他们很看重我们，虽然我们仅是航空委员会的小中尉，但他们却视我们为委员，使我们受宠若惊。同时我们还要设法把人员（包括美国人）的资料等种种情形往上报。

我们的工作在一九四一年珍珠港事变之后即加强。此时空军也开始派笕桥十二期的飞行人员去美国。我在昆明就与空军的学生、西南联大的学生常联系，记忆所及，有昆华学校的杨正齐、杨基旦；复旦校友翟国瑾、刘厚醇；育英校友刘崇曦、严孝章、洪朝生、唐统一。年轻人在一起，相处得很融洽。由于我个人在昆明停留的时候很少，只有从外地回来的偶然机会才可能参加。

英印政府翻译官

一九四二年七月四日，美国空军志愿队结束，此志愿队原本是由中国政府向美国购买一百架飞机，然后由中国政府雇用美国人员。现在因为两国都已参加战争，于是美国组织十四航空队，陈纳德就成为十四航空队的司令官。我们原先是空军志愿大队中国人员组，属于中国空军，而空军属于五路司令部，司令是王叔铭，此时我感觉自己可以到更广阔的空间里活动。后来我考取英国领事馆招考在印度的翻译官，担任英印政府翻译官。是年冬天，我在昆明坐飞机到加尔各答，在印度政府工作。主要任务是负责中国驻印军的补给、运输种种问题。当时驻加尔各答总领事是保君健，实习领事是刘宗瀚（后来升任驻秘鲁“大使”）。海员会的代表是张彼得，军政部也派情报方面人员协助他们工作。

由于国军在蓝姆加，所以我们也有机会到布达加雅佛祖成佛之地参观。当时陆军已经从三十八师中逐渐扩编成第一军和第六军，我们在印度政府所做的工作，除了补给以外，我发现印度还有所谓的 China Information Office。英国想要了解中国，甚至检查所有由中国通过印度的信件、资料，我们固然希望他们了解我们战时的军事情况，但他们有时也想知道中国共产党的情形和中国一般的内政，我个人的民族主义思想就起了作用，认为这是中国内政，他们偷窥中国内务，似乎有些不妥。

到开始反攻缅甸时，英国政府有一个在战后安置所有服务人员的计划，当时服务人员中有李嘉（后为中央社驻日特派员）、张国兴（西南联大，后来在香港开设亚洲出版社）、张妻罗宏孝，以及一位王姓的北大同学。我们的民族思想，使我们不愿在战后仍在英国政府之下做事。同事中有英印混血儿，有英港混血儿，还有一些是在香港和新加坡沦陷时逃出来的中国人，他们都愿意在战后各回原籍英政府之下服务。我们则毫无兴趣，同时想，既然英政府有战后安置回乡的计划，中国怎么会没有呢，而且我们也有蒋委员长《中国之命运》的思想。此时长沙已告陷落，日军从长沙向前打到贵阳，中国情势仍然危急。当时父亲在万县主持干城训练班，亦即要塞训练班，时电雷学校取消，归并到干城训练班，我就想回国探亲，乃辞去英政府的工作。

考入航校二十三期

回到万县，原在青岛的青岛海军学校已经解散，王恩华、赵志麟几位先生，都转到干城训练班当教官，我遂有机会接触他们。有时在西山公园里谈天，对海军的掌故，慢慢有些了解。而赵志麟曾任沈鸿烈先生的旗舰副官，知道很多沈鸿烈的事情。回国不久，觉得自己应该要对抗战有些贡献。当时梁山是个相当重要的空军基地，P-40 型飞机全部以此为基地，我去看了几位朋友，也想继续学飞行，正好蒋委员长号召知识青年从军，遂在民国三十三年又重新考入空军官校。当时考试录取标准比较低，对年龄限制也马虎一点，是年我二十三岁，正是体格高峰的时候，很容易就考取了。当时万县考取三人，我们一起到重庆，搭机赴昆明巫家坝进第二十三期入伍，训练三个月。

笕桥第二十三期有一部分是士校七期并来的，他们是士校的最后一期，由成都入伍，并到官校，称二十三期特班，士校就取消。我们是二十三期正班，两期一起在昆明入伍，到印度拉合尔（Lahore）作基础飞行。我们在此作初级飞行时，原先我在印度的女朋友与自加尔各答到拉合尔的空军教官同行，不料最后形成一种三角关系，我心情郁闷，不太能飞行，终至住院。出院后，幸好二十三期教官霍树文力持我有飞行能力，乃降班到二十四期，两期相差三个月。二十四期同学有后来韩国驻华大使金信，及其他许多同学。

二十四期系按照高矮排列分批，第一批五十人，在印度入伍飞行训练结束，就由一位中国教官带领赴美学习飞行，然而第一批于三十四年九月毕业，此时战争已经结束。不过我们与美国的条约仍属有效，故我们第二批五十人仍到印度，等待赴美进行飞行训练。但第三批就没有机会赴美，从印度由教官带领，飞回笕桥，在笕桥毕业。

我们赴美时，由加尔各答坐船，经苏彝士运河、地中海、大西洋到纽约上岸，径往德州学习飞行。

当时赴美接受飞行训练的有好几批，其中一批是B-24，这是成组的，配备好正、副驾驶员及领航枪手，原组人员赴美后，分别到各个学校学领

一九四五年摄于印度拉合尔。

航、驾驶、射击、投弹等知识，然后集合起来接 B-24 机回国。另外还有专门训练做枪炮、机械、仪表等。专门训练飞行人员是从一九四一年底，分派原航校十二期的学员，经澳洲赴美国，美国称之为中国分队（China Detachment）。一直到我们二十四期，就是第十九批，也是最末一批。如果我在中间那几批的话，多半就作战阵亡了。据我所知，第一批有个人很怪，此人后来跑回大陆，中共派他去打韩战，结果在韩战中阵亡。第十六批有冷培澍，其他还有夏功权等较有名。二十三期最有名的是雷虎小组，二十四期之后就没有赴美受飞行学生训练了。

在德州圣安东尼（San Antonio）的初级训练用 PT-19 机，到中级驾驶

韩国籍同学金信。

一九四六年在美受训时留影。

AT-6 安佛高级教练机，到高级训练时，改为 P-51。我们那批受此训练的仅有少数几人，他们飞完 P-51 之后，又受仪器飞行训练，然后才飞双发动机。训练结束即分发部队。我是学地理的，本欲驾驶照相的侦察机，对国家的贡献比较大，同时我已二十六岁，再飞年轻小伙子飞的野马机与敌缠斗，等于是在陆地与人飙车一样，并不特别有兴趣。幸好那时战争已经结束，而保泰哥任职于中国民航（CNAC，China National Aviation Cooperation），在胜利是年冬天，于成都飞往昆明时，于雪夜中，在西康贡嘎山撞山失事，故母亲不愿我再继续飞行。那时空军不需要人，美国各训练机场也都关闭，很容易就可以离开。所以民国三十六年我就坐船回国，到上海后就离开了空军，返回南京。

我在抗战初期，虽然生活很困苦，但只要有地方去，可以贡献一己之力者，都愿意去尝试，置死生于度外。但战争结束后，母亲不愿我再漂泊，自己也想安定下来，故翌年我到青岛后，就结婚了，计划在三十岁之后，过着安定的生活。

投效海军

我在美国受训时，对美国空军发展情形，以及空权与海权的变化，都在信中与沙学浚老师讨论过。迨我返沪，沙学浚老师在南京中央大学担任训导长，左派反饥饿的人都称他为“沙皇”。此时民航局成立，来函邀我参加，我因父母均在青岛，不愿独自留在南京。适访沙老师，沙师述及当年在重庆中央训练团曾教授国防地理一课，新成立的海军官校教育长魏济民当时即在中央训练团受训，日前写信给他，希望沙师能代为媒介一人，讲授国防地理课程。沙老师乃写一便条，让我到青岛时相机进行。

在南京我暂住玄武湖附近赖光大家中，其弟赖家庆与我为同学。我至空军总部办理退役后，即回徐州小住。

我自徐州骑脚踏车回到五十华里外的原籍萧县后街，发现家中七八进的大宅已是梁柱断裂，田园寥落于干戈之后，不忍卒睹。在徐州机场探访几位飞行同学，又到徐州刘峙总部看张伯平（秉钧）伯父，旋乘 CNAC 飞机飞青岛。下机后看见父母亲带着弟、妹，全家乘坐黑色雪佛兰车来接，非常感动。抗战结束，全家尚能团聚一堂，惟缺大哥保泰一人，不禁怆然。

时家父担任青岛要塞司令，丁治磐为绥靖区司令，杨伯父宗鼎为其参谋长，认为我在空军有年，又将入海军任教，都欢迎我作为他们与友军以及年轻军官干部们联络、沟通的管道。

初入青岛海军官校

民国三十六年八月间，我约海军学校办公厅主任宋长志（宋夫人的令尊，以往在重庆中央训练团时，与家父为总务处正、副处长），同去见海校教育长魏济民上校。当我取出沙学浚教授所写的介绍便函时，宋先生向魏教育长笑着说：“这位学者的便条，可比我们公文的印章少多了。”幸而魏教育长颇重视这封介绍函，即请常香圻教务处长与我接谈，并约定报到日期。

青岛海校分三个部分，校本部、军官训练队及学生总队，前二者在青岛前海沿太平路与莱阳路头，原为青岛女中校址。而原来称小青岛者，在日据时代即筑堤与岸上营房连接，此时房屋多遭破坏，新建若干铁皮活动房屋做宿舍、兵营及课室。学生总队则全驻东镇若鹤兵营营区。当时同驻在青岛海校者，另有接舰训练班，班主任先为林祥光，后为高举。该班直属海军总部，后为配合接收美国第七舰队两栖登陆舰艇（中、美、联、合字舰艇），其后接太字号、永字号等舰，亦在该班集中人员训练，待整备完竣，再赴美接舰。

九月一日，海军军官学校日令发布：任命我为军荐一阶史理教官。署名的长官为校长蒋中正，代校长陈诚，教育长桂永清，代教育长魏济民；当时的官长是办公厅主任宋长志，政治部主任陶涤亚，主任秘书刘义锐，总务处处长邝民光，学生总队教务处主任常香圻，学生总队长郭发鳌，学生第一中队长谭祖德，第二中队长郭李殷，第三中队长孙镜蓉。至该年年底，蒋先生不再兼任各校校长，代教育长魏济民升任校长，并升为代将。

到海校报到后，先向郇郁文先生办理手续，具领制服，然后与常香圻教务长商讨授课事宜，经派任教授学生总队三十八年班、三十九年班地理课。当时海校初创，正期班学生原航海十二期甫由暑期舰训归校报到，受

民国三十六年青岛海军军官学校鸟瞰，当时小青岛（图左上）已有防波堤与本校连接。

伏波沉舰影响，学生人数减少，是为三十八年高年级，不足五十人。抗战胜利后，第一次招生，先入上海海校，后亦自上海高昌庙迁来，人数近二百人，是为三十九年班。

上课时，三十九年班分为二至四个教授班，因为人数不多，上课、住宿均在一栋石筑大楼中，为德国陆军占领青岛时所建筑，日据时代改称若鹤兵营，胜利之初，民间仍以若鹤兵营相称。教务处与教官休息室在旁边一栋较低一阶的小屋中，中间有宽广的石板庭院。对面原为马厩、车库，经改建为理、化、轮机实验所，所长为张雅藩少校，教务处职员有孙志新、唐绍光，主管教育计划、排课事宜；补给、粮饷则由陈正负责。船艺主任教官则是郭国锥。原来的海军军官对新来的教师，都非常欢迎。

授课点滴

（一）海校教学概况

海校授课教材，在当时有很大的改变。因二次大战后，美国海校某一年班于毕业时，将该班全部在校课本捐赠中国海校，以表亲善，所以当时青岛海军官校学生，全部改采美国安那波利斯（Annapolis）海军官校的课程，因而数学、自然科学、物理、力学、声光、化学、电学皆用美国课本。但是中国地理与世界地理的书，美国海校所编者不符我国所需。美海校之世界地理一书，偏重美国联邦与美洲，重欧轻亚，且偏重经济、资源，并不适合我国国情。史地教育原为养成军官爱国爱乡最基本的原动力，尽管美国所编者不合我用，我们仍应有自己的课程水准、教材及计划，使我们未来的海军军官能知己知彼，应付战争，于折冲樽俎之间，达成和平使命。故我乃单独编辑中国地理与世界地理讲授。

中国地理课程，每班每星期两个小时（后改为一个小时），以“认识中国山川、人物为宗旨”；世界地理课程则每班每星期两个小时，以“了解环球大势，养成世界眼光”为教课宗旨。而后政治部有令，增加国防地理课程，此固我所愿，但却因此而取消中国地理课程。之后且以国防地理替代世界地理，使海官校学生们缺少基本的中外史地知识，实为不智之举。我曾为此力争，然人微言轻，何况在兵荒马乱之际，能使弦歌不辍，已属万幸，若要动用人力、物力大加改革，当事者亦顾不到了。

当时三十八年班原已在桐梓上课多年，又奉陈绍宽命，迁重庆山洞上课。胜利后，沿江而下，暑期中分派上海登军舰实习，“伏波”舰不幸生变，学生多名牺牲。此期学生学问及海军常识丰富，中英文表达能力均佳，求学精神甚好。不过抗战期中正是其体格发育时期，因国家薪饷不继，学生营养不良，虽则体育运动使其保持强身，但多数不甚高大。

三十九年班为抗战后全国考选的第一班，经海军总部数次初试、复试，素质整齐，人才济济。无论体育运动、课外活动，多高班领导低班。当年曾办一展览会，我将自己在美所搜集之各州风景明信片，共四十八州，借予三十八年班同学展出，以增加同学们对美国的地理常识。

正规学生班教育计划既如美国海军官校标准，基础大学课程则多请山东大学教授兼课。其中英文科许姓女教授毕业自哥伦比亚大学，为党国大老许世英先生之妹；其余教授则以数学、电机者为多。有位丁山老先生，姓名笔划最少，常在教官休憩室内高谈阔论，某次竟说：“此地不留人，自有留人处；出了西直门，便是第八路。”使教育处职员尴尬而毫无办法。但大部分兼任教授学识甚佳，并能专心教学。

教官上课有定时，住处则分散各处，每天早上由司机老余驾驶福特汽车分别接送。那时我住莱阳路，故多半都是第一个上车，然后随车奔走各处，约经一个小时，才到若鹤兵营。教育处内人来人往，偶不乏硕彦鸿儒之士，所谓友直、友谅、友多闻，在此授课，使我认识不少学者朋友。

民国三十七年十月十七日，蒋公中正首次到校，后即以该日为海官校校庆。

（二）课程安排

我原教国防地理课程，但海校的海权史（history of sea power）一科，本应由山东大学教授郭宣霖先生任教，他因故未到，而此课又无人愿意担任，故常香圻处长乃商请我担任此课。虽然我并未教过此课，但认为既然在海军教书，就应担任海军重要课程，可以教学相长，对自己与海军都有好处。乃根据美国海军官校的课本授课。这是我最喜欢的安排，因为没有人愿意教这个课程，所以我就免去了人事的苦恼，自海校迁厦门后，一直由我单独担任。

海权史排在三年级上、下学期，每周各两个小时。我本希望上、下学期各三十四小时的课程，应当算四个学分，可是只算两个学分。此外，学生远航前，可另外加授远航地区海权地理的认识八到十四个小时。不过事与愿违，多半三年级两学期的课，只有一个学期一学分每周两个小时。

自三十九年班到七十四年班的海权史，均由我担任。每年班分四到六组，每周上课最多十二个小时，正好是每个教授应教八小时，兼课四小时的规定。不过只排一个学期，另一个学期多半授国防地理或其他课程。我通常将课排在上午，中间隔短暂的休息时间，上午正好可教两个教授班。这种安排，使我讲课到中午时，已是汗透重衫。每周讲一个战役，从希腊、罗马到荷兰诸海战，以及英国纳尔逊（Horatio Nelson，1758—1805）与法国拿破仑（Bonaparte Napolean，1769—1821）的战争，造成英国海权的兴起，到美国内战、甲午战争、日俄战争、第一次世界大战、第二次世界大战，课程内容很多。我的工作就是如何剪裁史料，以符学生需求。最初讲海军作战战役与战术，不久开始感到其中海权思想的精华，乃将海权思想精华融合其中。

准备这个课程并不费力，在内容上没有压力，时间安排也很容易。一般大学教授，每周授课八小时，每讲一小时的课就必须准备五小时，故一周工作四十个小时。而我每一课讲述三次，甚至于四次，每讲一次修正一点，通常都会渐入佳境，使每个主题刚好在两个小时内讲完；但偶尔也会出状况，到第四次时反而会愈讲愈详尽又讲不完了。

课程安排，若以十七周计算，首先讲绪论——谈马汉（Alfred Thayer Mahan，1840—1914）的思想，以及后来产生的地缘学说。马汉的思想是以陆军的战术应用在海军上，加以对照、比较而产生的。这个部分约占全部课程的一半，然后再提到航海技术演进各时期的发展。例如用桨的时期，这个部分很短，大概只谈到希腊、罗马时期。接着就进入十八、十九世纪，西班牙、荷兰海权时代的来临，以及此期中的许多战役。讲述战役，视该战役的复杂性而定，有时需时两个小时，有时则要四个小时。第一次世界大战通常选择遮德兰战役，第二次大战则有许多海战可以选择。与中国有关者，则是日俄战争、甲午战争，以及甲申战争。不过在每个战役中，虽然可讨论者甚多，然碍于时间，往往挂一漏万。

海权史的课程，主要是学生有兴趣，想朝这方面深入研究。每学年总有一两位同学，对我开出的书单很感兴趣，并到图书馆找出此书研读。但是大部分的同学都对英文或数学、物理等方面有兴趣，在人文社会科学方面，真正把海军发展视作百年大计的人并不多。不过我总是尽我所能，将课程叙述得更吸引人。

海军史占中国史的分量上并不多，空军也一样，但人才分布在各个层面，影响力大一点，不过也就是这几年间的事。海军退到台湾来，把故宫的文物和黄金带过来，可以在小岛上维持一个局面。目前治海军史，我们已经有一个小小的基础，完成各年班的姓名录，陆、空军都还没有做到这一点。基础打好后，要研究就容易一点。

考试以四十到四十五分钟考一课，若考两学分课，则以一百分钟到一百二十分钟。出的考题，百分之四十到六十为测验题，其中第一部分为是非题和选择题，约占全部成绩的百分之三十。大部分题目很容易，分散在各课当中，如果上课都来听了，就能答得出来；有一题是较难的，如果很仔细听课，也可以知道答案；还有一题是很难的，我只在课堂上讲，如果没来上课，就无法答出。学生若只凭抄写之笔记，只可答出七八成。第

与家人合影于左营海军军官学校大门前。

二部分是解释名词。例如“纳尔逊”，有人用很多字说明，知道得很详细；有人却仅寥寥数语，不甚明了；甚至有答非所问者。这一道题很有弹性。以上两个部分占全部评分的一半。最后一大题是问答题，如果考试时间为一百分钟，就有两题；若仅五十分钟，就只有一题。这一题往往是根据马汉所提出的“对照与比较”方式，要他们讨论某一事实。例如：试述一九四二年中途岛海战，美日双方海军兵力、实力的对照，做一比较，检讨其得失，并述其教训。这类题目很大，但可以看出学生对这方面的了解、认识和宏观。

（三）海权新视野

教海权史后，觉得海军的视野比较大。海军若能向外扩展，就形成海权。英国的海军与海权是连在一起的，例如商船的大副证书，是由贸易部发给，贸易部又和海军部连在一起，所有部门都与海权发生关系。我国海军则一直受限制，力量就小了。到台湾后，我愿意住左营也是因为这个缘故。因为我认为，我国拥有一千一百万平方公里的版图，中华民族全部统一，要向外发展，还是要向东南。虽然我也同意于右任先生于身故后要葬于玉山顶上，长年西望家乡故土，但要展望未来，仍以东向为佳。所以现在我住的房子也是向东遥望海上的。

沙学浚先生曾就海权发表他的看法，他说：过去我国在东南亚有个棉兰共和国，但我们向此区发展，系着重于移民，并未将权力和军事力量与之结合，这种结构不能配合，只有移民无法发挥作用力。荷兰、西班牙、葡萄牙和英、美等国发展海权，都先培养本国力量，力量大了再从事商业，然后殖民，逐渐扩大国势。

一次大战和二次大战相距二十年，当时我们推测，再过二十年，可能会发生第三次世界大战，没想到三次大战不再是武力的对决，而是经济战争。经济战争范围更广，影响更远。最近我看了《石油世纪》一书，指出过去是新石器时代、旧石器时代，然后是铜器、铁器时代、煤的时代，到了二十世纪，是一个石油世纪。二十一世纪该向哪儿走，还在观察。目前通讯日益进步，而且海权和空权不容易分割，马汉将陆权战术运用在海上，海权就是陆上作战的对照比较。二次大战时才有空权，空权的许多原则，仍是根据海权和陆权。总而言之，研究彼此之间的不同，先从其相异性入手，但有些是共同原则。目前陆海空不仅是三军的陆海空，同时也加入了政治和经济因素。这些因素联合起来成一个新的结构。

以往德国运用占领方式，先据有其地，然后再加以改造。现在要从各方面进行，渗透有时比中央突破还重要。所以现在的战争是一个混合型态，要如何让这个结构完整，军事和经济各占多大比例，必须拿捏得好，才能战胜。

尽管海权史对扩大学生视野很重要，然而海权史在四个学年中，只上一个学期，一个学期每周仅上两个小时。顾此失彼，根本不容易达成教育的效果。一般学生多短视近利，只求升官，每个年班仅少数人思想智慧很高，不过这稀有的一两人中，大半又往数学、物理、电学方面发展。即使能有宏观的海权思想，但他不一定能成为将官，此种思想也不能发挥作用。

过去中国的士大夫阶级，一般人多认为不事生产，高高在上。但钱穆先生认为，这些人系经过重重的考试阶段而被提拔的优秀人才，有点类似现今美国企业中的管理人才，他们不一定会做每个技术，但他一定要能了解整个流程，训练出来以后成为专门的管理中坚。海军官校也是一样，若只是把海军官校当做一所训练学校，仅培养学生做舰长，只会打小规模的战役，这也可以。不过美国、法国、日本等国的海军官校，都以宏观为出发点，来教育学生。我尝自喻教师只是做扳螺丝的工作，需要怎么样的螺丝，由更高层的人来决定，我们教官只负责扳螺丝。

（四）他校兼职与“双专”问题

海军像个大家庭，我们教书也不限于官校，他校得知我可胜任海权史一课，往往来聘任，自己亦感到有教无类。我曾在海军参谋学校兼课，该校初办参谋大学时，第一期的国防地理即由本人担任。后来教育长萨师洪本人欲受训，他的课亦商请由我担任。那时“白团”的日本教官在参大教课，我自他们那里了解到二次大战珍珠港战役、中途岛战役的日本情形，从日本的立场再看美国的接敌反应，可以得到比较正确的结论。

美国最早出的 *Battle Report*，许多内容不甚可靠，后来找到哈佛大学摩理森（Samuel E. Morison, 1887—1976）教授写的战史。摩理森原写《哥伦布传》（*Admiral of the Ocean Sea: A Life of Christopher Columbus*），二次大战时被征入美海军，担任中校史政官，跟随舰队搜集海战资料。战后升为备役少将，回到哈佛后，专研美国海军在二次大战期间海战，曾撰写十四册 *U.S. Naval Operations in Second World War*。每出版一册，我都想法子买到，将最新的知识混入课程里面。

我最早采用马汉的资料，然后用 Stevens W. Oliver 的 *A History of Sea Power*，最后美国海军改采 Elmer B. Potter（1878—1955）的 *Sea Power:*

A Naval History，我们也跟着改用此书为教材。此书虽由海军名将尼米兹（Chester W. Nimitz，1885—1966）参与编辑，但是内容太多，而我一学期每周只有两个小时的课，如果学生英文不好，里面所用的名词，与学生上力学、数学课的科技名词不同，所以没有学生深读这本书，同时也不是每班都有这本书，只有靠我的讲授。起初我将 *A History of Sea Power* 翻译成中文讲义，现在仍旧沿用。后来有 *Sea Power: A Naval History*，我们就用这个原文课本。在四十年中，我们也可看出美国的变化。

我研究美国海军官校的课程，他们一年级讲美国宪法，读美国文学作品；二年级读世界文明史、修辞学；三年级有了史学基础，才修海军史，与中学课程并不重复，而且比较深入。除此外，每学期在大礼堂亦约有五至六次邀请名人或担任文史课程的教授做专题演讲，使学生接触文史的机会多一点。而我们只有一门课程两个小时的海权史，划属于政治部课程，然而却与政治部所有课程互相分开。本课原本即应属文史课程，故与政治课程诸多牵扯，因此现在划归海军科学部作战系。

当时的海军士校，也有同学来找我授课。时士校校长是宋长志，教育长是白树绵，学兵总队长是孙文全。后来我兼海军史迹馆馆长，曾搜集许多寓言，发现学生对他们三人的批评颇有意思。曾经有人问："你们校长怎么样？"学生答："校长很会讲话。"又问："你们教育长怎么样？"答曰："白教育长学问好。"再问："你们总队长怎么样？"答道："总队长孙文全人很好。"这可以说是海军的佳话。当然流言中也有许多是骂海军的，这就不谈了。那时学兵队长是三十九年班的夏甸，正好带一批流氓、打架、胡作非为的学兵，宋校长要他严厉管教这批学兵，夏甸找我担任中外史地课程，我也去了，学生对我并没有任何不规矩的行为，表示学校的管理很好。

我也在海军机校授课，海军官校毕业学生也有到机校受训专科研究者，比如仲泽胜，后来进中山科学院。在机校我与教授张霁秋、蔡英藩、朱邦仪时相往来。教务处长朱邦仪对安排教务很有办法。当时我写的海权史讲义就交给机校印刷所印刷，所长是机校毕业的郜启光，后来我在加拿大遇见过。

当时海军总司令部办公厅主任是包遵彭，后为王恩华；迨黎玉玺先生任总司令时，办公厅主任改任章斗航，章妻姚庆芳是复旦校友，任职妇联会，他们都希望我到海军几个单位上课。海军的三民主义讲习班也找我上课，三民主义讲习班往往是三天的讲习或六天的莒光周。在供应司令部、舰艇、海滩大队，有时也指名要我主讲，我乃配合其时间、地点、对象，深入浅出地谈论，希望能博得大家的欢喜。然而有时言者谆谆，听者藐藐，讲了半天，只有一半的人有兴趣，或者更少。后来我发现教授只拿三十元的钟点费，但在晚会中表演的歌女却拿三百元，所以我对此种讲习渐渐没有兴趣。

陆军官校于一九五一年迁到凤山，我们有几个人也在陆官兼课。兼课前要经过一个正式的教官考试，考试通过后，由"国防部"发一纸命令，任命我们为陆军官校专任教授，这样就变成"双专"（两校专任）。当时许多教授为台南工学院专任教授，但在海军机校和海军官校授课，也都是专任职，于是曾发生两校互不相让的情形。例如台南工学院曾向官校发正式公文，谓某某先生为本校教授，是否在贵校专任？军事学校的回文是：查某某人为本校专任教授……于是"双专"便成为一个很严重的问题。不过学校教授原先每六年可以休假一年，但是"国防部"不准军事学校教授休假出国。当时海官校教育长陈赞汤很聪明，向"国防部"建议，将休假一年的薪水分别在六年中发放，所以每个教授年底有两个月奖金。因此之故，很多人来抢教授缺，也因而解决了"双专"的问题。每个学校教授教八小时，副教授九小时，讲师十小时，兼课可以兼四或六个小时。这样在本校有"双专"之实，而无"双专"之弊。

后来空军官校仿照海军官校改为四年制，时陈有为担任校长，空军官校教育处长万宝康也来海军官校教气象，我则在空官校教授国防地理。

此时有段时间有所谓的"代笔"现象。在国防研究院或实践学社受训的将领，知道某人会写文章，对军事方面有相当知识，如果碰到要缴交论文，就找此人代笔捉刀。有哪些人曾为他人代笔捉刀，我必须保密，但据我所知，刘广凯是最好的捉刀手。他本人受训，同房间或上下铺的同学，许多是陆军将领，陆军将领所知与他所知不同，而刘下笔又快，经常一个人为两三个人写论文，毫无问题。如此，他常常写作，使他在友军中人缘很好，日后三军联合时，有许多方便。另有一故事，则代笔所托非人。有位驻在外岛的政战部主任，找一位总务代笔，结果整篇论文，在所有该写“总统”的地方全写成“总务”，大受训斥，其主任一职也被换掉了。这也可见迁台之初的混乱情形。

董浩云来台，至海军史迹馆参观，又捐出台币十万元，请文化学院办理海洋研究所，张其昀先生也找我去上一个时期的课程。

我也曾替人做计划工作，但因题目不固定，而且往往时间紧迫，精神压力很大。同时我对为人作嫁，也没有太大兴趣，慢慢地军官考试素质提升，这项工作也逐渐减少，我也不再做了。

（五）海官校的学制问题

海军官校到台湾以后，有段时间曾讨论海官校的学制。有人主张完全仿造美国海军官校的四年大学制，航轮兼学；也有人主张仍照原先的航海、轮机分科学习，即学即用，两年、三年就够。因此在学制上有了四年的大学制，以及二年的专科制；在教育效果上有即学即用和为将来百年大计等不同主张。我比较接近大学四年制，曾在会议上发表意见，认为应培养具有广远眼光的海军军官，海军官校不应只是训练懂得器械技术的军官，所学也不能囿于战术和战略，必须要使其思想深入，故主张采用美国的四年大学制。

会后在某次宴会席上，我曾与宋长志校长提过这个问题，讨论海军官校的教育，究应由外打进或从内部自然发展？我们学教育的，都认为应让教学效果深入学生心中，再从内部往外扩展。但是军方教育有时却主张由外打进。譬如入伍出操，要求外在的整齐划一，行动一致，文情互生。由外打进，最后也能达到教育训练的目的。文职教官并不希望学生在一个命令下只能做一个动作。现在陆军的作战，也要求每个士兵能有独立作战的能力，尤其作为军官者，更要能够指挥，维持长程的战力。也就是说，海军军官学校每年毕业的学生，在三十年后是否都能升任为将官？他脑中所具有的思想，往往是在青少年时期所奠定。所以我认为基础教育很重要。但是当时很多人都主张即学即用。即学即用在兵荒马乱和作战之际，是非常实用的，不过以长远的眼光来看，仍应注重学生思想上的建设。

后来海官校决定采用航轮兼学的学制，之后陆军官校、空军官校亦先后改为四年制，这个问题也无异议地解决了。

（六）官校的教官

当时教育长是陈赞汤。一般而言，教育长的职务是承上启下的行政工作，不过因为他的智慧高，所以在行政决策上就如常香圻一样，办法很多，

一九五九年六月十五日海军总司令黎玉玺（右二）与海军官校受奖之段佑泰（右一）、王友诚两位教授合影。左一为官校校长宋长志。

可以解决各种难题。上述的教授不准出国，不能每六年休假一年，休假奖金分在六年发放即其一例。不过陈教官身体不大好，有一年全军运动会，海军官校某一年班比赛足球，由他主持发球，但不知怎么回事，有人一踢，将他的脚骨踢断了，身子更不好。他大概上五、六班的航海课。常香圻的课则很多，也教得很好。

王友诚是最早留英的留学生，曾任山西大学校长。我认识汪希苓，就是在汪拜访王友诚的时候。王一人独居，配的房子与我相邻，某日汪希苓来访王友诚，但王不在，我开门询问，汪留个名片给我，由我代达。这是我第一次见到汪氏。

孙伯謇在上海即从事劳工运动，以后和倪文亚差不多同时工作，在重庆时任职于劳动局，到海军官校服务不久，即在官校任教时过世。

曾任"教育部长"的阎振兴在当高雄港总工程师时，来官校教过水力学。曾任东南大学外文系系主任的张四海，原是徐志摩同时代的人，我也曾在官校的教员休息室中和他谈过话。

海军史迹馆

海军史迹馆的筹建，我亦参与其事。过去我即喜欢收集海军史籍，所授课目也以海军历史为主。黎玉玺先生在其口述历史中所提，仅是上层的庞大组织，[①] 实际上的工作，以海军官校为主。当时的海军官校校长宋长志实主其事，对外由官校学生总队总队长易鹗执行。易鹗为易实甫后人，易君左之次子，马尾海校毕业。因他是学生总队队长，与各年班同学很熟，而各年班同学分散在各个舰队的各个单位，他乃向他们分别征集。至于内部，则由海军官校的教员、学生搜集资料，获得不少文件、档案、实物。

① 详见张力访问、纪录：《黎玉玺先生访问纪录》（台北：中研院近代史研究所，1991 年 6 月），页 216—217。

一九六一年三月二十日，海军史迹馆正式成立。当时只有一间展览室，后来扩充为三间，最后整栋房屋都归海军史迹馆使用。

校长宋长志先生任我为馆长，主要是因黎玉玺先生的推荐。黎先生对我有印象，也属因缘际会。因为我在稍早的韩战期间，教课之余则种菜自娱。某次我在纬四路住处刨地种菜时，黎先生正好开吉普车经过。那时我经常阅读 *Life* 和 *Newsweek* 杂志，常将 *Newsweek* 上的新知识，即时翻译登在《海军杂志》和《中国海军》刊物上。黎先生大概因而知道我的名字，故而他突然把车子停下来，与我谈了一阵。可能因为这次谈话，使他建议宋先生找我担任海军史迹馆的馆长。

史迹馆开放后，必须有人手协助，然后是清洁保养等工作。本馆原来没有房舍，利用过去用美援建成的理化实验室改装，一共有十一间，一百一十公尺长，相当一个 LST 的面积，可是勤务兵只有一位，玻璃又那么多，里面外面擦完，什么事也没时间做了。

我对海军史迹馆的作法，认为首先需要搜集，其次是典藏与研究，最后才是展览与陈列。我的想法比较接近博物馆的开馆方式，但是许多海军长官却要求表现。搜集资料固然可供展览，但在学术研究方面却很少。

对于海军历史，我认为除古代的水师外，清代同光年间所办的水师学堂，即应算是现代海军的开始。后来“国防部”史政局局长许朗轩中将来视察，认为只要注重到黄埔建军之后，这也是政策上观点的不同。我要在对上、对下、对内、对外各方面都能使他们满意，着实不容易。学者们希望能从学术研究和典藏着手。但对于典藏的方法，甚至于玻璃柜、温度、湿度等问题，我们虽知一二，但碍于经费，也一筹莫展。比如海筹舰船钟，一柜江南制造局最早翻译的航海书籍，还有杜锡珪访英时带回英国在庚子之乱时掠夺去的东西，其中有几本书和字典，这些都是极其珍贵的资料，需妥慎地保存。

除了做好本馆工作，对外我们必须要参观友军，看陆、空军与陆战队办的成果，以资参考。同时因为史迹馆自成一个单位后，也必须负起指导协助海军其他单位的史政工作。

参观的访客，中外皆有。如尼加拉瓜、宏都拉斯等国友人到南部参观，到海军官校来，一定参观海军史迹馆。无形中增加许多工作，不过也获得不少赠品，例如泰国的龙舟或韩国的龟船，以及国旗等，都可作为陈列品。但有时也发生许多问题，譬如越南，与我国因南沙的主权问题而颇有争议，我海军曾登陆南沙，将越南在南沙岛上所竖的纪念铜板取下，带回台湾，摆在海军史迹馆内展出。当越南将领来台访问时，见此铜板必感不快，我乃用一个木盒将此铜板遮住，待其离去，才揭去遮蔽物，重新展出。

而为吸收高中毕业生投考官校，中学生来本馆参观的梯次也不少。我对澎湖马公高中来的学生，特别讲述一段海军历史，以说明海军的重要性。此即一九四三年的开罗会议，会议宣言由英国、美国看过后，送给蒋总统，蒋总统将此宣言交给随行武官商震、周至柔、杨宣诚等人（分别代表陆军、空军、海军）过目，并交代如果没有问题就不要更改。杨宣诚看后，发现宣言中仅述战后需归还台湾，未将澎湖列入，但临时不知澎湖译名，后靠查字典解决。因此使得抗战胜利后，澎湖得以重归中国版图，如果杨宣诚未加上此字，马公归属则未定。如果当年把尖阁群岛（钓鱼台群岛）加入，就不会有今日的纠纷。

兼任馆长一职虽久，却无薪可兼，因为全馆预算仅清洁文具费四万元。人事方面，除馆长外，另由教育处的科长兼任副馆长，在我任内，前后有张明吉和谢中豪负责人事、经费等事务工作。我则负责政策的工作。

魏济民案与海军白色恐怖

魏济民被抓后，许多年班的人也受牵连，事后口传，我也知道此事。谢中望住在左营附近，我与他还有联系，他回海军后还有退役金。另外一位被判刑者则没有退役金，生活潦倒。

我想主要原因还是因为永兴舰的叛变，虽然叛变被遏止，但舰长陆维源也殉职了。主谋叛变的是三十七年班的学生，因此总司令桂永清遂认为这班学生不可靠。而这班学生中有两位跟着魏济民做副官，牵连也就难免了。

海军的白色恐怖，当时我并不知道。后来因为海军官校有位教授，他原在士校教书，后来被抓起来送到凤山，事后有人将经过写出来，投到《七十年代》杂志。我所认识的这位梁公，名为梁灿章，燕京大学毕业，在河南当过中学校长，他在当地有点名气，有人说共产党来了要找他麻烦，正好当时海军在河南招生，住在他中学的校舍，所以后来他就举家跟着迁到上海，然后到士校，并在士校担任普通科主任教官。此时有一位教职是外面新招的人，到左营报到后，莫名其妙地被抓去。被抓后，有人问他是不是认识姓陈姓梁等人，他说都不认识，才刚到台湾。那人又问难道没有认识任何一位姓梁的人吗？他说只有主任教官姓梁。因此梁公就这样被抓了。当时士校校长宋长志曾向情治单位反应，如果要抓人必须通知他，但并没有通知。前二年我到美国悼祭梁公，梁夫人拿了一本小册子给我看，说当年就是因为这位外地来的生人，莫名其妙地咬了梁公出来，致使梁公也被关了几个月。

自我检讨

我这一生，很平凡也很平稳，没受到什么大灾大难，但也没有什么大成就。没有被俘，也没受很大的伤害。我喜欢读书，能以教书为职业，得教学相长之乐，可谓求仁而得仁，个人很感觉满意。

我觉得自己的智慧平庸，IQ 有多高，虽然在空军官校曾测过一次，但结果如何，到现在并不知道。我自认并不敏锐，反应也不快。在拉合尔空军训练班时，我的学科成绩是第一名，可是那时我是大学毕业，有人只是高中程度，故这个成绩，并不能看出所以然，况且学科并不能表示飞行能力。在美国海军官校毕业第一名的，并不就能指挥作战；能指挥作战，在

一九六八年与父亲筱晋公（中）、长子段英（左）祖孙三代于台北家中合影。

军中升迁最快的，往往是行动最敏捷的军官。

三十岁以后，我就觉得此生是“苟全性命于乱世，不求闻达于诸侯”，平平庸庸地过一辈子。我的个性，与母教也很有关系。母亲对我的教诲，是希望我不参加任何政治活动。因此我在复旦大学时，有很多左派社团，我虽加入其中，也有人想吸收我，但我始终若即若离，只管念书，不理会这一套。国民党也送给我党证，我收下后，也没交党费，就这样过去了。到海军官校，起初他们知道我有党证，故在青岛有人找我去开会。到台湾后，某次做党籍清理，确认在籍党员的状况。我想三十岁以后就不再参与任何活动，也就没去登记。事后政治部主任赵锦龙说我这种状况让他们很难带，若他们想找我入党，又怕一激就把我激跑了。所以我可能是海军官校唯一不是国民党员的教授。

我不长于与人应对，又因为浸淫在历史的范围中，觉得与古人在一起

一九八五年退休后，将私人所藏图书捐赠高雄市海洋专科学院，该校赠以“嘉惠学子”纪念牌表示谢意。

比较方便，我可以批评他们，但他们却不会反驳；我可以赞扬他们，他们也不会给我什么利益。

在语言上，我因幼时长于北平，作为教官，嗓音也还可以，在大讲堂上演讲，最后一排也可以听见。可是我智慧平平，勤于读书而懒于写作。曾赋诗一首，描写四十年来的心境：

书剑不成四十年，拔刀断水亦枉然；
玉山耸立九千尺，越野登峰望归田。
胸怀四海千山意，图开经纬八方功；
东沙西沙曾母暗，亲潮黑潮一渔翁。
诡道兵法较短长，政略战略费思量；
少年不识愁滋味，天子门生敬贤良。
书剑飘零几转蓬，太极图里唯气功；
那得密宗大手印，两岸峡中奋飞龙。

何炳锐先生访问纪录

访问／张　力·吴守成

纪录／张　力·会金兰

时间／一九九七年六月廿三日、九月四日

地点／高雄市左营区合群新村何宅

家世与童年教育

我是江苏人，民国十八年三月二十日生于北平协和医院，我家就在协和医院隔壁。家父名何燧，号石珊，是北平电报局兼电话局局长，既非军人，也非国民党员。当时驻北平的宋哲元二十九军没有电报设施，乃请家父兼二十九军的通讯处处长。宋哲元的母亲寿诞时，我曾去他们家里玩过。

北平的夏季燠热难当，我们全家就在七月七日离开北平到热河的张家口避暑。当天日本人进攻卢沟桥，我们就在张家口住下来。后来因战事蔓延，国军慢慢往后撤，我们也往绥远方向逃难，然到托克托就过不了黄河，因为当时马占山的部队也要过河，已征用所有民船。父亲因兼军职的关系，就以军友身份渡河过去，其他家人则无法前进。母亲（名陈淑兰）带着我们几个孩子留在黄河口，但日本人打来就走不成了，所以只好回北平。

我们在廿六年的冬季回到北平，原先在协和医院隔壁的房子已被日本人占据，我们没地方住。母亲就带着我们到天津英租界，投靠舅舅。

我在北平最早是念我们家隔壁的惠我小学，后来转入树德小学，之后考入汇文小学三年级，但未就学。到天津后乃插班进入广东小学继续学业。不久天津也被日本人占领，我就在舅舅家附近的新亚小学受敌伪教育。日本人规定每个礼拜要上六个小时的日文课，但我们痛恨日本人，大家都作弊，就是不好好学。后来想那时如果好好学，学个几年也管点用，因为多会一种语言就多一种工具，这种差别很大。比如我在家里只讲国语，母亲是广东人，父亲则讲上海话，但我都不学，这又吃亏了，到美国后，如果和华侨打交道，我连广东话也不会讲。所以语言学会了真是占便宜。

我从北平到天津后就再没回过北平。我们在天津的住所对面，原是英美烟草公司总经理的房子，有个很漂亮的花园。“太平洋战争”爆发后，日本宪兵就占了他们的房子当做特别宪兵队的营本部。宪兵在十二月八日进占租界后，一来就抄东西、抓人的什么都来，可见日军打中国早有预谋，平日就已做好侦察的工作。他们把英、美等国人各集中一区，圈出一个范围当集中营。而家父本来在后方，之后潜行回津，从事地下电台工作。

特别宪兵队的宪兵都是督察宪兵，平常穿便衣。有位姓高桥的宪兵和我特别好，常找我到他们花园里面玩、打乒乓球等，他在中国念过大学，中文讲得很好。后来我才知道，因为我们家就在对面，他们根本是为了监视我父亲。

由于父亲潜行回津途中吃了不少苦，回到天津就生病，染患了肺炎和脑膜炎，在沦陷区并没有好的药医治，因此在胜利的前一年十一月就过世了，享年五十五岁。然而当时中央政府还是迷迷糊糊的，胜利后还在报纸上发布由父亲接收东北电政，消息登得好大，但父亲已过世半年，当然不可能去，后来改派天津另外一位王若玺局长接任。但王局长也算倒楣，和戴笠坐同一架飞机，途中飞机失事死了。所以王太太跟家母说：你们老何还留了个全尸，我们老王连个尸首都没找着。

由于抗战八年我们都没做事，也没有收入，一堆孩子都要就学，全靠母亲变卖古董、首饰，和舅舅、阿姨等母系亲戚的接济勉强着过。因为日子太过艰难，家里东西卖得精精光光，最后连母亲的结婚戒指都卖掉了。

胜利后，母亲向政府要求补发父亲在抗战期间工作七年多的薪水，但政府不给。以往北平有家大华电影院，是过去二十九军里的一批人合资开设的，我们有几张股票在手上，日本人来后将戏院没收，我们想胜利后总可以要回来，但是当时政府很糟糕，一切都在混乱中，敌伪产业处理局给我们的答复是：这是敌伪财产，必须查封。但我们有股票在手，只好找北平行辕主任孙连仲想办法，然而仍无结果。当然后来许多接收大员贪污等，这更不用提了，把整个中国搞亡也就是在那个时候。

小学毕业后我考入天津工商学院附属中学，院长是刘乃仁，董事长为于斌主教，这是一所天主教的六年制教会中学。胜利后我们在沦陷区受教育者，教育部要举办学历检定考试，以承认我们的学历，学生又吵又闹又罢课，连老师也不干了。但后来检定考试没有举行，我们仍继续念高二、高三。

天津工商学院附属中学可说是天津最好的男校，女校则是圣功学院附属女子中学。本校校务由神父管理，圣功则由修女主持，管教特别严格。本校之所以好，主要是有许多制度其他学校做不到。比如学生到校后必须先在院子里等候到七点五十分，也就是上课前十分钟，神父才将教室门打开，许多教室在三、四楼的学生，就赶着挤上楼去。放学十分钟后，所有教室的门又都锁起来，不准逗留。我们虽和工商管理学院隔墙相邻，中间也有门互通，但大学部的人不准来，我们也不准过去，神父就住在门侧一栋楼房中。礼拜一到礼拜六都是八堂课，每个礼拜的第一堂课全校都要考试，考什么事先不知道，哪个老师进来就考哪一科，国、英、数等主要科目要考两到三次，音乐和历史考一次就不会再考了。这个分数占学期总成绩的 70%。以致形成我们大考大玩，小考小玩，不考就不能玩的习惯。因为平时不晓得考哪科，每一科都得准备，等到期末，70% 的成绩已经底定，大考在考前放一天温书假，我们就玩。我进校的时候招十班，升到初二只剩一半，一路往下淘汰，到高中毕业时只剩三班，一百二十四人，淘汰得很厉害。

我们学校最怪的是，一般学校到初中毕业后，寒暑假就没有家庭作业了，但我们学校高中生的寒暑假还得做家庭作业。因为天津冬季酷寒，煤又昂贵，所以放我们三个月的寒假；夏天则太热，暑假也长，因此我们每年几乎都有二百天的假。放假不是让我们休息玩乐的，不管物理、化学、数学，有一门算一门，都必须把该科的中、英文专有名词写出来，开学后交出。所以我在英文上占点便宜，后来考进海军官校，课本全是原文书，学校发了一本字典，我也用不着翻，念得很轻松。

本校在抗战时期也是有名的抗日学校，有些老师曾被抓去灌水，死了好几位。本校也是体育最好的学校，每年运动会我们学校总分都是第一。

本校因为学费最高，而被称为贵族学校，其实并不是真正的贵族，学生大都是穷人。如果你是教徒，又很规矩，家里穷困的就免学费，但像我们不是教徒的学生，就得多缴钱，所以学校反倒是个穷学校。

在天津很有名的耀华中学是真正的贵族学校，因为是市立的，学费便宜，但在里面念书的都是有钱人。该校女学生打扮得像少奶奶一样，穿丝袜子，烫头发，花枝招展。今年耀华筹备七十年庆祝会，我们则是工商附属中学一九四八年班，到明年就毕业五十周年，在大陆的同学邀我回去聚一聚。不过学校现在已经没有了，因为原是天主教的学校，共产党在取得政权的第二年七月就把学校的名字改掉，校址变成天津外语学院，我们学校则改成天津六十一中，搬到郊区重新盖一个学校，原来的全部破坏掉了。所以我回到大陆只是和同班同学聚会，对学校兴趣不浓，老师除了一两位，其他也都过世了。

大学考试

我高中毕业后，工商学院是不用考，只要达到一定的成绩就能进去，但因我对工商均无兴趣，觉得自己念这个学校没出路。工商学院名气也差，原先没有女生，后来招了女生，但神父管得很严，学生大都住校，到晚上一栋一栋楼都锁着，每楼住一个神父，结果男生出来都没出息。本校以国际贸易、土木建筑有名，其他都不行，而且没有工学院，我不要念。当时每所大学各有特色，如果考一所没有把握，可以多考五六所，只要你有时间全国跑，最多可以选考十个大学。有些大学在学校本地以外的地区设有考区，有些没有，必须到本校应考。如燕京大学在天津有考区，清华大学就没有，必须到北平去。想考辅仁大学者，天津工商学院可以代招辅仁的学生，因为同是教会学校，教务彼此互通。当时我的眼界很高，西南联大的北大、南开、清华只能选考一个学校，我只想念清华，别的都不考。有人说我：你不要那么神气，先去考点别的学校，求取考场经验嘛。所以我又报考了燕京大学。

考燕京大学时，我填的第一志愿是工科预习五年制，这个是刚成立的，先从工科预习念起，一共五年。第二志愿是外文系。不过我本来就不想念燕京，只是求个考场经验。

燕京第一堂考智力测验，若智力测验不及格，以后的卷子一概不看，当然也不会录取。他们要的是脑筋灵活的人，读死书的不见得好。考智力测验时我觉得很好。考英文时，每人一本答案纸，由一位外籍老师在教室前面以英文念题目，几十秒一题，一口气念一百多道题，你追不到题目就不晓得她念到那儿去了。念完了题目，剩下三十分钟，后面有个图，要你看图作一篇文章，不超过一百五十字，你爱怎么做就怎么做，考你的想象力和文法结构，很有意思。时间到了，一齐交卷。

考清华大学时，我最有把握但考得最糟的却是英文。因为平常我不戴表，到北平考试时向人借了一只表，结果两个小时的英文，我把表看差一个小时。英文其实很简单，一张卷子，一题中翻英，一题英翻中，但我写到一半一看表，还差十分钟就下课了，这不得了，我才写了一半，我性子又急，所以乱七八糟地写了交卷。交卷出来逛了一会儿，奇怪怎么还不下课？有个人告诉我：还早哪！还有一个小时哪！但我早就交了跑出来，我想完了！那时老师看卷子，一看是个乱卷子，他哪要看？一丢就算了，因为有的是人，他可以选好的嘛。所以我心里明白大概考不上。

阴错阳差进入海军官校

进海军前，我根本没见过中国海军，在天津只有美国海军。因为抗战胜利后，真正先到天津接收的是美国人。当时天津的塘沽港，万吨的商船可以开进来（现在不行了，海河已经废掉了，中共在河面造几座桥，船只只能到塘沽），美国海军的航空母舰自北而下，由陆战队第三师接收天津，所以日本人是向美国投降的。国军四个月后才来，因而战后天津光复的这几个月，日本人仍旧自行管理。国军先来的是空军，他们自北平驾机到此，然后才是陆军。当时看空军还不错，还有一个样子，但陆军实在不敢恭维。为什么呢？大概因为我们是学生的缘故，所以感受特别强烈。部分陆军不但不识字，而且行为举止有如土匪一样。他们想坐公车，也不管是哪一路，带个大步枪就站在马路中间拦公共汽车，大叫："老子要上车！"车停了就上车，他要你开你就开。所以那时我们打架的对象一个是美国大兵，另一个就是陆军。因为美国兵整天搂着酒吧女郎满街跑，喝醉酒就东抓西弄的，在马路上大摇大摆。而我国的陆军也一样，胡乱搞，大步枪扛着到处跑。看电影不给钱就走进去，谁也不敢拦他们。

当时华北行营主任是李宗仁。大陆"沦陷"前最后从北平来的是阎锡山的部队，他的部队很好，卡车全是新的美国车，冬天下大雪，部队汽车都穿皮大衣，很漂亮，但最后没打就投降了。

当然我们也不能怎么说，抗战八年太苦了，一下子发起来就很糟糕。不过那时候的景象，真是非亡国不可之兆。我就曾在母亲的朋友家里碰到这种情形。当时母亲的朋友家邀请美国陆战队的军官，以及国军的中、上校级军官吃饭，两相对照，一比就比出来了。我们的上校军官实在不成样子，所以我根本就没有意思要考海军。

后来有个工商学院附属中学的学长傅敏德（海校四十年班），他进海军官校受训，写信给我们班的黄正浩同学，黄同学想去念，但他功课不行，同时当年考试不能单独报名，规定必须学业、操行成绩在七十分以上才准由学校集体报名，他遂极力向班上同学鼓吹。他拿了《国民日报》来找我，上面大致刊登着：海军军官学校，念四年；书是原文的，念完后授予理学士学位。原来只有他一个人要考海军，在他的鼓吹下，结果拉了我们二十四个同学去报名。

当时海军官校报名不要钱，只要交两张相片就行了。事先要先经过体格检查，检查不及格也不用考试。全国分八区招考，平津区共六百多人报名，初试取五十二人。上海考区人是最多的，大概有几千人报考。黄正浩很热心地负责帮我们洗相片，好让同学坐他四周给他打 pass。没想到海军比他还诡，初试平津区在天津南开考试，座位采梅花座，中间你一个，四个角全都不同学校，你一看座位表，谁也挨不到谁，而且在大礼堂内，伸手都摸不到，怎么打 pass? 所以他没考上。我去考试是考着玩的，像考燕京大学一样，并不想念。结果二十四人就我和林舜载录取，其他人全没取。

后来我才晓得官校招考是按全国人口的百分比，依省籍录取。比如江苏六个，东北二个，福建四个，蒙古、华侨各一个，后者因为程度上的差别，故降低标准，总分加百分之二十录取。与我同时被取的同班同学也是江苏人，但因在平津区考，故初试取的五十二人中多是北方人。

初试后必须在南京复试，同样要先体格检查。我本来并没有打算读海军官校，但复试不仅仍是免费，海军还出钱让参加复试的同学从天津到青岛，经上海再到南京，如果最后不愿意念，他们仍从南京把我们送回来。我想大学考完了，就去玩玩好了。所以拿个箱子，里面除了钱外，还有一双冰鞋和一条毯子，就南下参加复试。

三十七年八月，我在南京参加海校的复试。复试时，平津区又淘汰掉一半，五十二人只剩二十五人。平津区的录取率是最高的，因为省籍比例的限制，如上海区大都是江苏人，江苏人又只取六个，所以百分之八十的江苏人都不能进了。班上还有两位蒙古人，四位华侨。华侨最后只留下黄瑞芳（马来西亚华侨）、黄威廉和鲁恢文（均为菲律宾华侨）等三位。

然而也就是在南京时，燕京的录取通知寄到家里，我取了第二志愿外文系。清华还没发榜，但我早晓得没有希望。我是和弟弟一起考大学的，因为我小时候爱玩，又打架，六年级的时候，老师给我 59.9 分，不准我毕业，父亲要我再念一年，所以就开始和弟弟同一班了。弟弟脑筋好，我们一块儿在工商学院附属中学念了六年，我念的比他费劲，念的时间长，但总考不过他。考大学时，我考燕京和清华，只取了一个，而且不是第一志愿而是第二志愿。弟弟则考六个大学取六个，后来就到清华念。

母亲在我赴南京考试前就对我说："你只想去玩，真的要不要念哪？如果要念，你给我注意两件事儿：第一，你要念了海军，结婚一定会迟，不一定要早结婚；第二，若你没这志气，你就不要进去，你进去就不要出来，不要三心二意地跑来跑去。你现在出去玩就玩你的，玩了可以再回来。"母亲认为我受不了苦，从小就没离开过家，也没住过校，嘱咐我：到海军学校念，受不了就赶快回家！现在大学发榜取了第二志愿，我却有了不同的想法。因为燕京大学的学费系以美金计算，是个贵族学校，就是让我念，我也念不起。而且是外文系，我想大男人念外文系没味道。而过去在天津时，经常看美国八大公司的电影，那时电影字幕是一个方块照到旁边墙角上，你可以不看，因此多看洋片，可以把英文学好。现在觉得海军也还不错，加入海军可以环游世界。既然清华没考上，就到海军看看，结果这一看就成为职业军人，干了四十一年，直到退伍。

这次离开天津，一直到一九九〇年三月才有机会回乡探亲。母亲当时仍健在，我特地为她的九十一岁生日举办寿宴。十一天之后，母亲却于午睡间溘然而逝，令我十分感伤。

海校最特别的一班

（一）青岛时期

我们在南京住了一个多月，于三十七年九月九日入校，十二日开学。那时南京正举行全国运动会，入校时很多人不在学校。不久就到青岛。因为哥哥任职的民航公司（CAT）在青岛有站，所以他为我在航空公司留了一张机票，准备我受不了时随时回家用。不过这张机票一直摆在那里没用。

我们到青岛时，校长是魏济民，总队长是郭发鳌。我们被编入学生总队，于登州路德国兵营上课。另有接舰班，在汇泉浅海岸，军官和士兵都在一起。三十六及三十七年班已经毕业当我们的区队长。

在青岛期间，教我们航海的是常香圻教官，他后来担任学生总队的教育处处长。青岛驻有美军顾问团，接舰班有美国教官任课，我们则没有，仅有两位管理实验工厂的美国士官（chief），属于技术人员。这种实验工厂是所谓的 Training Aid，因为我们使用的是美国海军官校的课本，故有这种课程辅助设备，比方把鱼雷切掉一块，让我们看内部构造，这些都是美国产品。

就读青岛海军军官学校时摄。

我们这班是官校在青岛期间最单纯的一班，有六个大学一年级考进来的，其余全都是应届高中毕业生。但正因为我们单纯灵活，所以也是官校最不好管的一班，编组时，队长一听是四十一年班，谁都不肯要我们。我们在官校曾罢课，还把老师赶走。那时我当班代表，上某一位军职教官的课，全班都在院子里头，就我一个人坐在教室，老师进来的时候，我就说："报告教官，同学说这堂课大家自修就可以了。"教官马上脸一板就回去，不干了。因为他教得太差了。文科的教师部分是山东大学来的，我们与他们都处得很好，他们也住在学校，晚上我们就到他们的房间请教。

我们在青岛只念了一个学期，十二月结束就到厦门。今年我到青岛旅行，海军官校成了大杂院，很多建筑都拆掉了，只剩一栋营房留下来，听说成为海军仓库。接舰班的原址成为海军博物馆，大门比我们的海军总部还漂亮，用大理石刻着"海军博物馆"几个字，有艘老旧的船和潜艇可以参观，其他没什么好看，但进去也要收十五元人民币，我不花这种冤枉钱。

（二）暂迁厦门

从青岛到厦门是按计划进行的，首先我们把课程结束，然后三十八年班进行远航，上船走了。三十九、四十、四十一年班就在后面搬家，桌子板凳一起上了两艘中字号，迁到厦门复华小学。把小学挤到一边，我们住另外一边，在一根柱子上写着"海军军官学校"，暂时在此上课。此时魏济民校长已经被抓，校务由郭发鳌总队长代理。当时原有个少将副校长何希琨，郭总队长仅是上校，但桂总司令下令要总队长代理校长，副校长脸上无光，请假回福建，从此未归。桂总司令信任郭，是因郭出身黄埔陆军官校，又自电雷学校毕业，当过青年军606团团长。（吴守成先生补充：康肇祥先生曾对我说，当初海校要迁到厦门时，是他向复华小学接洽的，但复华小学不愿意，结果用了很多手段才勉强同意。）

在厦门时我们很刻苦，吃饭就在教室里，一下课拿碗筷摆在桌上就吃了。

那时还有个现象，每到礼拜天放假，大家一集合，检查服装都弄完后，校长就上台，拿一张纸念同学的名字，一念十几、二十人出列，里面有十

海军官校迁往厦门时期留影。

个、八个是所谓安排的“标准生”，也是国民党内的中坚分子。因为点名如果都是调皮捣蛋的，大家会晓得有问题，但有标准生杂在里头，一块出来，打包上车送走，到晚上标准生回来，那些人就没回来。所以我们班有一个在点到名时扭头就往外边跑，穿着白军服跳墙就走了（后来得知他是共产党）。复华小学墙不高，三两下就可翻过去。而每次放假，晚上收假人就少了三五个。他们跑哪儿去呢？坐飞机或渔船跑到香港去了。哥哥在厦门机场也为我留了张飞机票，有一次我利用假日到机场看哥哥的朋友，结果发现校长郭发鳌就坐在那儿。他问我：“何炳锐，你来干什么？学校对你不错，你不能走啊！”我说：“我没走啊，我来看朋友呀！”所以校长堵人堵到机场去了，他以为到机场全都是要上飞机走的。

我们那个区队，头一个礼拜，区队长没了，第二个礼拜，班长也没了，他们都是三十九、四十年班的。那时很乱，动动脑坐渔船到香港去，啥事都没有，经常有人放假就走了，不回来。我们班上也跑了两三个，他们也不一定是投共，只是对政府没信心，也没兴趣了。因为一个要垮台的政府，到处都是贪污，像我们学生在厦门期间，从来都领不到薪水。因为金融波动，上午和下午行情都不一样，负责补给的人员乃借机上下其手，每当南京把钱拨过来，他们就先拿去买大头，买美金，我们因为领不到薪水，逼得实在没办法了，我去问他：“我们是四十一年班，我们要预支本月上半个月薪水。”但他说：“钱没来，要钱你找校长。”所以我们八个班的班长联名向校长写报告借钱，几乎每个月薪水都是借的。但其实钱早来了，过半个月后他们把美金、大头卖了，再换金圆券给我们，他们赚中间的差价。不过这种事我们没有直接证据告他们，即使气，也不能杀了他们。而我们领到薪水后，上午发饷，下午去买东西，价钱就不一样了，最后我们的钱拿来只能买几张邮票寄信。但也没办法抗议。

最惨的是我和欧阳位、李海建当同一届的伙委，一领到副食费，赶快去买美金、换大头，否则你连买菜都没办法。等到要买菜了就拿大头换，但上午下午行情不一样，每天都在算这个账。我们是学生，换钱不能一个人去，必须要两个，否则几百个人的钱都在你手上，总要有个信得过的人同去。而且厦门没有煤，我们还开卡车到海边运木头回来烧，所以当伙委，课都没办法上，每天锯木材、弄菜、换钱。当时我借菜贩的地址写信给母亲，我说我现在不干（海军）了，要卖菜了。母亲写信来骂我说：“好好的书不念，去卖菜！”其实我没有，只是借菜老板的地址写信，也是为了家人的安全。

在厦门大致上课程都不受影响，部分教官跟着学校由青岛迁来，例如祝楣教授。也有一些助教，但有位助教后来被抓起来了，其中有位教微积分的助教教得很好，但那个时候没办法，说抓就抓，谁也不敢问。另外还自厦门大学请些教授来教。在左营时有个人冒充作家“无名氏”的名号来学校演讲，校长向我们介绍他，他也拿了钱，结果吹了半天，最后发现他是个冒牌货。

（三）困苦的左营生活

在厦门半年就来左营。

左营校区原来是日本兵营，我们来的时候，部分眷属全住在大礼堂，礼堂的台上就是行政处的办公室。学生在老旧的木板房内上课，睡觉则在另一边。这些木板房的窗户全是木板，没有玻璃，白天上课得把窗子全拆掉。晚上窗子关起来，底下有道拉门拉开通气，但有蚊子和其他虫类。电力不足，而灯泡挂着，像橘子一样，根本看不见字，所以我们全靠白天看书，晚上因无法上课、也不能自修，我们就到右昌去吃米粉。那时学校后面只有一个铁丝网，没有门，可以随便走。

但在这种条件下，我们反而都拼命念书。海军总部有个规定，学生总平均八十分以上，就发奖金。我们曾有个纪录：班上拿奖金的竟然超过80%，总部都要发不出钱来了。因为那时熄灯时间一到，灯全关了，却有人躲在棉被里、到厕所里看书。到左营后是最穷最苦的时候，因为灯都不亮，我们就利用白天时间用功。

暑期舰训，我们有四十几个人上“中海”舰到大陈，但老碰到状况，“中海”舰就回不来了。规定舰训时间是五个礼拜后回校上课，但我们在大陈待了八个礼拜还没办法回来，从暑期到冬季，因为没有冬服，大陈又冷，四十几个人就都缩在船舱的棉被里，一吃饭全跳出来，吃完饭又缩回去。我们回学校，其他班已经开学一个半月了，我们就被编成戊班。在回校前，幸好有人带书到船上，我们在舰上就自己看，回来加紧赶，免得落在后头，结果我们戊班一赶功课，成绩却后来居上。

那时大部分同学是单身来到台湾，没有亲人，而且全部来往都断了，也不能写信，只好念书。我还不错，在台湾东碰一个，西碰一个，还有几个亲戚。刚到台湾，我在高雄有一位表姊，台北也有表姊。还有个表姨，原是美国大使馆的秘书，辅仁大学高材生，后移民美国。

我还有位阿姨（她的先生是左营中华日报社主任），她在十八岁的时候曾住在我们北平的家里三年，那时我刚出生，因而她保有我的光屁股相片，我自己却没有。她后来回台湾，日本人把福建人、广东人统统改成台湾人，阿姨就变成台湾人。我在台湾再见到她时，她已经四五十岁了。因为这个缘故，我在官校很神气，那时学生哪有订报纸的呢，但我有专用报纸，阿姨每天都差人送份报纸放在我桌上，都不要钱。礼拜天放假我会去帮她儿子补习英文、数学。他后来念海专（今海洋大学），我也是在他家那儿学会喝酒（红露酒）的。

毕业派船

一九五二年九月十二日自海军官校毕业，按规定派船实习。派船是按照名次派。我进学校时是第六名，第一学年就降到十二名，然后一路往下降。快毕业时，我照高中时的老习惯，大考大玩，根本无所谓。主要也是心情不好，管他毕不毕业，不毕业，我海军也不干了，所以在全班一百八十五名同学中，最后以第一百二十五名毕业。

毕业成绩第一名的同学派“峨嵋”军舰，这里像大饭店似的，住在里面没事干。之后往下排，接着是太字号、中字号、山字号、永字号。我是一百二十五名，就排在永字号军舰上。

上船刚开始是候补员，因为四十年班刚在前一年毕业（1951.9.30）。当时军官太多，我们四十一年班就只有前面六十名有职务，后面全没职务，派候补员。不过四十年班比我们还惨，有一半人以“储备大队”名义搁在士校等陆地单位。

调太和舰开赴大陈

当候补员半年，一九五三年三月调太和舰当舰务员。但一调太和舰就开赴大陈，此时舰长是雍成学。后来雍舰长他调，由孙文全舰长接任，我就改调轮机员。在此三年间，我一共亲历三场战役，分别是一九五四年四月鲠门岛战役，五月鱼山战役，以及一九五五年一月大陈战役。

在大陈海域作战时，一九五四年十一月，太平舰在鱼山被击沉没。十一月十三日晚上十一点五十分太平中雷，发“闪急”电报给我们，舰上的译电官就住在我们下官厅。他说：“不行，不行，紧张，紧张，闪急电报来了！”因为闪急很少发。他们发出来很简单：“本舰中雷，伤亡惨重”，就八个字。我们马上站“备战”，从进驻港赶过去。

这事很巧，原来不是太平舰去，应该是太和舰去巡逻。当时太字号共有六艘，每三艘为一组，一组在大陈待三个月，另一组就回台湾整备。我们这一组在大陈只差半个月就满三个月，要回去了，那时特种舰队司令宋长志以“太和”为旗舰，我们最讨厌当旗舰，因为一当旗舰，为了与大陈陆军部队联系，必须带二十几名陆军特种部队的人上来。他们背的席子、铺盖带到船上，一摊开，臭虫就到处爬，都爬到我们床上来。吃饭又挤，洗澡也不方便，简直讨厌透了。十三日当晚理应将旗舰转移至“太平”，大伙高兴得不得了，他们一走，我们就不要挤了。但东等西等，怎么晚上八点钟了，还没消息。因为旗舰转移要两舰靠在一起，战时又不一定什么时候会有共机来炸，一定要等天黑，转移完毕，我们就去巡逻。司令宋长志跟太和舰长说：“哎呀，还差半个月就满三个月，要回去了，何必搬呢？就别搬了吧。”孙舰长是个好人，就答应了。时“太平”已抛锚，准备旗舰的转移。旗舰不搬，“太和”就打灯号给“太平”：“贵舰本晚巡逻，旗舰不转移”。“太平”起锚就走了。结果去了两个多小时，就挨鱼雷。当初如果是我当舰长，该搬就搬，那挨鱼雷的就是我们了。

我们接获闪急电报后，一共有六艘军舰驰赴现场拖救，但“太平”因受伤太重，鱼雷斜地进去，在饭厅那边一炸，人在前面根本出不来，都憋在那儿。一共死了二十九人，大部分人则获救。太平约在清晨五时就沉没了，太和舰上很多官兵都暗自流泪。

一九五五年一月，我们在大陈作战，那时我是轮机员，“太和”被炸，我们的同袍死了六个，伤二十四个，连医官都死了。许多受伤的人全抬到船尾轮机的住舱，我就代替医官为他们治伤。但冬天甲板都结冰了，很冷，船尾住舱很不安全，铁皮都很薄。当时贺海潮是特种部队的参谋，在官厅里受伤，臀部有好几处碎片，我把他抬到后舱，他不肯去，他说要到机舱，躺在那边很安全，所以就他一个人躺在机舱。因为舰体前段受伤进水，我是修理班，就堵漏抽水，船连夜开回基隆修护，之后又开赴日本大修了半年。

当时有个“战功评议会”，各部门的人全集中在一起检讨，到底谁做了事，谁怎么样，然后才能报上去。后来全舰就只有我记大功一次，因为“太和”被炸，堵漏救火全都是我所率领的士兵进入火场。那时记大功很困难，因为我阶级低，仅是中尉轮机员，通常根本轮不上。

短暂的侍从官生涯

我在“太和”舰服务时，舰令部调我当驱逐舰队司令崔之道的侍从官，我马上去找参谋长，我说：“我不干！”他问我为什么不干？我不能说别的原因，就说：“我在官校没学这段，不会做侍从官的事情。”参谋长说：“啊！你说你不能干，司令选半天选了你，你去跟他讲去！”我说：“是，那我见司令。”他说司令出海了，不在。我就回到船上，结果舰令部电话命令来了，要我“立刻报到”，我一火就去考留美。原来我是不要考留美的，但舰令部调我当侍从官我不想干，正好留美第二天考试，我就赶快报考"港防"。考完试第二天放榜，跟着就复试，一个礼拜就出国，这是最快的途径，谁也拦不住。我又占了英文灵光的便宜，四位洋人给我口试，我一考就取。当时我们舰上的舰务官也去考，但他没考取。我说："舰务官，回去帮我请假，我到'四海一家'住，不回船了，等着复试。"我想，这下我就不用干这侍从官了。复试又取，我很愉快。

但绝的是，美国来个通知，说这个班晚三个月开班！那我不报到就不像话了，一报到就给司令崔之道刮了一顿。他一见面就说："哪个让你考留美？要你做侍从官，你就偏去考留美！"我说："报告司令，没人跟我讲不让我考留美。"但留美晚三个月开班，我就干了三个月的侍从官。

港口防御

做崔之道三个月侍从官后，崔司令要我找人接了才能走。当时要求侍从官必须个子高，又能讲英文，还要是在太字号服勤的。那时夏照辛（四十二年班）在"太和"当枪炮员，我请夏照辛帮忙接侍从官，我就赴美半年，学习港口防御。

港口防御因为是美国国防机密，所以我们上课时做的笔记全都盖了章，编了号码，以外交邮件送回总部，我们什么都不能带。这我最高兴，这样就没有家庭作业，四点钟一下课，回寝室，衣服一脱，游泳或喝酒随意。其他班次回去还要做作业，我们如果要温习或做笔记，就要回学校去，我很少回学校，我是休假去的，因为在船上累得要死，好不容易考留美出来玩半年，我要把钱花光了再回去。因为你到美国是要学人家，观察人家，不花他们那个标准的生活费，怎么观察得到？但我们不能提。那时我们一个月薪水才合 8 美元，但在美国一个月就能领 250 美元，和 60 美元置装费、100 美元旅费。有人去一个月就回来，回台湾时，居然剩 200 美元可以结婚。我去了半年，只带回几十块美金。

我这人很怪，不跟华侨来往，都跟美国人一起走，这样一定会花钱。因为我要跟人家学东西，不跟人家走怎么学呢？他们晚饭前多半会进酒吧，我们喝酒就各付各的，偶尔还请请客。我学也没学别的，就学美国文化。后来“中美”演习和美国人在一起，因为我晓得他们的文化层面，就很容易打交道，没有困难。所以我都跟人讲，你到哪儿去，都得花那儿标准的钱，你没有钱就干脆别去。

回台后就派港防大队。这个单位才成立一年多，我回来当作战官，将全套美国装备与制度搬过来。康肇祥将军当海政处处长，统辖港防大队，所以经常看到他。

港防里面留美的人很多，有好几期。我进去前已经有人回来。港防留美的班级分三种班，我是最高的军官班，留六个月，下面有两个月的军官班，及六个礼拜的士官班，但我们这一批去的全是军官，因为士官程度不够，不能接受。回来后大家都得依阶级及专长派职，我们这批就派作战官、队长、站长等职务。

我们在左营、高雄、基隆、马公四个港同步做港防。那时还有美国顾问，装备一来，就会同美军顾问一起安装、测试，全部弄好。港防的主要目的在防潜艇，在海面下有防网；还有侦测潜艇的仪器，及预置管制水雷，都布在海底，不过我们始终没有布雷下去。

我们没碰到有哪个潜艇敢进来，可是我们在外海就经常碰到了，不过在水里你不知道是哪一个国家的潜艇。只有美国潜艇通过台湾海峡会通知我们，它从哪儿走，什么时候通过，我们晓得，其他就不知道了。因为不一定是中共的潜艇，日本、苏联也有，他们没有敌意，你不能攻击，只能侦控，也就是侦察控制。他们离开我国水域后，我们就不管。这种侦控的资料很多。

港防是一种工作，要编网、布网、保养，整年不停在做，也等于是训练。

金门炮战

在港防单位服务一年多后，觉得没什么意思，请求总部派我上船。总部说不行，因为当时留美管制，凡经留美者，回来两年内不准上船。而我留美超过两个月，要三年以后才能上船。但此话讲完不到半年，金门八二三炮战开打前，总部就把我调到太仓舰上。刚去时舰长是邓先涤上校（马尾六期），后来换葛敦华上校（马尾八期）。两位舰长都很厉害。上去一年多后，中共改单、双日发炮，不打了，“太仓”也没什么遭遇战，整天就在金门海域巡逻。我请调岸职，葛舰长想留我，不让我走，调我做作战官，要我再留一任。我说我不干了，要下地，因为一九五八年一月长子出生，

衡阳军舰（DD-902）除役时，历任舰长合影，图中穿着西服者左起：何炳锐、贺海潮、张东亚。

我四月就上船，孩子还小。后来就调两栖部队，在左营西码头角上，整天吃风沙，骑脚踏车要四十分钟才到，也当上尉作战官。

我在海军的升迁很不顺利，没人像我这样的。毕业当候补员半年后，调“太和”舰当舰务员，当时舰长是雍成学。后来雍舰长他调，由孙文全舰长接任，我改调轮机员。但他们不让我走，我就一直做员，然而同班同学都升任二级舰的官，我还在一级舰当员，一直做了两年牛的中尉员，也没当过二级舰的官。大陈战役后，我记了一次大功，后来留美回国在港防单位当作战官，仍是中尉。一九五七年三月结婚。我觉得很奇怪，人家都升上尉了，怎么还没给我升？而且我没记过，没犯错，又打仗，还记大功，考绩也是甲等，怎么不升级？后来查到总部人事署，总部的解释也很有意思，说我的名字在文件缝里给钉起来了，没看见。所以我晚一年才发布，但有什么办法。总部人事官还说：现在给你补一年薪水二百四十元。我说这损失很大，第一是荣誉，人家会觉得你怪，怎么别人升了你没升？而且二百四十元在头一年可以做很多事，第二年领只能买照相本儿，都贬值了。所以我说好事轮不到，这种事都轮得到！

老实说，当时的总部人事署一塌糊涂，后来我在舰令部当少校人事官，翻开人事规则，才知道这种耽误人家前途的事，承办人要记大过的，绝对不可以犯这种错。但他什么事都没有，我们也只有认了。

其他舰职

后来我陆续做过“中兴”副长（1962 年）、“美文”少校舰长（1963 年 7 月 16 日生效）、“中建”中校舰长（1967 年）、“太湖”上校舰长（1972 年）、“衡阳”上校舰长（1974 年）。任“衡阳”舰长时，我是中华民国海军第一艘装飞弹的军舰，装以色列的加百列级天使飞弹（原型）。

我们与以色列接触是秘密的，而加百列飞弹是当时台湾海军中最尖端